Zeit, das Herz zu lüften

ANNETTE HÜFFER

ZEIT, DAS HERZ ZU LÜFTEN

MEIN WECHSELJAHR IN DIE SPIRITUALITÄT

LET'S GET SPIRITUAL

Bibliografische Information der Deutschen Nationalbibliothek
Die Deutsche Nationalbibliothek verzeichnet diese Publikation in der Deutschen Nationalbibliografie; detaillierte bibliografische Daten sind im Internet über http://dnb.d-nb.de abrufbar.

Verlag: BoD · Books on Demand GmbH, In de Tarpen 42, 22848 Norderstedt, bod@bod.de
Druck: Libri Plureos GmbH, Friedensallee 273, 22763 Hamburg

ISBN: 978-3-7693-6391-3

INHALT

DANKSAGUNG

Mein größter Dank geht an meine Töchter, ohne die dieses Projekt nie zustande gekommen wäre. Ich liebe euch von ganzem Herzen und es füllt mein Herz mit Freude, euch immer weiter wachsen zu sehen.

Ein besonderer Dank geht ebenfalls an meine Freundin Alex, die den spirituellen Funken in mir gezündet hat und eine der wenigen Menschen ist, die ich kenne, die ernsthaft zuhören und vor allem die richtigen Fragen stellen. Vielen Dank, liebe Alex, ohne dich wäre dieses Projekt nicht entstanden.

Natürlich spielen auch die anderen wundervollen Frauen eine wesentliche Rolle in diesem Projekt. Carla, die immer wieder mein Leben unterstützt, auch wenn wir uns nur ein- bis zweimal im Jahr sehen. Und dann natürlich meine Cousine Claudia, die eigentlich meine Schwester ist und somit ein Teil von mir. Auch all die anderen Frauen, die in diesem Buch vorkommen, haben mich inspiriert und mich ermuntert, weiterzuschreiben. Wie ich auf meiner Reise gelernt habe, danke ich auch den Männern in meinem Leben dafür, dass sie mich immer mal wieder einen Lebensabschnitt lang begleitet haben. Am Ende ist diese Reise zur Selbstfindung sehr ehrlich und nicht einfach zu teilen, aber wenn ich auch nur einen anderen Menschen dazu ermuntern kann, seine Wahrheit zu finden, dann ist meine Aufgabe erfüllt.

VORWORT

Herzlich willkommen und wie schön, dass du da bist! Ich nehme dich in diesem Buch mit auf meine Reise, ein Jahr im Van – so zumindest war der Plan. Doch dann kam alles ein bisschen anders.

Vielleicht hast auch du schon einmal daran gedacht, ein Jahr auszusteigen, und immer haben viele Gründe dagegengesprochen. Sei es der Job, die Kinder, die Eltern, die Beziehung oder sonstige Verpflichtungen, die zum Leben dazugehören. Bei mir war es ähnlich, es gab zwar immer viele Veränderungen in meinem Leben, zum Beispiel bin ich bisher achtzehn Mal umgezogen, aber so richtig zu Hause habe ich mich nie gefühlt. Diese ganzen Entscheidungen habe ich meist nicht allein getroffen.

Nun kam mein fünfzigster Geburtstag und ich dachte mir: Okay, ich wollte bis zum dreißigsten Geburtstag alle meine Kinder haben (hat geklappt), mit vierzig habe ich mich von meinem Mann getrennt (das war natürlich nicht geplant) und nun war der fünfzigste. Also, was mache ich diesmal als lebensverändernde Maßnahme? Es entstand der Gedanke, einfach mal ein Jahr frei zu sein und tatsächlich nur das zu machen, was ich wirklich will. Aufzustehen, wann ich will, mir den Tag zu gestalten mit all den tollen Dingen, die ich immer schon einmal machen wollte, und möglichst wenig zu planen, sondern einfach auf das zu vertrauen, was kommt. Und auf diese Reise nehme ich dich jetzt mit, mit all den Strömungen, die währenddessen ebenso passierten und die dir sicherlich auch in deinem Leben bekannt vorkommen. Denn eins ist klar: Die Schwierigkeiten, die wir in unserem Alltag haben, lösen sich natürlich nicht dadurch auf, dass wir auf Reisen gehen. Aber die Perspektive ändert sich und wir können uns selbst viel besser kennenlernen. Viel Freude beim Lesen.

Deine Annette

DER ALLTAG

Job: Büroleiterin
Tage bis zum Start meiner Auszeit: 257
Van: keiner

Der Wecker klingelt, es ist 6.30 Uhr an einem ganz normalen Montag im November. Ich mache verschlafen die Augen auf, denn in der Nacht war ich etwas unruhig. Meine Oma hat zu solchen Nächten immer gesagt: »Ein zerzauster Geist ist ein unruhiges Kissen.« Und das passt gut auf meine Gedanken heute Nacht, da wurden aus kleinen Gedanken große Gedankenketten und es gab keinen Knopf zum Ausschalten. Dann ist nichts mehr bunt, alles wird schwierig und grau. Wenn ich jetzt darüber nachdenke, dass ich mir ernsthaft darüber Gedanken gemacht habe, den Termin mit meinem Chef zu verlegen oder den gerade gestern Abend dazugekommenen Kundentermin, erscheint mir das Ganze heute Morgen nicht mehr so weltbewegend. Zumindest nicht so, dass ich in der Nacht drei Stunden darüber hätte nachdenken müssen. Aber es zeigt mir auch, dass mich der Termin mit meinem Chef ziemlich unruhig macht, denn wir wollen die Strategie besprechen, wie wir einem Mitarbeiter am besten mitteilen, dass wir ohne ihn weitermachen wollen. So eine Nacht zeigt mir, dass menschliche Aspekte mich mehr beschäftigen, als ich denke.

Nun ja, nun ist es passiert und ich werde jetzt als Erstes meditieren. Ich bin noch zu müde, um mich aufrecht hinzusetzen, aber im Liegen geht es auch. Ich bin da nicht mehr ganz so strikt mit mir. Im Zuge meiner Achtsamkeitsausbildung meditierten wir immer im Sitzen, für mindestens eine halbe Stunde, aber im Alltag mache ich einfach zehn Minuten die Augen zu und lausche der Stimme meiner Meditations-App. Nach der Meditation fühle ich mich schon wesentlich fitter und meine weitere Morgenroutine, Tagebuch schreiben und in Ruhe eine Tasse Tee trinken, hilft mir, mich weiter auf den Tag vorzubereiten.

Pünktlich um 8.00 Uhr verlasse ich das Haus, um auf dem Weg zum Parkplatz des Büros das Wetter zu fühlen. Wie immer kann ich mich an der Natur erfreuen, auch an diesem typischen norddeutschen Novembertag voller Wolken. Denn am Ende bleibt, wenn ich über das Wasser schaue, dieses weite Gefühl für die Augen und die Seele. Inzwischen bin ich schon seit fast fünf Jahren in Schleswig und das, obwohl ich als Jugendliche hier nicht einmal tot über dem Zaun hängen wollte. Aber die Dinge ändern sich und ich weiß die Beschaulichkeit und die Natur jetzt sehr zu schätzen. Wie immer treffe ich auch bei diesem Wetter die üblichen Hundebesitzer und die Gang, wie ich sie in meinem Kopf nenne. Meist ungefähr drei bis vier Leute, die vielleicht sogar die Nacht draußen verbringen mussten und nun zusammenstehen oder sitzen, sich etwas erzählen und immer sehr freundlich grüßen. Auch der Fischreiher, ich habe ihn Heinz genannt, sitzt wie fast jeden Morgen am Wasser und hält Ausschau nach seinem Frühstück.

Heute ist Montag und somit setze ich mich in den Firmenwagen und fahre zu der Filiale in Eckernförde. Die Fahrt mache ich zwei- bis dreimal die Woche und außer im Sommer, wenn die Touristen unterwegs sind oder wenn die Bauern die Ernte einbringen, dauert sie etwa dreißig Minuten. Ich freue mich auf die Fahrt, denn so kann ich noch ein wenig Hörbuch hören. In diesem Moment ist es Joe Dispenza, der mir seine Weisheiten vermittelt. Dr. Joe Dispenza ist ein berühmter spiritueller Lehrer aus Amerika, der Menschen hilft, sich in ihren zukünftigen positiven Emotionen zu verankern, statt sich ihren vergangenen negativen Emotionen zu überlassen. Diese Umprogrammierung der Gedanken lehrt er durch wissenschaftlich nachgewiesene neurophysiologische Prinzipien. Und jedes Mal, wenn ich seine Bücher höre, wird mir wieder ein neuer Aspekt des Selbstverständnisses klarer. Mein Job, die Leitung von drei Filialen eines Immobilienunternehmens, bringt viel Fahrerei mit sich. Diese nutze ich sehr gern, je nach Stimmung, für ein wenig Weisheit to go oder um lauthals beim Radiohören mitzusingen, gerne Adele. Meine schiefen Töne haben so etwas Befreiendes.

Aber heute ist Zuhören angesagt. Meine morgendliche Stille wird durch den Anruf meines Chefs unterbrochen, er kann unseren Termin heute leider nicht einhalten. »Kein Problem«, sage ich leise. Und dann denke ich daran, dass es interessant ist, mit welchen Problemen sich mein Gehirn nachts beschäftigt, und am Ende kommt doch alles ganz anders.

Auf dem Weg vom Parkplatz zum Büro bin ich schon in Gedanken bei meinen E-Mails und nehme meine Kollegin erst wahr, als sie mir »Guten Morgen, Annette« entgegenruft. »Oh, hallo Louise, hab dich gar nicht bemerkt, alles okay bei dir? Wie war dein Wochenende?« Ich weiß, dass sie gerne handwerklich unterwegs ist, und ich bin immer wieder fasziniert, mit welchen Geräten sie sich in ihrer

Freizeit so beschäftigt, von Kettensäge bis Radlader ist da einiges dabei.

»Du weißt ja, wir sind gerade dabei, unser Badezimmer zu renovieren, und haben gefliest.«

Auch etwas, das ich noch nie gemacht habe. Aber Louise hat mich so mit ihrem Selbstmachen fasziniert, dass ich in einem Anflug von Eifer vor ein paar Wochen einige Wände in meinem Haus gestrichen habe. Mein Fazit dazu: Ja klar kann man vieles selbst machen, aber wie fast alles im Leben erfordert diese Art von Aufgaben Zeit und die scheine ich im Moment für solche Projekte nicht zu haben. Dementsprechend sehen meine Wände jetzt aus: nicht so richtig gleichmäßig und vor allem an den Übergangspunkten sehr unruhig.

»Na, das klingt doch super«, antworte ich.

»Ja«, erwidert sie, »aber es ist noch ein langer Weg, bis alles fertig ist. Ich habe übrigens an der Präsentation für den Kunden um 11.00 Uhr gearbeitet, kannst du da gleich mal drüberlesen?«

»Na klar«, erwidere ich, »ich kontrolliere nur vorher meine Mails.«

»Super«, sagt sie und wir betreten gemeinsam das Büro. Wie alle drei Büros hat auch dieses eine eigene Atmosphäre. In Eckernförde ist immer eine große Betriebsamkeit zu spüren. Das könnte daran liegen, dass einer meiner zwei Chefs hier auch sein Hauptbüro hat. Aber auch sonst ist das Büro besonders morgens immer gut besetzt.

»Guten Morgen«, rufe ich einmal durch den Raum.

Der Arbeitstag nimmt seinen Lauf und nach ein paar Stunden meldet sich mal wieder mein Bauch. Wenn ich viel im Büro sitze und wenig Außentermine habe, bin ich gefühlt fast immer hungrig und habe ständig Durst. Eine einstündige Mittagspause mache ich nicht oft, deshalb husche ich nur kurz zum Supermarkt und hole mir einen Salat. Den weiteren Tag im Büro verbringe ich mit E-Mails, Telefonaten und Korrekturlesen von Exposés. Der Termin, der mir eine unruhige Nacht beschert hat, verläuft perfekt und der Kunde gibt mir den Auftrag, sein wunderschönes Haus zu vermarkten. Das ist perfekt, denke ich und bedanke mich für sein Vertrauen. Nachdem er das Büro verlassen hat, kommt meine Kollegin Marie noch einmal rein, um mir zu sagen, dass ihr Termin beim Notar erfolgreich war und sie das Haus, das sie betreut hat, gerade verkauft hat.

»Na, das schreit doch nach einem Glas Sekt«, sage ich.

»Na klar«, sagt sie, »ich hatte vorhin schon eine Flasche kaltgestellt.« Wir stoßen mit den zwei anderen Kollegen, die noch im Büro sind, auf ihren Erfolg an. Für Marie freue ich mich sehr, für alle anderen Kollegen natürlich auch, aber Marie hat noch mit so vielen Vorurteilen zu kämpfen, da sie erst Mitte zwanzig ist. Denn in der Immobilienbranche ist es ja nicht unbedingt von Vorteil, sehr jung zu sein oder auch nur jung auszusehen. Beim Hausverkauf vertraut der Kunde gern der Erfahrung, deshalb weiß ich, wie ausdauernd und gewissenhaft Marie ihre Aufträge bearbeitet, und da tut eine Bestätigung ganz sicher besonders gut.

Das ist heute schon alles richtig gut gelaufen, denke ich mir auf dem Weg zurück zum Auto. Natürlich habe ich nur ein Glas getrunken, denn ich muss noch über Land fahren, wie der Norddeutsche so sagt. So ein wenig gute Laune habe ich in mir, also drehe ich das Radio lauter und singe fröhlich auf dem Weg nach Hause vor mich hin. Zu Hause angekommen, mache ich mir erst einmal gemütliches Licht an und schmiere mir eine Scheibe Brot, denn ich merke erst jetzt, dass ich viel zu müde fürs Kochen bin, oder liegt das am Sekt? Ich weiß es nicht und lege mich mit meinem Teller aufs Sofa und schalte den Fernseher ein. Ich habe so gar keine Lust mehr, zu telefonieren oder zu schreiben, geschweige denn, Yoga zu machen. Zufrieden lasse ich mich vom Fernseher berieseln und gehe dann um 21.00 Uhr ins Bett. So ein bis zwei Zeilen lese ich noch, aber dann fallen mir doch die Augen zu.

Der Rest der Woche, wie auch die letzten Monate, verläuft ähnlich, außer dass ich am Mittwoch im Büro in Schleswig bin und am Donnerstag in Flensburg. Somit habe ich immer wieder mit verschiedenen Kollegen zu tun, das macht die Woche ziemlich abwechslungsreich, denn im Grunde geht es bei meinem Job um das Zwischenmenschliche. Jeder hat mal ein Anliegen oder auch zwei und dann kommen noch die Kunden dazu und natürlich immer mal wieder krankheitsbedingte Ausfälle, die dann aufgefangen werden müssen. Ich mache meinen Job absolut gern und mich reizt die Herausforderung und auch die Verantwortung. Das spiegelt sich auch in meinem Sternzeichen wider, dem Steinbock. Außerdem komme ich durch die Aufteilung in drei Büros auch in den Genuss, viel durch die Landschaft zu fahren, und das beruhigt mich immer sehr. Den Wechsel der Jahreszeiten bekomme ich durch die Fahrerei gut mit und ich behaupte mal, dass wenige Menschen das Glück haben, die Weite der Landschaft und des Himmels fast täglich zu genießen. Zusätzlich habe ich zwei Chefs, die mir viel zutrauen und immer mal wieder neue Aufgaben für mich haben. Nächste Woche fahre ich in unser neues Büro in Hamburg, um dieses kennenzulernen.

Heute ist endlich Freitag und ich habe gerade mit meiner Cousine telefoniert, die jetzt auf der Autobahn und in circa einer Stunde in Schleswig ist. Sie kommt mich dieses Wochenende besuchen, denn manchmal ist ihr die Groß-stadt – sie wohnt in Hamburg – einfach zu trubelig und dann kommt sie gerne zur Erholung zu mir.

Gut, dass ich dort gerade hinfahre, um den Arbeitstag zu beenden. Mein Kollege hatte noch um einen Termin ge-beten, sodass ich vom Parkplatz noch einmal in unser Büro laufe.

»Was gibt es denn, Michael?«, frage ich, als ich an-komme.

»Weißt du, ich dachte mir, diesmal spreche ich es schon mal rechtzeitig an: Was hältst du davon, wenn wir nächs-tes Jahr ein Golfturnier in dem hiesigen Golfclub ver-anstalten?«

Ich denke, du meine Güte, das muss ich dann alles organisieren, aber dann fällt mir ein, dass wir jetzt eine Marketingabteilung haben. »Ja, stimmt, das wollten wir schon vor zwei Jahren machen. Weißt du was, ich werde es der Marketingabteilung vorstellen, mal sehen, ob die das wollen.«

Seinem Blick nach zu urteilen, hat er da kein großes Ver-trauen, aber ich wäre froh, wenn ich Unterstützung hätte, wenn es genehmigt werden sollte. »Ich werde am Montag mit denen sprechen«, erkläre ich ihm.

»Ja gut«, sagt er skeptisch, »dann gehe ich jetzt mal. Ich wünsche dir ein schönes Wochenende!«

»Das wünsche ich dir auch!«

Kurz verabschiede ich mich von den beiden anderen Kollegen und laufe nach Hause. Hervorragend, so ein

Wochenendstart, denke ich und überlege kurz, ob ich noch etwas einkaufen soll. Meine Cousine ist gleich da. Aber eigentlich könnten wir auch essen gehen. Der Vorteil einer Kleinstadt ist, dass nachts Ruhe ist, das bedeutet aber auch, dass es nicht lange etwas zu essen gibt. Vielfach wird die Küche um 20.30 Uhr geschlossen. Für mein alltägliches Leben reicht das, ich liege meistens spätestens um 21.30 Uhr im Bett.

Komischerweise hat sich mein Essverhalten seit Corona gewandelt, vielleicht auch deshalb, weil ich gezwungen war, mehr zu kochen, überlege ich und schließe die Haustür auf. Drinnen mache ich es uns erst einmal gemütlich. Gut, dass ich Feuerholz habe, denn so langsam wird es doch ziemlich kalt. Wie fabelhaft ist da doch eine Kaminwärme, vor allem wenn wir später mit Dexter, ihrem Hund, vom Spaziergang zurückkommen, denke ich und beziehe noch schnell das Bett.

Da erschallt schon ein fröhliches »Juhu«. Meine Cousine weiß, wie sie, ohne zu klingeln, in mein Haus kommt.

»Hey, Claudi, na, wie war die Fahrt?«, frage ich.

»Alles gar kein Problem, wie immer nur ein Katzensprung«, erwidert sie und umarmt mich. »Ich hole mal noch die restlichen Sachen aus dem Auto«, sagt sie und ich knuddele erst einmal ihren Hund Dexter durch, der sehr interessiert an den Leckerlis ist, die noch von Fendi, dem Hund meiner Tochter, vorrätig sind.

Meine Cousine arbeitet seit Neuestem bei einem Kosmetikhandel und sofort erkenne ich das Logo auf ihrer Tasche.

»Ja«, sagt sie, »das hast du richtig erkannt, ich habe da mal etwas mitgebracht.«

Da sie um meine Passion für Nahrungsergänzungsmittel weiß, hat sie das Lager durchstöbert und die neuesten Produkte für Haare und Haut mitgebracht.

»Das ist super«, sage ich erfreut, »ich danke dir.« Völlig verständlich ist meine Liebe zu Nahrungsergänzungsmitteln ja nicht, außer dass ich gerne praktisch denke. Und wie praktisch ist es bitte, alle notwendigen Vitamine und Mineralien in Tablettenform zu sich zu nehmen, dann muss ich nicht mehr so genau darüber nachdenken, ob ich gesund esse. Denn obwohl ich eigentlich größtenteils vegan bin, esse ich etwas wenig Salat, ist mir zu viel Kauarbeit, und wenig Obst und Gemüse, es sei denn, es ist geschnitten oder sonst wie verarbeitet.

»So, nun erzähl mal, wie war die Woche?«, reißt mich Claudia aus den Gedanken.

»Eigentlich war es eine ruhige Woche, obwohl, ich habe einen neuen Auftrag bekommen und musste dafür ziemlich viel vorbereiten, außerdem waren drei Kollegen in unterschiedlichen Büros krank, also musste ich ganz schön organisieren. Wie war deine Woche denn so?«

»Es ging alles einigermaßen gut, ich musste unseren Newsletter neugestalten, aber so langsam fällt mir das alles viel leichter.«

»Wie wunderbar, du kannst so stolz auf dich sein, also ich bin es mit Sicherheit«, sage ich lächelnd. Denn der Weg bis hierhin war für meine Cousine mit einigen Hindernissen bestückt. Nach jahrelanger Selbstständigkeit ist sie wieder in ein Angestelltenverhältnis gewechselt und hatte mit all den Anforderungen, wie täglich acht Stunden zu arbeiten, völlig neuen Technologien und temperamentvollen Kollegen, zu kämpfen. Im Grunde ist unser Weg da fast identisch, denn auch ich war bis vor zweieinhalb Jahren selbstständig, ehe ich den Weg ins Angestelltenverhältnis gewagt habe. Wenn ich ganz ehrlich bin, hat mich die Herausforderung angezogen und aus einem bestimmten Grund hat es bei uns beiden funktioniert. Meine Cousine sitzt nun sicher im Sattel und ich habe fast jedes Jahr ein neues Büro zur Leitung dazubekommen. Wir können uns also in neuen Situationen zurechtfinden, ziehe ich in meinem Kopf ein Resümee.

»Lass uns mal etwas essen gehen oder muss Dexter vorher noch laufen?«, frage ich.

»Ja«, sagt sie, »wäre besser.«

»Na dann drehen wir die kleine Runde«, schlage ich vor und wir ziehen uns an. »Wo wollen wir denn essen?«, frage ich pro forma, denn im Grunde weiß ich, dass sie gerne mexikanisch essen möchte.

»Na, am liebsten mexikanisch«, bestätigt sie meine Vermutung. Nachdem wir uns dick eingepackt haben, gehen wir los und inzwischen ist doch noch Wind zu den Wolken dazugekommen. So strahlend hell beleuchtet ist der Weg, den wir gehen, nicht.

»Weißt du, selbst bei so einem Wetter ist die Luft einfach himmlisch hier und wenn die Wolken ein wenig Platz machen, ist der Mond am Himmel zu sehen. Er ist nur eine ganz dünne Sichel. Schau nur«, sagt Claudi, »morgen ist Neumond, da können wir den Samen säen für die weiteren Entwicklungen in unserem Leben.«

Ich liebe es, wenn sich jemand mit diesen Dingen auskennt, und bin gleich Feuer und Flamme. »Super, dann lass uns doch morgen ein Neumondritual machen, mit Meditation, vielleicht ein wenig Kakao und Aufschreiben unserer Wünsche.«

»Perfekt«, sagt sie, »ich habe auch noch ein paar Kerzen zur Wunscherfüllung mitgebracht.«

»Das habe ich ja noch nie gehört, da bin ich gespannt.«

Nachdem Dexter alles erledigt hat, was ein Hund eben so erledigen muss, bringen wir ihn zurück nach Hause und machen uns auf den kurzen Weg zum Restaurant, vorbei am Hafen, der auch im Winter einer Menge Hausbooten Platz bietet. Die Idee, im Hausboot zu wohnen, hatte ich auch mal, aber die ganze Technik und die Kälte des Wassers im Winter und vor allem die Einsamkeit im Hafen haben mich zurückgehalten. Also einsam scheint es jetzt nicht mehr zu sein, denn hier liegen inzwischen sehr viele Hausboote. Wobei, wenn ich genau hinschaue, ist keins beleuchtet. Ich bin ohne Zweifel froh, dass ich stattdessen in einem niedlichen, kleinen ehemaligen Fischerhaus wohne.

»Schau, da vorn ist ein Tisch für uns frei«, sage ich, als wir ins Restaurant eintreten. Trotz des ungemütlichen Wetters ist hier fast jeder Tisch besetzt, das liegt sicher an der neuen mexikanischen Küche und natürlich an dem Standort direkt am Hafen. »Nun erzähl doch mal, wie es dir mit Ralf so geht«, sage ich zu Claudia. Sie hat seit längerer Zeit eine Beziehung, die sich durch viel Unwahrheit quälen muss. So ist das manchmal, obwohl wir wissen, dass es nicht ideal für uns ist, halten wir aber an dem Zustand fest. Meist aus dem Gefühl heraus, dass wir es sonst mal wieder nicht geschafft haben.

»Tja«, sagt sie, »wie soll ich das ausdrücken, im Moment gibt er sich wieder viel Mühe und wir verbringen viel Zeit miteinander.«

»Okay«, erwidere ich, »und wie verbringt er sein Wochenende?«

»Er trifft sich mit Freunden, die er lange nicht gesehen hat, in seinem Wochenendhaus.«

Unsere Blicke treffen sich und ich weiß, dass sie weiß, dass diese Geschichte vermutlich nicht stimmt. Unsere Blicke sagen aber ebenfalls, dass wir das Thema nicht weiter vertiefen wollen. Das ist das Gute, ich kenne meine Cousine schon mein ganzes Leben und oft verstehen wir uns ohne Worte. Prompt kommt das Essen und wir genießen die großzügige Portion in Kombination mit einem Glas Rotwein.

Da es Freitag ist und wir beide die ganze Woche gearbeitet haben, stellt sich nach dem Essen und dem Wein sofort eine große Müdigkeit ein und wir machen uns entspannt wieder auf den kurzen Weg nach Hause.

Später im Bett überlege ich mir noch, was ich mir morgen alles wünschen und vielleicht Neues in mein Leben integrieren möchte.

Fazit: *Eine Woche im Leben ist schnell mit den alltäglichen Dingen ausgefüllt und oft mache ich mir zu viele Gedanken über Dinge, die dann doch anders kommen.*

Tipp: *Baue dir kleine Oasen in deinen Alltag, wie zum Beispiel ein Hörbuch beim Autofahren zu hören.*

DIE IDEE

Job: Büroleiterin
Tage bis zum Start der Reise: 256
Van: keiner

Ich wache fast zur selben Zeit auf, zu der mein Wecker auch in der Woche klingeln würde. Das führt zu einem guten Gefühl, denn erleichtert erinnere ich mich, dass Samstag ist und ich nicht aufstehen muss. Einmal auf die andere Seite drehen, wie vorzüglich, denke ich und kuschle mich fest ein. So richtig einschlafen kann ich aber nicht mehr und nach einer halben Stunde aktiviere ich den Timer auf meinem Handy für eine stille Meditation. Dann bin ich bereit, aufzustehen, aber auch heute habe ich es wieder geschafft, während der Mediation darüber nachzudenken, ob ich nicht schon wieder viel zu abgelenkt bin und so gar nicht in einen meditativen Zustand komme. Na, das sind ganz schön selbstkritische Gedanken für eine Entspannungsübung, denke ich. Bei Claudi im Zimmer ist auch schon etwas los, Dexter hat mich natürlich gehört und möchte mich begrüßen. Schon schön, eine solche Begeisterung, nur weil man da ist.

Beim Frühstück, das Claudia und ich so richtig zelebrieren, denn ich war sogar mit dem Hund beim Bäcker und habe Brötchen geholt, frage ich sie: »Sag mal, hast du auch immer einen Kritiker im Kopf, der permanent beim Meditieren dazwischen quatscht und einen ständig heruntermacht?«

»Ja, das kenne ich nur zu gut, nun mache ich eher Yoga zur Entspannung, aber auch da kommen immer mal wieder kritische Anmerkungen um die Ecke, obwohl es schon viel besser geworden ist.«

»Tja, was macht diese Selbstkritik eigentlich Gutes?«, überlege ich laut. »Eigentlich lässt sie uns sich schlechter fühlen. Wollen wir uns vielleicht schlecht fühlen? Und wenn ja, warum?«

»Hm, darüber lass uns mal bei einem Spaziergang nachdenken«, erwidert sie.

Heute hat sich das Wetter etwas verbessert, zwischenzeitlich ist die Sonne immer mal wieder zu sehen und zu spüren. Wir machen uns auf den Weg, um die große Runde zu gehen. Dexter ist in seinem Element, hier darf er ohne Leine machen, was er will, also fast, ein wenig passen wir bei der Straßenüberquerung auf ihn auf. Auf der großen Runde sind es aber nur drei Straßen, die überquert werden müssen. Der Wind hat ebenfalls etwas nachgelassen, somit können wir ganz entspannt die alte Bahntrasse bis zur Mühle und zurück am Wasser laufen.

»Ich glaube ja, dass Tiere keinen einzigen Gedanken daran verschwenden, zu überlegen, ob ihre Handlungen richtig sind«, nimmt Claudia den Faden wieder auf.

Wir schauen beide Dexter beim Hin- und Herlaufen zu. »Nein, das glaube ich auch nicht«, sage ich schließlich, »aber warum haben wir diesen Automatismus, denn nichts anderes ist es ja, oder kannst du den Kritiker einfach abstellen?«

»Nein, das geht nur, wenn ich die Selbstkritik auf frischer Tat ertappe und mich dann immer wieder daran erinnere, dass ich ja Freude statt Kritik wählen wollte.«

»Das ist tatsächlich sehr aufwendig, oder?«, erwidere ich. »Gerade während des Alltags im Büro, da schleichen sich doch laufend kritische Gedanken ein, weil wir uns unserer Selbst nicht so bewusst sind.« Sie schaut mich fragend an. »Ich meine damit, wir reagieren oder agieren meistens im Außen und haben wenig Verbindung mit uns selbst und da merken wir den hinterlistigen Kritiker seltener. Bei einer Meditation erkenne ich ihn definitiv schneller als im Alltag. Ich wünschte, ich hätte etwas mehr Zeit nur für mich und könnte den Kritiker öfter und schneller wahrnehmen.«

»Au ja«, sagt Claudi, »eine Zeit nur für mich wäre grandios, eigentlich haben wir doch jetzt die Kinder groß. Also Paul wird nächstes Jahr im Juni sein Abitur machen und Tabea ist nur noch selten zu Hause. Mit anderen Worten: Ab Juni habe ich frei.«

Ich schaue sie skeptisch an. »Und was ist mit deinem Job? Du bist da doch gerade erst so richtig angekommen.«

»Ich weiß nicht, ich habe da so ein Gefühl, dass das kein Problem wäre.«

»So«, antworte ich, »wenn ich so darüber nachdenke, könnte ich auch nächstes Jahr mal etwas anderes machen, meine Mädels haben sowieso ihr eigenes Leben. Annika ist noch für ein Jahr länger in London für ihr Studium, Emely pendelt sicherlich weiter zwischen Berlin und Ibiza und Annabelle wird auch nach Ibiza oder London ziehen.«

Wir schauen uns etwas aufgeregt an, dann kommen wir an die letzte Straße, die wir überqueren müssen, und Claudia nimmt Dexter schnell an die Leine. Nicht, dass er aufgrund unserer Euphorie noch einen Unfall verursacht.

Zu Hause machen wir uns einen zweiten Kaffee und

besprechen weiter unsere Idee, die nun langsam immer mehr Raum einnimmt.

»Okay«, sagt Claudia, »ich bin irgendwie ganz aufgeregt, stell dir vor, wir nehmen uns einfach die Zeit.«

»Wie könnte das denn aussehen?«, überlege ich laut. »Eigentlich wäre das Beste, ganz aus der gewohnten Umgebung herauszugehen, oder?«

»Ja«, stimmt sie zu, »wir müssten vielleicht reisen.«

»Ja, aber so von Hotel zu Hotel habe ich keine Lust, das ist so gar nicht spirituell und wir lernen dabei auch nicht Land und Leute kennen. Aber ein anderer Ort wäre schon wichtig, sonst kommen all die alltäglichen Verpflichtungen wieder dazwischen. Wenn ich über meine Auszeit nachdenke, dann ist es mir wichtig, dass ich mich mit mir selbst und der Natur um mich herum verbinde und vielleicht so die Perspektive zum Leben verändere: Was ist wirklich wichtig?«, erläutere ich.

»Hm, was ist denn mit den Leuten, die du in den vergangenen Wochen kennengelernt hast, die dein Bed & Breakfast gekauft haben, waren die nicht oft im Van unterwegs?«, fragt sie.

»Du meinst, wir sollten in einem Van reisen?« Während ich die Worte ausspreche, reißt draußen die Wolkendecke ein wenig auf und ein Sonnenstrahl, der durchs Fenster scheint, trifft mich. »Na, wenn das kein Zeichen ist«, sagt Claudi kichernd.

Meine Gedanken fangen an, auf Hochtouren zu laufen, und ja, es stimmt, ich habe gerade erst mein Bed & Breakfast verkauft. Auch diese Arbeit habe ich über drei Jahre mit Herz und Seele getan, aber mir fehlte am Ende die Perspektive. Ich konnte mir einfach nicht vorstellen, für immer dasselbe zu tun. Außerdem hat so ein Job den Nachteil, dass du eigentlich nur Geld verdienst, wenn du fast alles 24/7 selbst machst. Dafür war ich von Anfang an nicht gestrickt, deshalb hatte ich immer ein Team um mich herum, was natürlich auf Kosten der Einnahmen ging. Nun ja, aber ein wenig habe ich schon überlegt, was ich jetzt so anfange mit dem Geld, das übriggeblieben ist. Glücklicherweise hatte ich ein Ehepaar gefunden, das von der Bed & Breakfast-Idee genauso begeistert war wie ich damals. Ich erinnere mich noch genau, wie ich mit meinen Töchtern im Urlaub war und mir alle drei eröffneten, dass sie ausziehen wollten. Ganz so drastisch war es nicht, zwei wollten in ein Internat und eine wollte nach Berlin. In dem Internat waren die beiden schon, aber ich habe sie jeden Morgen hingebracht und abends wieder abgeholt. Tja, und dann fragten die drei mich, was ich denn schon immer mal machen wollte, und da wir gerade in einem süßen kleinen Hotel saßen, sagte ich, am liebsten würde ich ein kleines Hotel führen. Erstaunlicherweise war das im August und im November habe ich das Bed & Breakfast in Schleswig erworben. Verrückt, aber wahr, und ich hatte das Glück, dass meine Freundin Sabine mit Eifer an meiner Seite war. Etwas mulmig war mir damals schon zumute, denn es war doch viel Geld, das ich da in einen Standort wie Schleswig investierte. Und ich sage mal so, manchmal ist das Glück auch mit den Unwissenden, denn weder Sabine noch ich hatten einen Schimmer, wie wir so ein Bed & Breakfast leiten sollten. Aber es hat alles wunderbar funktioniert und es ist ein wunderschöner Beruf, da man ja meistens mit gut gelaunten Menschen zusammen ist. Am Ende war es wichtig, den richtigen Käufer zu finden, der sich eben in das kleine B&B verliebt, ohne zu sehr auf die Zahlen zu schauen, und das hatte geklappt.

»Ich könnte in einen Van investieren«, sage ich. Sofort spüre ich, wie eine Welle an Energie in mir hochkommt. »Wow, das fühlt sich tatsächlich gut an und wie sagt meine Freundin Alex immer: Go where your excitement leads you, also folge deiner Leidenschaft.«

»Na, da wissen wir ja, welchen Samen wir heute beim Ritual säen können«, sagt Claudi mit einem Augenzwinkern.

»Aber so was von«, sage ich und lache.

Fazit: *Gemeinsam hat man meist die besten Ideen.*

Tipp: *Nimm dir doch mit einer Freundin/einem Freund oder mehreren eine gemeinsame Zeit, um wild zu philosophieren, was du gerne mal machen möchtest!*

DIE MANIFESTATION

Job: Büroleiterin
Tage bis zum Start der Reise: 256
Van: fünf im Warenkorb

Wir bereiten alles für eine Zeremonie vor; ich mache Feuer im Kachelofen, damit wir es schön warm haben, und koche den Kakao. Es ist Rohkakao und jeder kann sich ein paar Zutaten dazu mischen. Ich nehme Cayennepfeffer und Ahornsirup und Claudi entscheidet sich für Vanille. Wir nehmen den Kakao mit ins Wohnzimmer, wo wir es uns auf Yogamatten und Kissen gemütlich machen. In unsere Mitte habe ich einige Edelsteine gelegt und Rosen, die ich mir am Freitag gekauft hatte. Bei schöner Musik trinken wir langsam unseren Kakao und schreiben dann eine Liste mit Dingen, die wir in unser Leben ziehen möchten. Meine Wünsche sind auf einmal ganz klar: Ich möchte reisen, am liebsten ein Jahr, und das Ganze im Van, gerne mit Claudi, aber falls es sein muss, auch allein. Erstaunlich, wie eindeutig dieser Wunsch auf einmal ist. Unter meinen Wunsch male ich noch einen Van, so gut ich kann. Nachdem wir beide fertig sind, machen wir noch eine Meditation von Joe Dispenza, bei der wir uns mit der Fülle verbinden. Unglaublich, wie intensiv dieses Gefühl ist, als wäre ich schon unterwegs.

Nach der Meditation schaue ich Claudia an, sie scheint ebenso verwundert zu sein, denn sie guckt noch ganz ungläubig, und irgendwie muss ich anfangen, zu lachen, und fange einfach zu tanzen an. Das machen wir beide dann unter den Blicken von Dexter, der auch mitmachen will. Göttlich, diese Freude.

Ein Blick zur Uhr zeigt mir, dass es schon 20.00 Uhr ist, und erst dann nehme ich wahr, dass mein Magen knurrt. Wir bestellen schnell Pizza.

Der Abend ist dann noch ganz entspannt und ich bin vollkommen beseelt von unserer Idee.

»Ich habe geschlafen wie ein Stein«, bekenne ich am nächsten Morgen.

»Ja«, sagt Claudia, »ich schlafe hier auch immer besonders gut, ist wahrscheinlich die Seeluft.«

»Ja, bei dir vielleicht«, erwidere ich, »aber ich glaube, bei mir war es einfach die Euphorie, die für gute Vibes gesorgt hat. Wie sieht es bei dir aus, bist du noch bei unserer Idee dabei?«

»Ja klar! Ich weiß auch, wie das ist, wenn man eine tolle Idee hat und sich das Ganze dann am nächsten Morgen auf einmal nicht mehr so toll anfühlt. Das sind meistens die Ideen, die unter Alkoholeinfluss entstehen, aber unsere ist immer noch superaufregend und fühlt sich großartig an!«

»Mir geht es genauso. Weißt du, wenn ich mein Leben mal so ganz genau betrachte, dann ist es zwar so, dass ich meine Arbeit sehr gern mache, aber etwas fehlt. Die Wochen sehen bei mir immer ähnlich aus und meine Abende sind auch eher einsam, da ich gar nicht die Kraft habe, mehr zu tun. Selbst bei den Freunden, die ich wertschätze, kommt es selten zu einem Treffen oder auch nur zu einem Telefonat, da ich oft zu müde und kaputt bin. Ich schaffe es ja nicht mal, mich abends noch hinzusetzen und zu meditieren oder Yoga zu machen. Ich glaube nicht, dass es das Leben ist, das ich für immer so führen möchte. Mehr oder weniger bin ich ständig dabei, die Probleme für andere zu lösen, ohne meine eigenen richtig zu erkennen. Es ist immer etwas zu tun. Nach der Schulzeit habe ich noch kurz für drei Monate eine Ausbildung in Frankreich gemacht und dann ging es über ein Praktikum in die Ausbildung. In der Ausbildung habe ich dann meinen Ex-Mann kennengelernt und wir sind direkt in Frankfurt zusammengezogen. Dann folgten drei Kinder und insgesamt dreizehn Umzüge in immer wieder neue Umgebungen. Da blieb wenig Zeit, etwas Eigenes zu entwickeln. Nach unserer Trennung, stell dir vor, bin ich jetzt schon fünfmal umgezogen und habe meine Rolle von Mutter auf zusätzlich Vater ausgebaut. Ich dachte immer, dass bei all unseren Umzügen er die treibende Kraft war, aber so langsam beschleicht mich die Ahnung, dass ich selbst ziemlich flexibel bin.« Wir lachen beide kurz auf. »Und dann kam eines Tages das Berufliche dazu. Von Achtsamkeitstrainerin zur Immobilienmaklerin, dann zur Bed & Breakfast-Leiterin und hin zur Büroleitung. Gefühlt weiß ich nicht so richtig, was ich eigentlich will«, sage ich und seufze. »Ich bin mir nicht mal sicher, ob ich ein Abend- oder ein Morgenmensch bin. Wenn ich den Wecker im Nacken habe, bin ich ohne Frage ungern ein Morgenmensch. Ich lebe im Moment im Flow und genieße das auch, aber ich merke, dass das äußerliche Umfeld mein Leben bestimmt und ich mich nicht bewusst kenne.«

»Das verstehe ich gut«, murmelt Claudi und streichelt

dabei Dexters Ohren, der das sehr genießt, »mir geht es da genauso, außer dass ich diese ganze Aufregung mit den Kindern, später dann Trennung, ewige Selbstständigkeit und dann auf einmal neuer Job nur in einem Haus mitgemacht habe. Ich denke, es wird für uns beide Zeit, etwas nur für uns zu tun.«

Nach dem Frühstück machen wir einen kleinen Ausflug nach Brodersby, meinem zweiten Zuhause, bis ich in die Pubertät kam. Hier hatten meine Eltern und davor mein Opa ein Haus, in dem wir immer unsere Sommer- und viele andere Ferien verbracht haben. Es mussten aber schon ein paar freie Tage sein, denn die Strecke Bremen–Brodersby war damals noch etwas umständlicher zu erreichen. Ich fühlte mich hier oben immer sehr wohl, bis zu dem Zeitpunkt, als all die anderen Ferienfreundschaften nicht mehr mitkamen, ich aber mitmusste, da meine Eltern mich nicht allein zu Hause lassen wollten. Ab dann habe ich Brodersby ziemlich gehasst, zumal meine Eltern diesen Ort immer als Partystätte genutzt und mit ihren Freunden und Nachbarn gern einen durch den Tisch getreten haben. Wie das Leben aber so spielt, hat sich doch am Ende die Liebe zum Norden durchgesetzt und ich habe sogar den zweiten Teil meiner Hochzeitsreise nach Brodersby gelegt. Brodersby und ich haben uns also wieder versöhnt. Auch Claudi kennt die Gegend, denn als Kinder haben wir hier einige Abenteuer miteinander erlebt. Ebenso wie meine Kinder hier natürlich auch viel Zeit verbracht haben. Diese Liebe zum Norden haben sie sicherlich schon als Baby eingetrichtert bekommen. Es gibt aber auch wenig Schöneres als den Norden mit seinem weiten Himmel und der Natur, denke ich so auf der Fahrt. Dass mein Opa und dann meine Eltern überhaupt hier gelandet sind, hat den Hintergrund, dass mein Opa und meine Oma nicht mehr so richtig zusammen in Bremen zurechtkamen. Da eine Scheidung damals nicht üblich war, hat mein Opa meiner Oma nach einer Kur eröffnet, dass er jetzt mit einem Kumpel, den er während der Kur kennengelernt hat, ein Projekt im Norden starten möchte. Dieses Projekt war der Bau der Marina in Missunde. Da beide, mein Opa genauso wie der Kumpel, sehr schillernde Persönlichkeiten waren und, wenn wir ehrlich sind, auch funktionierende Alkoholiker, ist es ausgesprochen erstaunlich, dass die Marina tatsächlich zustande gekommen ist. Aber sie steht immer noch da und wird von dem Sohn des Kumpels geleitet, der dank einiger schlauer Ideen das Ganze in die florierende Moderne geführt hat.

Wir machen auch hier die große Runde und da die Sonne scheint, können wir sogar kurz auf meiner Lieblingsbank mit Blick auf die Schlei sitzen und den Kormoranen beim Jagen zusehen. »In meiner Kindheit gab es die nicht«, erkläre ich Claudi, »irgendwie sind es jetzt aber ganz schön viele.«

»Stimmt, aber die arbeiten als Team ziemlich gut zusammen«, beobachtet Claudi das Treiben.

Innerlich habe ich zwar Mitleid mit den Fischen und bin sicher, die finden diese Teamarbeit nicht so toll, aber gleichzeitig sehe ich, dass Teamarbeit in der Natur erfolgreich ist. Die Natur bestätigt, warum ich meine Teams in den verschiedenen Standorten gerne als ein großes gemeinsames Team sehe und deshalb auch gemeinsame Aktivitäten fördere.

Am Strand lassen wir uns noch mal den Wind um die Nase wehen und Dexter hat einiges zu tun, um auch effektiv alle Möwen aufzuscheuchen. Auf dem Rückweg nehmen wir die Missunder Fähre und halten noch kurz bei dem Restaurant Odin, um etwas zu essen. Dies ist trotz der Nebensaison gut besucht, aber wir ergattern noch einen schönen Tisch. Das Feuer prasselt im Kamin und es ist sehr gemütlich.

»Tja, also dann schauen wir mal, wie wir das alles so machen können«, nehme ich unsere Planung noch mal auf. »Am besten ist es, ein Jahr einzuplanen, oder was denkst du?«

»Ein ganzes Jahr, wow, das ist natürlich ganz schön lange, irgendwie müssen wir dann so grob eine Idee haben, wo wir hinwollen.«

»Ich denke, mit Rücksicht auf unsere Eltern, die ja alle schon etwas älter sind, sollten wir uns auf Europa beschränken, oder was meinst du?«, frage ich.

»Du meinst, dass wir, wenn es nötig werden sollte, schnell wieder zu Hause sind?« Ich nicke zustimmend. »Wahrscheinlich hast du recht, dann müssen wir aber schauen, wo es im Winter am wärmsten ist.«

»Absolut«, sage ich. »Ich kann es bisher noch nicht so ganz in mein Herz lassen, dann werde ich schon jetzt zu aufgeregt.«

Das Essen kommt und wir hängen beide unseren Gedanken nach.

Wieder zu Hause muss Claudi auch langsam Richtung Hamburg fahren. Wir verabschieden uns mit einer festen Umarmung. »Schön war es«, sage ich, »fahr vorsichtig.«

»Es war fantastisch und nun haben wir so viele spannende Dinge im Kopf.«

Ich nicke, gebe Dexter noch eine Streicheleinheit,

bevor er widerwillig ins Auto steigt. Ich winke den beiden hinterher und dann setze ich mich an meinen Computer und suche im Internet erst einmal ein wenig nach Vans. Die sind ziemlich teuer, stelle ich relativ schnell fest, und anscheinend habe nicht nur ich die Idee, denn wenn ich solch ein Modell mal selbst konfiguriere, beläuft sich die Lieferzeit auf fast ein Jahr. Hm, das wäre etwas zu spät, aber ein paar gebrauchte gäbe es sofort, sinniere ich so vor mich hin. Auch wenn sie nicht wesentlich günstiger sind. Wahrscheinlich muss ich einfach nur öfter bei den Portalen vorbeischauen, denn das Angebot ändert sich bestimmt. Was für ein Modell wäre überhaupt sinnvoll? Schließlich sind wir ja zu zweit und Dexter benötigt auch seinen Platz. Zu groß darf der Van auch nicht sein, denn wir müssen ihn leicht fahren können. Ich wechsle zu einem Onlinedienstleister und bestelle mir als Erstes Bücher über das Campen. Bücher mit den Titeln »Wo sind die wärmsten Plätze zum Überwintern« und »Die besten Campinghacks« wandern in meinen Warenkorb. Damit bin ich bestimmt schon mal gut im Thema. Meine Begeisterung hat aber noch viel Potenzial, um größer zu werden.

Ich gehe früh ins Bett, da die Woche, die vor mir liegt, einige Herausforderungen hat, aber der Samen ist gesät.

Fazit: *Setz dich ernsthaft mit deiner Idee auseinander und wenn sie sich weiter gut anfühlt, folge ihr möglichst jeden Tag. Wichtig ist, dass du anfängst.*

Tipp: *Mach dir einen groben Plan, wie du dein Ziel erreichen könntest, und betreibe ein wenig Recherche.*

DER TEST

Job: Büroleiterin
Tage bis zum Start der Reise: 152
Van: einer im Warenkorb

Inzwischen ist schon der 30. Dezember und ich bin im Büro. Nun sind fast vier Wochen vergangen, seit die Idee der einjährigen Auszeit in meinen Gedanken Platz genommen hat. Zwar habe ich noch keinen Van erworben, aber ich checke regelmäßig die Portale und manchmal wandert einer in den Warenkorb. Ich arbeite heute noch, aber morgen fliege ich mit meinen drei Töchtern zum Jahreswechsel und zu meinem fünfzigsten Geburtstag nach Dubai. Das war eine sehr spontane Entscheidung und noch kann ich gar nicht daran glauben. Wir sind schon alle ganz aufgeregt und haben heute Morgen unsere PCR-Tests gemacht, denn die benötigen wir beim Einchecken.

»Hervorragend«, sagt meine Kollegin Louise, »da hast du ja bald richtig warmes Wetter um dich herum. Erzähl mal, wie es in Dubai so ist.«

»Also eigentlich gibt es da alles nur im Superlativ: riesengroße Gebäude, wahnsinnig aufwendige Einkaufszentren mit vielen Attraktionen wie Skilaufen, künstliche Inseln, Wasserparks, Strand und warmes Wetter«, versuche ich, Dubai in ein paar Worte zu fassen. »Das letzte Mal war ich vor fünf Jahren dort, es hat sich sicher viel getan, denn es wird einfach durchgehend gebaut. Also im Grunde kannst du in Dubai einfach alles machen, was die Welt so zu bieten hat.«

»Wow, das klingt echt aufregend, dann schick mal ein paar Fotos. Wie ist denn das Essen?«, fragt sie weiter. Aber ich bekomme gerade einen Anruf von meiner ältesten Tochter und gebe Louise ein Zeichen, dass ich kurz rangehe.

»Na, Süße, habt ihr alles gepackt?«, frage ich.

»Mama, du bist positiv!«, schreit sie ins Telefon.

»Wie, was meinst du?«, frage ich nach, aber mir wird etwas mulmig.

»Na, dein PCR-Test ist positiv«, wiederholt sie.

Ich muss mich setzen, meine Gedanken fangen an zu rasen und Louise schaut mich erschrocken an. Wenn mein Test positiv ist, habe ich alle um mich herum hier im Büro angesteckt. Heute waren nur Louise und ich hier, aber das ist auch schon ätzend. Und ich kann nicht fliegen. Können die Kinder allein fliegen? Dann feiere ich Silvester mit Corona allein zu Hause und meinen Fünfzigsten verbringe ich auch allein. Oh, mein Gott, mir wird ganz übel.

»Mama«, reißt mich die Stimme meiner Tochter aus der Gedankenspirale, »du musst einen zweiten Test machen.«

Ah ja, denke ich, das wäre eine Idee. »Aber der Test wäre nicht rechtzeitig da, der Abflug morgen ist doch schon um 14.00 Uhr«, sage ich.

»Doch, du musst es nur dringlich machen.«

Ich schaue auf die Uhr, okay, es ist 13.00 Uhr, mit ganz viel Glück würde es gerade so passen. »Ich versuche es«, versichere ich meiner Tochter.

»Ja, aber Mama, denk jetzt positiv, wir bekommen das schon alles hin.«

»Was ist passiert?«, fragt Louise mit vor Schreck geweiteten Augen, als ich aufgelegt habe.

»Du meine Güte«, sage ich, »es tut mir leid, aber mein PCR-Test ist positiv. Ich muss sofort einen zweiten machen und du musst leider auch einen machen.«

»Auweia«, sagt sie, »dann lass uns mal gleich zum Testzentrum rübergehen.«

»Warte, wir setzen besser eine Maske auf, nicht, dass wir noch anderen Silvester verhageln«, brumme ich.

Es ist nur ein kurzer Weg, Louise versichert mir, dass sie gar keine großen Pläne für Silvester hatte, also dass es nicht so schlimm wäre, aber ich fühle mich trotzdem eindeutig miserabel.

»Also, um es jetzt abermals zusammenzufassen: Sie wurden positiv getestet und wollen jetzt einen zweiten PCR-Test, obwohl der erste auch ein PCR-Test war?«, wiederholt die Frau vom Testcenter mein Anliegen.

»Ja, genau und meine Kollegin benötigt einen PCR-Test, da meiner ja positiv war und wir den ganzen Tag sehr eng nebeneinandersaßen.«

»Also als Erstes gehen Sie bitte in den Raum für die Quarantäne da hinten und ich muss das mit meinen Kollegen besprechen.«

Also trotten wir in den Raum, in dem das Fenster geöffnet ist und der ansonsten vor Trostlosigkeit fast weint. Wir setzen uns auf die Stühle und warten. Nach einer Weile kommt eine Schwester und macht den PCR-Test mit Louise. »Bei Ihnen dauert die Entscheidung noch etwas«, sagt sie mir.

»Falls das jetzt eine finanzielle Entscheidung ist, übernehme ich selbstverständlich die Kosten«, rufe ich ihr noch hinterher.

Fünf Minuten später ist sie wieder da. »Nein«, sagt sie, »es ist keine finanzielle Entscheidung, aber das Gesundheitsamt erlaubt keinen zweiten PCR-Test, mit denen habe ich gerade telefoniert.«

»Okay«, sage ich und ziehe Louise mit aus dem Zentrum. Als wir wieder auf der Straße stehen, schauen wir uns etwas ratlos an.

»Was jetzt?«, fragt Louise.

»Ich habe keine Ahnung, aber am besten, wir rauchen jetzt erst mal eine Zigarette.« Das machen wir, aber so richtig schmeckt sie mir nicht. »Also weißt du, dann gehe ich jetzt nach Hause«, sage ich und drücke die Zigarette im Aschenbecher aus.

»Gut, das mache ich jetzt auch, aber wir bleiben in Verbindung und du sagst mir, wie es weitergeht, okay?«

»Ja«, verspreche ich, »und ich hoffe, dass du kein Corona hast.«

»Na, das hoffe ich für dich mit.« Wir umarmen uns noch kurz, denn jetzt ist es auch egal.

Der Weg nach Hause ist ziemlich bedrückend, was für ein Mist. Ich bekomme auch kein Geld wieder, die ganze Reise – einfach umsonst. Nach zwei Jahren Corona die erste Reise und die setze ich in den Sand.

»Hallo«, sage ich matt, als ich nach Hause komme und mir einen Weg durch die fast fertig gepackten Koffer bahne.

»Na endlich, Mama, und?«, fragen alle meine Töchter fast gleichzeitig. Denn seit Corona sind wir alle wieder zusammen hier in Schleswig vereint. Emely ist 26 Jahre und arbeitet sehr aktiv mit den sozialen Medien. Annabelle ist 24 und Annika, die Jüngste, ist 21, beide studieren jetzt online. Das heißt, dass wir nun schon fast ein halbes Jahr zusammen in diesem Haus sind. Umso mehr haben wir uns auf einen Tapetenwechsel gefreut.

Ich erkläre ihnen den aktuellen Stand und sie schauen mich entsetzt an, bis meine mittlere Tochter zur Tat schreitet und anfängt, zu googeln. »Das ist doch Schwachsinn, wir machen jetzt einen Schnell-PCR-Test, du hast kein Corona, das ist doch klar, sonst hätten wir das auch alle«, erklärt meine große Tochter. »So, ich habe ein Testzentrum gefunden, das macht aber um 19.00 Uhr zu und ist in Kiel, wir müssen jetzt los.«

»Ja, aber vielleicht soll es nicht sein«, wende ich ein, weil ich mich etwas ausgelaugt fühle.

»Doch, Mama, das soll sein«, sagt meine Jüngste und schiebt mich raus Richtung Auto.

Die Fahrt ist ziemlich schweigsam, außer dass alle immer wieder sagen, ich soll positiv bleiben, das fällt mir sehr schwer, aber ich versuche es. Wie durch ein Wunder schaffen wir es tatsächlich, genau zehn Minuten vor Geschäftsschluss beim Zentrum zu sein.

»Hallo«, sage ich jetzt mehr oder weniger doch ein wenig zuversichtlich, »ich benötige einen Schnell-PCR-Test, da ich morgen in den Urlaub fahre.« Den Satz hatten mir meine Mädels noch eingebläut, nicht, dass ich denen wieder etwas von einem positiven Test erzähle. So ganz wohl ist mir jetzt zwar nicht, da ich ja am liebsten ehrlich bin, aber hier steht eine Menge auf dem Spiel.

Der Test ist wie jeder andere Test auch und ratzfatz erledigt. »Alles klar«, sagt der nette junge Student, der den Test gemacht hat. »Der geht gleich noch ins Labor, aber das Ergebnis ist dann erst morgen früh da.«

Die Mädels warten vor der Tür auf mich und nachdem

ich ihnen die Entwicklung mitgeteilt habe, fahren wir schweigsam nach Hause. Dort bin ich komplett erledigt und will nur noch ins Bett. Inzwischen bin ich verhalten optimistisch. »Wisst ihr was? Wir manifestieren uns jetzt gemeinsam ein negatives Ergebnis des PCR-Tests und eine entspannte Reise,« schlage ich vor und wir nehmen uns alle in den Arm und lenken unsere Energie in Gedanken genau darauf. Fünf Minuten später gehen wir schlafen.

An Schlaf ist bei mir nicht zu denken, aber ich versuche, mich etwas auszutricksen, indem ich mein Buch zur Hand nehme und anfange, zu lesen. Gefühlt schaffe ich es, mich komplett in eine andere Welt zu katapultieren, und was gibt es Spannenderes, als eine neue Liebe in Irland zu finden. Irgendwann schlafe ich dann ein.

Am nächsten Morgen habe ich das Gefühl, kaum geschlafen zu haben. Aber nun bin ich wach und erstaunlicherweise treffe ich in der Küche schon meine große Tochter, die sich gerade einen Tee macht. »Na, konntest du auch nicht so lange schlafen?«, frage ich sie und umarme sie ganz fest.

»Natürlich nicht, ist doch alles etwas sehr aufregend. Willst du nachschauen oder soll ich?«, schiebt sie hinterher.

»Es ist erst sieben, wir müssen schon noch auf die Öffnungszeit von 8.00 Uhr warten.«

Schweigend sitzen wir in der Küche und trinken Tee, nach einer halben Stunde gesellen sich auch die anderen beiden dazu und wir warten gemeinsam. Dann ist es endlich so weit und ich öffne meine Mails. Ungeduldig scrolle ich durch die eingegangenen E-Mails und dann endlich finde ich das Testergebnis: negativ.

»Negativ!«, kreischen die Mädels und wir brechen in

Jubel aus. »Yes, wir fliegen nach Dubai. Oh, mein Gott, das wird so cool. Siehst du, Mama, wir müssen nur positiv bleiben, dann klappt alles«, erinnert mich meine Mittlere erneut kurz an die Kraft der Manifestation. Und ich denke, wir vier haben eindeutig eine enorme Energie in die Verwirklichung gelegt.

»Okay«, sage ich, »dann frühstücken wir jetzt, dann wird aufgeräumt, zu Ende gepackt und um 10.00 Uhr fahren wir los!«

Die Reise verläuft problemlos und meiner Freundin Carla schicken wir noch aus dem Flugzeug ein Bild von uns, um ihr zu zeigen, dass wir es nun doch geschafft haben. Sie ist schon vor zwei Tagen nach Dubai geflogen und wir werden meinen Geburtstag gemeinsam feiern, was mich sehr freut.

Soeben sind wir im Taxi auf dem Weg ins Hotel, hier in Dubai ist es 1.00 Uhr nachts. Aber das merkt man kaum, die Straßen sind sehr stark befahren und der Flughafen war ebenfalls voll. Erstaunlich, wenn ich so bedenke, dass einem von der Presse erzählt wird, dass keiner unterwegs ist. Die Mädels sind auch ganz erstaunt, was so los ist, und als wir beim Hotel vorfahren, sind wir schwer beeindruckt. Denn auch an der Rezeption ist um diese nächtliche Zeit viel Trubel und vor allem Freundlichkeit zu spüren. Netterweise bekommen wir unsere Koffer aufs Zimmer getragen und die Betten sind prachtvoll groß und bequem.

»Na dann, schlaf schön«, sage ich zu meiner Großen, nachdem wir das Nötigste ausgepackt haben und im Bett liegen. Sie hat das Los gezogen, mit Mama ein Zimmer zu teilen. Und ich weiß, dass ich nicht die beliebteste Kandidatin zum Zimmerteilen bin, weil ich meist früh schlafen gehe und wenig Lärmtoleranz besitze, aber heute sind wir beide müde.

»Du auch und, Mama, wir sind in Dubai«, seufzt sie und dreht sich um.

Ja, denke ich und dann fallen mir die Augen zu.

Silvester ist schon am nächsten Tag und, eine Erleichterung, unser Jetlag hält sich in Grenzen und wir haben einen sehr lustigen Abend in unserem Hotelrestaurant. Ich habe das Gefühl, der ganze Stress fällt von mir ab. Der aufmerksame Kellner, der uns ein Getränk nach dem anderen einschenkt, hat sicherlich auch Anteil daran, dass wir in unseren Sitzen hin und her wippen, und auch die Sängerin, die das Hotel extra für heute engagiert hat, ist richtig gut. Leider dürfen wir wegen Corona weiterhin nicht einmal aufstehen, um richtig zu tanzen.

Schnell ist es 24.00 Uhr und wir schauen dem Feuerwerk zu. Seltsam, denke ich, die letzten drei Silvester waren im Vergleich sehr leise. Wir haben viele Rituale gemacht, unter anderem Kakaozeremonien, Verbrennen von aufgeschriebenen Dingen, die wir nicht mit in das neue Jahr nehmen wollen, und Aufschreiben oder Aufmalen von Wünschen, die im neuen Jahr verwirklicht werden sollen. Dieses Jahr ist es anders, auf unbekannte Weise, freier. Dann bin ich auch schon wieder abgelenkt, weil zwei der Mädels noch auf eine Party gehen wollen, da bin ich dabei. Nachdem die Kleinste sicher in ihrem Zimmer ist, machen wir uns zu dritt auf zur Party, die auf einem umgebauten Kreuzfahrtschiff stattfindet. Dort ist scheinbar kein Corona, denn alle tanzen, und das ohne Maske. Schon wieder Freiheit, denke ich bei mir und genieße den Anblick der vielen feiernden Menschen. Eine Unterhaltung ist nicht möglich, denn es ist wahnsinnig laut. Später ist dann auf einmal einfach Schluss und alle wollen gleichzeitig nach Hause. Das geht leider auch für uns ziemlich schief. Nicht nur, dass ich mir auf der Treppe runter vom Schiff meine Rippe breche, vielleicht auch nur schwer prelle, weil ich ausrutsche und unglücklich auf die Reling treffe, auch das Zurückkommen ins Hotel erweist sich als schier unmöglich. Erst als ich einem unseriösen Fahrer seine Unsummen von Fahrtkosten bewillige, fährt er uns in unser Hotel. Also Freiheit mit Hindernissen, denke ich, als ich endlich im Bett liege.

Fazit: *Auch wenn die Situation aussichtslos erscheint, kann gemeinsamer positiver Glaube Berge versetzen.*

Tipp: *Konzentriere dich öfter am besten nur auf die positiven Stimmen in deiner Nähe!*

DER GEBURTSTAG

Job: Geburtstagskind und Büroleiterin
Tage bis zum Start der Reise: 209
Van: keiner

Fünf Tage später ist dann mein großer Tag, wir haben die Zeit bisher sehr genossen, auch wenn ich natürlich ziemliche Schmerzen wegen meiner Rippe habe. Aber vielleicht ist sie doch nur geprellt, denn schlafen konnte ich, denke ich und öffne die Augen. Prompt schaut meine Tochter mich an. »Mama, happy Birthday, alles Liebe und nur das Beste für dein neues Lebensjahr!« »Danke, meine Süße«, sage ich.

»Also, du machst dich jetzt fertig und dann treffen wir die anderen beiden beim Frühstück in einer halben Stunde, okay?«

»Alles klar«, stimme ich zu und gehe ins Bad. Traumhaft, wenn ich Geburtstag habe, dann werde ich richtig verwöhnt, denn als ich aus der Dusche steige, steht schon ein Tee für mich bereit. Ich schlüpfe schnell in mein Frühstücksoutfit, Weiß ist die Farbe der Wahl heute, und genieße den Tee.

»Und, fühlst du dich etwas anders?«, fragt Emely.

»Hm, da muss ich mal in mich einfühlen«, sage ich zu ihr, »lass uns mal zum Frühstück gehen und ich überlege bis dahin.«

Als ich oben ankomme, haben die anderen beiden den Tisch schon festlich gedeckt und ich werde überschwänglich gedrückt. Dann singen sie noch »Happy Birthday« für mich. »Wundervoll, vielen Dank, der Tisch sieht hübsch aus, ihr seid eindeutig super«, sage ich und bin ganz gerührt.

Wir setzen uns und dann fragt meine jüngste Tochter, was ich mir denn für mein neues Lebensjahr so wünsche. Obwohl in den vergangenen Wochen doch viel Ablenkung war, hatte ich immer mal wieder dieses freudige Gefühl, dass ich mir ab August ein Jahr freinehmen werde und mit dem Van durch Europa fahre.

»Weißt du, Süße, ich freue mich auf diese Auszeit und ich wünsche mir, dass sie wahrhaftig stattfindet.«

»Na klar«, stimmen alle drei sofort ein.

»Das wird mit Sicherheit passieren, du hast doch gesehen, dass, auch wenn Schwierigkeiten kommen, es das Wichtigste ist, an dein Vorhaben zu glauben«, fügt die Älteste noch hinzu.

»Ja, Wahnsinn, dass wir hier jetzt sitzen und all diese Dinge zusammen erleben, ich bin froh, dass wir uns dazu entschieden haben«, sage ich und schaue meine Mädels glücklich an.

Der weitere Tag beinhaltet für mich eine entspannende Massage, eines meiner Geschenke meiner Mädels, und dann gehen wir ins Kino und schauen »Spiderman«. Am Abend treffen wir Carla und ihre Tochter bei uns im Hotelrestaurant, aber diesmal in dem besseren oben auf dem Dach.

»Na erzähl, was ist denn dein Plan für dein neues Lebensjahr?«, fragt sie und ich überlege kurz, ob ich ihr schon von meinem Vorhaben erzählt habe. Carla ist eine meiner besten Freundinnen, auch wenn wir uns nicht mehr so häufig sehen. Aber wir kennen uns seit unserer Pubertät, einer extrem prägenden Zeit, wie ja sicherlich jeder bestätigen kann. Wir haben uns gesehen und irgendwie hat es sofort geklickt. Ab dem Zeitpunkt haben wir fast jede freie Minute zusammen verbracht und da bei ihr meist sturmfreie Bude war, war ich meistens bei ihr. Meine Eltern mochten sie auch sehr gern, sie hatte damals wie heute ein solch unschuldiges Gesicht. Ohne Frage war und ist sie die perfekte Freundin, um durch dick und dünn zu gehen. Auch meine ständigen Umzüge haben uns nie davon abgehalten, in Kontakt zu bleiben, mal mehr, mal weniger. Als ich das erste Mal einen Babysitter in London benötigte für meine damals sechs Monate alte Tochter, war klar, dass Carla kommen musste. Ich glaube, ich habe ihr wenig erklärt, außer die Mahlzeiten, und bin dann für einen Tag und eine Nacht weggefahren. So viel Vertrauen haben wir über die Jahre zueinander gehabt. Es ging auch alles gut, obwohl sie gar keine Erfahrung mit Babysitten hatte. Wenn ich sie jetzt so anschaue, dann bin ich sehr froh, sie als Freundin zu haben.

»Hm, na ich glaube, ich muss dir da mal etwas erzählen«, antworte ich auf ihre Frage. »Ich werde ab August für ein Jahr mit einem Van durch Europa reisen.«

Sie schaut mich mit großen Augen an und Tränen steigen ihr in die Augen. Damit habe ich nicht gerechnet. »Carla, was denn?«, frage ich erschrocken.

»Gar nichts«, sagt sie, »ich freue mich für dich. Machst du das denn allein? Und was für ein Van? Erzähl mir alles!«

»Lass dich drücken«, sage ich und dann erzähle ich ihr von Claudi und Dexter, die mitkommen, von dem Van, der bis jetzt nicht sicher ist, und von der Route, die ich schon ein wenig überlegt habe, und zwar über Holland und Frankreich nach Spanien und dann Portugal.

»Wie aufregend«, sagt sie und ich merke, dass sie es aufrichtig so meint. Ich freue mich sehr über ihre Reaktion, denn ich habe auch schon andere erlebt, die sich nicht gefreut haben, zum Beispiel meine Mutter.

»Ich würde so etwas auch mal so gerne machen, aber bei mir muss Aurelia erst durch die Schulzeit.«

»Ja klar«, antworte ich, »wie lange muss sie denn noch?«

»Zwei Jahre.«

»Na, das ist doch absehbar«, ermuntere ich sie, aber ich glaube, auch sie weiß, dass sie viel zu sehr eingespannt ist, um für ein Jahr alles stehen und liegen zu lassen. Aber auf der anderen Seite, wer weiß, vielleicht passieren noch Wunder und sie kann auch das machen, was sie schon immer mal machen wollte. Seitdem ich sie kenne, ist sie im Dienst der Familie unterwegs und so etwas ist zwar einerseits toll, andererseits aber auch ziemlich einengend. Sie lächelt und in diesem Moment können wir es uns auch gut zusammen vorstellen.

»Du musst mich dann immer mal wieder auf dem Laufenden halten«, sagt sie noch, bevor die Mädels einen Ortswechsel vorschlagen.

»Wir sind doch sechs Frauen und ich denke, wir versuchen es mal mit dem Nachtclub, der zum Hotel gehört«, schlage ich vor. Nach unserer Erfahrung an Silvester mit den Taxen bin ich nicht darauf erpicht, an einen anderen Ort zu fahren.

Alle sind einverstanden und wir machen uns auf den Weg, der nicht sehr weit ist. Obwohl zumindest Aurelia und Annika bis jetzt nicht 21 Jahre alt sind, ist bei so viel Frauenpower der Türsteher bereit, sofort die Türen zu öffnen.

»So viel ist hier nicht los«, sage ich, als wir unten ankommen. Es ist gar nichts los und es wird spanische Musik gespielt. Wir versuchen, das Beste daraus zu machen, aber ausgelassene Stimmung sieht anders aus. Ein kleines bisschen tanzen kann ich dann doch noch und nach einem Gin Tonic gehen wir zurück ins Hotel. Carla, der Fuchs, hat sich längst eine App heruntergeladen, mit der sie ein Taxi bestellt und schon vorher bezahlt. Das ergibt Sinn! Ich drücke die beiden erneut ganz doll, bevor sie ins Taxi steigen, und bin dann selig bereit für das Bett. »Gute Nacht, ihr Süßen«, verabschiede ich meine beiden Töchter, die ein Stockwerk über uns sind. »Gute Nacht, Mama, und schlaf schön mit deinen fünfzig Jahren.«

Ja, denke ich, als ich dann in meinem Bett liege, fünfzig Jahre, das ist schon ziemlich weit im Leben, irgendwie fantastisch, dass ich es so weit geschafft habe und bereits so viel erleben konnte. Bin gespannt, was die nächsten fünfzig Jahre bringen, ist mein letzter Gedanke, bevor ich einschlafe.

Fazit: *Dankbarkeit hilft auch, die größten Geburtstage positiv zu halten.*

Tipp: *Feier deinen Geburtstag am besten mit den Personen, die dir ehrlich wichtig sind!*

DIE ERSTE OFFIZIELLE BEKANNT-MACHUNG

Job: Büroleiterin
Tage bis zum Start der Reise: 76 Tage
Van: drei im Warenkorb

Die Zeit fliegt nur so an mir vorbei und heute ist schon der 18. Mai. Nachdem der Wecker geklingelt hat, habe ich so ein komisches Gefühl im Bauch und bin nicht ganz sicher warum, dann fällt es mir wieder ein. Ich fahre am Montag mit Emely, meiner Großen, nach Ibiza. Schon seit vielen Jahren haben während der Sommermonate all meine Töchter die Insel Ibiza als Reiseziel. Entstanden ist das durch meinen Ex-Mann, der nach der Trennung unsere Kinder immer wieder dorthin mitgenommen hat. Und nun arbeitet Emely in den Sommermonaten dort als Make-up Artist jedes Jahr. Dieses Jahr arbeitet auch meine mittlere Tochter Annabelle über die Saison im Service auf der Insel. Eine Schwierigkeit dort ist die Fortbewegung. Mietwagen sind sehr teuer und da ich mein Auto nicht benötige, fahre ich es nach Ibiza. Der Van ist zwar immer noch nicht erworben, aber ich bin sicher, dass ich einen finden werde. Da ich am Montag losfahre, möchte ich heute, am Freitag, meinem Chef sagen, dass ich für ein Jahr das Büro gegen einen Van tausche. Den Termin habe ich für heute Nachmittag ausgemacht. Meine Strategie ist, dass er dann, wenn ich weg bin, die Möglichkeit hat, sich an die neue Perspektive zu gewöhnen. Es fällt mir irgendwie sehr schwer, denn gerade in der letzten Zeit haben beide Chefs mir viele neue Aufgaben übertragen, die mir sehr viel Spaß gemacht haben. Außerdem war es in den vergangenen Wochen auch so ein Hin und Her mit mir selbst. Auf dem Spaziergang zur Arbeit hinterlasse ich meiner Freundin Alex eine Sprachnachricht, das ist unsere Art, zu kommunizieren.

»Weißt du, es ist ja so, dass die auch planen müssen, denn wie soll das mit drei Büros ohne Büroleiterin werden? Ich weiß, ich bin nicht unersetzlich, aber ich weiß auch, dass mit so einem Weggang viel Organisation anfällt. Zudem sind da noch meine Teams, die mir alle ans Herz gewachsen sind. Aber obwohl so viele Hindernisse im Weg waren, bin ich auf einmal sehr sicher, dass ich diesen Schritt gehen will. Ich weiß, du hast gesagt, am besten wäre es, dem Herzen zu folgen, aber im Moment fühlt es sich doch ziemlich schwer an. Ich frage mich auch, warum es so lange gedauert hat, mir zu überlegen, wann ich es meinem Chef mitteile. Aber irgendwie musste ich da hineinwachsen. Ach, ich freue mich aber ernsthaft sehr, dich dann in Portugal zu sehen, erzähl mir gerne, wie es bei euch so ist. Was machen eure Retreats, habt ihr schon ein neues Zentrum gefunden? Hab dich lieb und bis bald.«

Tja, Alex gehört auch zu den Frauen in meinem Leben, die mich immer wieder inspirieren. Kennengelernt haben wir uns in Hamburg durch die Schule unserer Kinder. Ihr Sohn und meine jüngste Tochter sind zum ersten Mal bis um 15.00 Uhr im Kindergarten gewesen. Somit waren wir beide kinderfrei bis zum Nachmittag. Ein erstaunliches Freiheitsgefühl, das wir gemeinsam richtig zelebriert haben. Wir haben viel Zeit miteinander verbracht, indem wir gemeinsam mit unseren zwei Hunden spazieren waren und immer wieder Kurse gemacht haben, um uns neues Wissen anzueignen und um uns selbst zu finden. Ich hatte noch nie einen Menschen wie Alex getroffen, denn Alex hat die Gabe, zuzuhören und dann die richtigen Nachfragen zu stellen. Da kam selbst ich aus meinem Schneckenhaus und das hat mir irgendwie den Weg zu so viel mehr Ich ermöglicht. Bis dato war ich die Frau meines Ehemannes, Mutter von drei Kindern und Hundebesitzerin, aber wer ich selbst war, wusste ich nicht. Für das Sich-selbst-Finden hatte Alex viele verschiedene Ideen, wie Hot Yoga, Malen, Italienisch lernen, einen Homöopathie-Kurs machen und Engelarbeit praktizieren. Und zum Schluss unserer gemeinsamen Zeit in Hamburg war es der Beginn einer Heilpraktiker-Ausbildung, die wir gemeinsam gemacht haben. Aber das Leben geht doch immer weiter und so haben sich unsere gemeinsamen Wohnorte seitdem nicht mehr so richtig gekreuzt. Inzwischen lebt sie seit vier Jahren in Kalifornien, aber über WhatsApp-Sprachnachrichten halten wir uns auf dem Laufenden. Nun aber hat sie einen zweiwöchigen Aufenthalt im Oktober in Portugal geplant, dort wohnt ihr Vater, und eins ist ganz klar: Ich werde da sein. Diese Gedanken helfen mir, dem Gespräch mit meinem Chef etwas positiver gegenüberzustehen, denn die Aussicht, sie auf meiner Reise zu treffen, erfüllt mich mit Freude.

Der Arbeitstag ist nicht besonders herausfordernd, aber das Wetter ist wunderbar und ich möchte die Mittagspause nutzen, um rauszugehen. Meine Augen wandern zu meiner Kollegin Hannah.

»Hey, Hannah, hast du Lust auf Fischbrötchen? Wir könnten die Sonne nutzen und am Strand entlanggehen.«

»Gute Idee«, sagt sie und wir machen uns auf den Weg. Ich weiß, dass sie gerade dabei ist, ihr Leben komplett neu auszurichten, und frage deshalb: »Wie geht es dir denn mit der neuen Situation?«

Sie schaut etwas traurig einer Möwe hinterher, die über uns fliegt. »Weißt du, eigentlich war ich schon länger der Überzeugung, dass mein Leben so nicht weitergehen kann, aber dass es sich jetzt vollkommen geändert hat, ist irgendwie schwer. Auch wenn es aufrichtig besser ist, dass ich mich von meinem Partner trenne.«

»Ich glaube, das Wichtigste ist, dass du weißt, dass es besser ist, und der Rest wird sich eines Tages einordnen«, versuche ich, sie aufzumuntern.

»Ich hoffe es«, sagt sie und da sie so wahnsinnig traurig aussieht, umarme ich sie kurz.

Bei dem Fischbrötchenstand ist richtig viel los, sodass wir uns zunächst in die Schlange einreihen. »Sag mal, warum fährst du jetzt in deinem Urlaub noch mal mit dem Auto nach Ibiza?«, fragt sie.

»Na, das kommt, weil es zu teuer ist, einen Mietwagen über eine so lange Zeit, wie meine Mädels da sind, zu mieten. Und da ich mein Auto ja vorerst nicht benötige, fahre ich es gemeinsam mit meiner großen Tochter übermorgen nach Ibiza.«

»Wow, aber das ist doch ziemlich weit, oder?«

»Ja, schon, aber wir fahren bis Barcelona und nehmen von dort aus die Fähre. Es sieht so aus, als ob wir etwa zwei bis drei Tage benötigen.«

»Hast du schon eine Route festgelegt?«

»Als erster Stopp steht Bad Homburg fest und danach an einen anderen Ort in Frankreich und dann Barcelona.«

»Wie spannend«, sagt sie und dann sind wir auch schon dran.

Nur wenige Minuten später halten wir unsere Fischbrötchen in der Hand. »Passen Sie bloß auf die Möwen auf«, gibt uns die Verkäuferin noch mit auf den Weg.

Wir lassen uns die Sonne auf die Nase scheinen und genießen unser Fischbrötchen. Dann laufen wir zurück. Meine Kollegin Gina freut sich, dass wir pünktlich wiederkommen, denn sie hat jetzt Feierabend. »Ich drück dich, Annette, und einen schönen Urlaub wünsche ich dir«, sagt sie, bevor sie sich auf ihr Rad schwingt.

»Danke dir und habt es gut ohne mich«, antworte ich schmunzelnd. Dann fällt mir aber ein, dass es ja bald für viel länger ist als nur zwei Wochen, und da ist mir irgendwie gar nicht mehr nach Schmunzeln zumute.

»Ich freue mich, wenn du wieder da bist«, sagt sie sehr eindringlich und fährt los, als wenn sie meine weiteren Pläne ahnt. Oder ist es vielleicht so, dass ich mich selbst so viel mit dem Thema beschäftige und darüber nachdenke, dass ich fast immer in Alltagssituationen einen Hinweis auf meine Reise vermute? Es haben sich aber auch in den vergangenen Monaten so viele Dinge ergeben, sodass ich gar nicht mehr wusste, ob ich überhaupt losfahren sollte oder kann. Als Erstes habe ich meine Mitfahrerin verloren. Leider kann Claudi doch nicht mitfahren, nicht nur, dass es ihrem Vater nicht so gut geht, sondern sie hat unvorhergesehene Ausgaben zu bewältigen, die leider die ganze Reserve, die sie sich für die Reise zurückgelegt hatte, aufgebraucht haben. Dann hat meine große Tochter bei einer Reality-Show mitgemacht und dort den Mann ihrer Träume getroffen. Nun ist sie verrückterweise schwanger, also zu all der Aufregung werde ich jetzt auch noch Oma, und das im Januar nächsten Jahres, also mitten in meinem Sabbatical. Das war ein Schock, aber ich kann gar nicht sagen, wie sehr ich mich freue. Tja, und dann sind da noch meine Mutter und mein Bruder, die beide nicht ganz so begeistert sind. Die eine, weil ich dann nicht für sie da bin, der andere, weil er dann allein für Mama zuständig ist, was natürlich Quatsch ist, ich bin nicht aus der Welt und sie ist immer noch sehr selbstständig.

All das geht mir durch den Kopf, während ich meine E-Mails prüfe. »Erstaunlich viel«, murmele ich vor mich hin.

»Was sagst du?«, fragt meine Kollegin Susanne.

»Nichts Relevantes«, erwidere ich mit einem entschuldigenden Lächeln, »ich spreche nur ein wenig mit mir selbst.«

»Na dann ist doch alles super.« Sie lacht. »Hast du dir die Präsentation noch einmal angeschaut?«, schiebt sie hinterher.

»Ja, habe ich, möchtest du denn, dass ich mitrede oder nur dabeisitze?«, frage ich zurück.

»Es wäre mir schon ganz lieb, wenn du den Firmenteil übernehmen könntest. Die Kunden wirken sehr anspruchsvoll, sonst hätte ich dich auch nicht gefragt, ob du dabei sein kannst.«

»Das bekommen wir schon hin, zu zweit wirkt es

zweifellos sehr professionell. Schau mal, ich glaube, da kommen sie.«

Nach der Präsentation steht Susanne ganz erleichtert vor mir. »Das ist doch perfekt gelaufen«, verkündet sie. »Danke, dass du dabei warst, und gut, dass wir zu zweit waren. Ich bin sicher, wir bekommen den Auftrag.«

»Ja, das Gefühl habe ich auch«, stimme ich ihr zu.

»Na, da wünsche ich dir eine gute Fahrt und einen schönen Urlaub«, sagt Susanne und packt ihre Sachen zusammen. »Komm heil wieder.«

»Na klar«, erwidere ich, »und du starte dann mal erfolgreich die Vermarktung dieses Objektes«, sage ich noch und verabschiede mich dann von ihr. Als sie gegangen ist, atme ich einmal tief durch und winke durch die Tür meinem Chef zu, um ihm zu signalisieren, dass ich jetzt Zeit habe. Unser Termin sollte schon vor fünf Minuten starten. »Gib mir noch zehn Minuten«, sagt er und geht an sein klingelndes Telefon.

Alles klar, denke ich auf dem Weg zu meinem Platz, dann kann ich ja noch einmal durchatmen und meine Mails überprüfen. Kurze Zeit später kommt Max, mein Chef, ganz entspannt an meinen Platz geschlendert. »Na, was waren das denn eben für Kunden?«, fragt er.

Ich erläutere kurz den Fall und vor allem die Aussicht. »Klingt gut«, sagt er und setzt sich auf die Bank beim Empfang, »und weshalb wolltest du mich nun noch unbedingt vor deinem Urlaub sprechen?«

»Also«, fange ich an, »die Sache ist die, ich bin jetzt im Januar fünfzig geworden und irgendwie habe ich das Gefühl, es gibt da noch ein paar mehr Sachen auf der Welt, die ich gerne sehen möchte. Deshalb wollte ich dir sagen, dass ich ab dem 1. August für ein Jahr in einem Van durch Europa touren möchte.«

Zunächst ist da Stille, dann sagt er: »Wie cool ist das denn! Allein?«

»Ja, größtenteils schon.«

»Und hast du schon einen Van?«

»Nein, bisher nicht, aber ich weiß zumindest, welches Modell. Wenn ich ehrlich bin«, füge ich erleichtert hinzu, »bin ich einfach so froh, dass du so entspannt reagierst.«

»Na, was hast du denn gedacht?«, fragt er erstaunt. »Du bist nicht die erste Mitarbeiterin, die eine Veränderung anstrebt.«

»Ja, weiß ich auch nicht, ich dachte, es wäre schwieriger.«

»Ab wann soll es losgehen?«, fragt er nach und ich sage es ihm noch mal. »Das ist schon bald. Und wie hast du dir das vorgestellt? Willst du danach wieder in deine jetzige Position zurück?«

»Das wäre super, aber ich verstehe natürlich, wenn ihr jetzt jemand Neues einstellt. Das ist doch eine lange Zeit.«

»Dann lass mich mal darüber nachdenken, aber ich bin zuversichtlich, dass wir da etwas hinbekommen. Aber bevor nichts entschieden ist, behalten wir das unter uns.«

»Ja klar«, antworte ich, »ich bin froh, dass du es jetzt weißt.«

»Seit wann planst du das denn?«, fragt er erneut nach.

»Hm, also konkret seit Januar, aber zwischenzeitlich war es immer mal wieder wackelig.«

»Alles klar, wir sprechen nach dem Urlaub wieder«, sagt er und steht auf, um zu gehen.

»Ja«, erwidere ich, »danke und schönes Wochenende!«

»Dir auch einen schönen Urlaub, kannst das Fahren schon mal üben. Und sag mal, hast du denn überhaupt noch so viel Urlaub?«, fragt er darüber hinaus noch mit einem Augenzwinkern, als er schon fast zur Tür raus ist.

Offen gesagt weiß ich es nicht und lächele nur zur Antwort.

Im Auto auf dem Weg nach Hause bin ich total erleichtert. Nun ist es raus. Und ohne Frage geht es jetzt tatsächlich los. Das ist verrückt und noch gar nicht real. Alle Zeichen auf »Go« gesetzt. Jedoch muss ich noch ziemlich lange meinen Teams gegenüber vorgeben, als ob nichts wäre, aber da habe ich ja ein Pokerface, die wichtigsten Leute wissen Bescheid und der Rest wird folgen.

Meine Tochter erwartet mich schon zu Hause. »Na, Mama, wie ist es gelaufen?«, fragt sie.

»Offen gesagt, ausgezeichnet, ich glaube, manchmal treffe ich auf Menschen, die vielleicht ähnliche Träume haben, aber durch äußere Umstände gar nicht auf die Idee kommen, diese umzusetzen. So ein wenig hatte ich auch das Gefühl bei Max und wer im Herzen ein Abenteurer ist, der versteht auch andere Abenteurer.«

»Na siehst du, hast du dir doch zu viele Gedanken gemacht«, erwidert sie.

»Meine Gedanken sind immer irgendwie auf Drama programmiert, ich weiß auch nicht, woher das kommt«, sage ich und schaue sie bedeutungsvoll an.

»Wie, was meinst du? Bin ich das, bin ich das Drama? Ich glaube nicht, dass ich das Drama bin, oder vielleicht doch?«, zitiert sie dann ein bekanntes Meme und wir müssen beide lachen. Sicherlich hat ein solches Leben mit drei erwachsenen Töchtern viele Dramen und die müssen besprochen werden, was meine Gedanken und meine Zeit grundsätzlich ziemlich beeinflusst. Das wiederum ist mir als Steinbock sehr vertraut, denn Denken, auch öfter negativ, ist eine meiner Kernkompetenzen.

Fazit: *Selbst, wenn du dir eigentlich sicher bist mit dem, was du machen möchtest, überprüft das Leben deinen Entschluss gerne noch mal mit ein paar Stolpersteinen.*

Tipp: *Falls du über Steine stolperst, versuche den Blick immer wieder klar nach vorne zu richten!*

DIE ÜBUNGSFAHRT

Job: Büroleiterin und Fahrerin
Tage bis zum Start der großen Reise: 73
Van: keiner

Nun ist es so weit und die Sachen sind gepackt, es ist 10.00 Uhr am Sonntag und wir haben alles für unseren Roadtrip im Auto, inklusive Fendi.

»Bist du startklar?«, frage ich meine Tochter.

»Ja, einen Moment«, antwortet sie, »ich muss noch mal schnell verschwinden.«

Oha, denke ich, mit so einer Schwangeren schaffen wir sicher nicht so viel Strecke am Stück, die muss bestimmt laufend Pipi machen. Ein paar Minuten später starten wir.

»Mama, dein erster Roadtrip«, verkündet sie, als wir im Auto sitzen.

Der letzte Roadtrip war mit meinem Ex-Mann, um ein Auto von Spanien nach Deutschland zu holen. Da ist er fast immer gefahren, jetzt bin ich die Hauptfahrerin. Denn Schwangere brauchen nicht nur viele Pipi-Pausen und regelmäßig etwas zu essen, sondern sind auch sehr müde.

Die Fahrt ist tatsächlich angenehm, es ist wenig Verkehr und wir kommen gut durch. Wie sich herausstellt, tun mir die Pausen auch gut, es fühlt sich dadurch entspannter an. »Das ist doch schon einmal eine gute Erkenntnis«, sagt meine Tochter, als wir in unserem ersten Hotel einchecken.

Nachdem wir unser Zimmer bezogen haben, machen wir noch einen Spaziergang mit dem Hund. »Ich bin ganz erstaunt über Fendi, die hat fast die ganze Zeit geschlafen und war total lieb«, stelle ich fest.

»Na, was hast du denn gedacht?«, sagt meine Tochter, »ist doch wohl klar.«

»Ja, keine Ahnung«, erwidere ich, »ich dachte, ihr wird langweilig und sie turnt herum oder so.«

»Nein, sie ist doch Reisen gewohnt, da ist sie immer lieb«, sagt Emely – ganz die verteidigende Mama.

Auch die weitere Fahrt verläuft reibungslos und schon sind wir in Barcelona. Ich habe es so geplant, dass wir vier Stunden vor der Verladung auf die Fähre in Barcelona ankommen. Was sich als gute Idee herausstellt, denn auf einmal geht es Fendi nicht gut und sie muss sich übergeben. Auf der Suche nach einem Tierarzt irren wir mit dem Auto durch die Straßen rund um den Hafen von Barcelona.

»Mensch, Mama, das hätte jetzt richtig schiefgehen können«, schimpft meine Große.

»Ich gebe zu, manchmal bin ich zu vertrauensselig«, sage ich und finde endlich einen Parkplatz gegenüber der Tierklinik. Was war passiert? Unser Navi sagte, wir wären da, aber ich habe die Klinik nicht gesehen, das hat ein Mann bemerkt und gesagt, er könne das Auto für uns parken, wir sollten nur aussteigen und ihm den Schlüssel geben. Kurioserweise fand ich das nett und hätte es fast getan, wäre da nicht meine Große gewesen, die mich davon abgehalten hat.

»Warte jetzt hier und steig nicht aus«, gibt mir Emely noch mit auf den Weg, bevor sie sich zum Arzt aufmacht. Ich muss schmunzeln. Seitdem die Kinder älter werden, merke ich oft, dass ich von ihnen lernen kann. Da tauschen sich öfter mal die Rollen. Auf der anderen Seite habe ich sie schon immer auch als meine Lehrer angesehen, denn wer ist ein besserer Spiegel als die eigenen Kinder.

Anscheinend hatte Fendi einfach nur die Schnauze voll vom Autofahren, denn die Fährüberfahrt übersteht sie gut, trotz Gewitter und Windstärke acht in der Nacht.

Nach der langen Fahrt nach Ibiza bin ich glücklich, ein wenig Zeit für mich zu haben. Da der Freund meiner Tochter jetzt nachgekommen ist und Annabelle in ihrem Servicejob zu den unmöglichsten Zeiten arbeitet, habe ich mir ein Hotel in deren Nähe gebucht. Der einzige Nachteil ist, dass hier jeden Tag um 14.00 Uhr ein anderer DJ auflegt. Somit ist es überall sehr laut, denn selbst am Strand wurden Boxen aufgehängt. Ich schaffe es trotzdem, eine schöne Zeit zu haben, und werde des Öfteren von meinen Töchtern besucht und zum Essen gefahren. Vortrefflich, es gibt hier keine Diskussionen, wer zurückfährt, denn eine ist definitiv immer vollkommen nüchtern. Inzwischen ist auch meine jüngste Tochter Annika für insgesamt zwei Wochen auf der Insel, um dem stickigen London, wo sie studiert, zu entkommen. Die Insel hat uns mal wieder alle zusammengeführt, diesmal bereichert mit der männlichen Energie von Kevin. Das Wetter ist paradiesisch und mir wird bewusst, dass mich Ibiza deshalb so fasziniert, weil es diese Polarität von Party und Spiritualität in sich vereint. Auch die Restaurants haben atmosphärisch und kulinarisch eine Menge zu bieten. Ich liebe es, im Urlaub einmal am Tag woanders essen zu gehen, und das ist auf der Insel ohne Probleme möglich. Partys sind nicht so meins, aber dadurch, dass die Ausgelassenheit als Stimmung auf der Insel existiert, fühle ich sie auch in mir. Die Strände sind zu dieser Jahreszeit zwar schon gut besucht, aber wir finden einen Platz, um uns auch vom Salzwasser reinigend umspülen zu lassen.

»Immer wieder fühle ich mich viel besser, wenn ich im Wasser war«, bemerkt Annabelle, die vor ihrer Arbeit mit mir Zeit am Strand verbringt.

»Das finde ich auch,« stimme ich ihr zu und wir verbringen die weiteren zwei Stunden öfter im Wasser.

»Und wirst du es jetzt so machen wie Emely und auch jede Saison auf der Insel arbeiten?«, frage ich etwas scherzhaft nach.

»Auf gar keinem Fall«, kommt prompt die Antwort. Nicht nur, dass es körperlich sehr anstrengend ist, bei fast 38 Grad draußen zu arbeiten, es ist auch noch ziemlich schlecht bezahlt und das Klima unter den Saisonarbeitern ist angespannt. Viel Arbeit für wenig Geld sorgt für viel Streit. Aber Annabelle ist entschlossen, weiterzumachen, damit sie dann finanziell über den Winter sicher ist.

Die restliche Zeit nutze ich, um weiter zu planen, wie mein Trip aussehen soll. Mit Claudia hatte ich mir schon die ersten Etappen überlegt, aber jetzt habe ich ja ein paar Erfahrungen auf dem Trip hierher gesammelt und mehr als 400 Kilometer am Tag möchte ich nicht fahren. Außerdem hätte ich an jedem Ort gerne mindestens zwei Tage Zeit.

»Na, was machen denn deine Pläne?«, fragt mich Sabine am Telefon.

»So weit ist alles geplant, also zumindest die ersten vier Campingplätze sind gebucht. Der erste in Holland, dann einer in Belgien und zwei in Frankreich.«

»Großartig«, sagt sie, »wir wollen auch noch mit dem Bus los, eigentlich Richtung Gardasee, das war letztes Jahr so großartig.«

»Stimmt«, erinnere ich mich, »ihr hattet doch einen Platz direkt am See.«

»Ja, genau, aber noch wissen wir nicht genau, wo wir hinfahren, vielleicht sprechen wir einfach, wenn wir losfahren, dann können wir uns eventuell treffen.«

»Brillant, zumal ich mir ja jetzt auch nicht mehr einen großen Camper zulegen werde, denn für mich allein reicht ein VW-Bus.«

»Absolut, wir sind da zu zweit drin«, erwidert sie.

Dass wir überhaupt wieder zusammen sprechen, ist bemerkenswert, denn Sabine und ich sind durch ein ziemlich großes Tal gewandert. Sabine ist nach meiner Trennung von meinem Ex-Mann in mein Leben getreten und hat mein Herz im Sturm erobert. Sie ist mein Fels in der Brandung und an Unternehmungsfreude nie zu bremsen gewesen. Ihr Haus ist ein Sammelbecken für die besten Partys, Koch- und Spieleabende und ich war immer dabei. Sie hat mich aus meinem Schneckenhaus gezogen und irgendwie habe ich durch sie auch den Mut gehabt, das Projekt mit dem Bed & Breakfast zu starten. Ich denke, es gehört auch in erwachsenen Freundschaften dazu, dass manchmal Uneinigkeiten zu Funkstille führen. Definitiv hatten wir eine Situation, die mir ganz klar gespiegelt hat, dass ich eine etwas ambivalente Einstellung zu Geld habe. Schon als Kind habe ich mein Taschengeld meist am ersten Tag auf den Kopf gehauen, meistens, um all meine Freunde zu Süßigkeiten einzuladen. Den Rest des Monats lebte ich dann im Mangel. In der Pubertät habe ich mein Taschengeld dann ebenfalls am ersten Tag an meine Freunde verteilt, da ich Schulden bei ihnen hatte. Rückblickend betrachtet, habe ich Geldzuwendungen in meiner Kindheit und Jugend als

Liebessprache meiner Eltern verstanden. Wenn sie zufrieden mit meinem Betragen waren, gab es eine materielle Belohnung. Durch diese Prägung wurde finanzielle Großzügigkeit auch für mich zu einem Werkzeug, meine Liebe zu zeigen. Als ich dann heiratete, hat mein Mann zügig sehr viel Geld verdient und ich empfand das zwar als sehr angenehm, aber auch als etwas, was nicht so richtig zu mir gehörte, denn ich hatte es nicht selbst verdient. Das sorgte dafür, dass ich, wenn ich Geld ausgab, es meistens für andere tat. Nach der Scheidung floss das Geld dann stetig in meine Kinder, denn ich hatte das Gefühl, ich müsste den großzügigen Vater ersetzen, der nun nicht mehr da war. Es war immer das Gefühl präsent, dass ich den Überfluss nicht verdient hatte und ohne Frage teilen muss. Das Mangelgefühl aus meiner Kindheit begleitete mich ebenfalls unterbewusst. Inzwischen weiß ich, dass wir immer mal wieder Menschen in unserem Leben begegnen, die uns meistens sehr nahe sind, die alte unangenehme Gefühle hervorholen. Dank Sabine musste ich nun diesem Mangelgefühl wieder in die Augen schauen, da sie Ansprüche erhob, die ich nicht erfüllen konnte und wollte, was dann vorerst für eine Funkstille sorgte. Wir einigten uns eines Tages darauf, dass wir uns uneinig sind. Wie sagt ein Sprichwort: »Der richtige Lehrer kommt zur richtigen Zeit.« Ich bin dankbar, dass wir jetzt telefonieren, auch wenn es sich noch etwas komisch anfühlt.

»Du kannst dir unseren Van anschauen, wenn du wiederkommst«, schlägt sie vor und ich stimme zu. Als wir auflegen, erreicht mich eine Nachricht von Hans, einem Mann, den ich vor über einem halben Jahr kennengelernt hatte.

Fazit: *Meist sind die Personen, die dir besonders nahe sind, diejenigen, die auch die stärksten Gefühle hervorholen.*

Tipp: *Sieh dir all deine Konflikte mit Freunden oder anderen Personen als dein direktes Spiegelbild an, dann lernst du dich gleich wieder ein wenig mehr kennen.*

DER START

J ob: Büroleiterin und Abenteurerin
Tage bis zum Start der Reise: 5
Van: einer

Nun ist schon der 25. Juli und ich habe tatsächlich nur noch fünf Arbeitstage vor mir. Inzwischen weiß es das ganze Team und ich hatte sogar schon eine kleine Verabschiedungsfeier mit allen bei mir zu Hause. Praktischerweise haben sie mir ein Logbuch und eine Sofortbild-Kamera für meine Reise geschenkt. Beides werde ich sicher einsetzen können.

»Na«, fragt mich Louise, »wie sieht es denn bei dir aus? Hast du jetzt einen Van? Und wann geht es genau los?«

»Du weißt ja, dass ich Hans kennengelernt habe, und der hat mir den guten Rat gegeben, einen Van zu mieten. Ganz ehrlich, die Vans, die du kaufen kannst, sind alle so teuer. Also habe ich mir jetzt einen gemietet. Zunächst bis zum 20. Oktober, da dann die Vermietungsstation die Saison beendet und der Van wieder zurück in Hamburg sein muss. Dann sehe ich weiter. Na, und die Route habe ich etwas an Hans angepasst«, erzähle ich ihr schmunzelnd, »es geht jetzt zuerst nach Mallorca.«

Schon verrückt, denn einen unpassenderen Zeitpunkt, um eine Beziehung anzufangen, gibt es nicht. Das Leben ist manchmal turbulent, überlege ich. Hans kam überraschend in mein Leben und ich war offen gesagt gar nicht interessiert, aber nachdem wir einige Gemeinsamkeiten festgestellt hatten, haben wir jetzt eine schöne Zeit miteinander und ich genieße unsere Verwöhn-Wochenenden. Zu einer unserer Gemeinsamkeiten gehört auch das Reisen, denn lustigerweise startet er auch gerade seine Reisezeit. Etwas anders als ich, denn das Leben im Van ist nicht so ganz seins. Dass ich nun zunächst nach Mallorca fahre, hat den Grund, dass wir mehr Zeit miteinander verbringen möchten. Dann schauen wir, inwieweit die Pläne weiter zusammenwachsen können. Alles sehr aufregend.

»Ah«, sagt Louise, »ist das dein erster längerer Aufenthalt auf Mallorca?«

»Ja, genau«, antworte ich, »und am 20. August geht's los. Am 1. August mache ich mit meiner Mutter, meiner Tante und meinem Onkel noch eine Kreuzfahrt, die hat meine Mutter mir schon letztes Jahr geschenkt und nun ist das ein entspannter Start in meine Auszeit, bevor ich mich hinter das Steuer setze.«

»So spannend, ich werde dich eindeutig sehr vermissen«, fügt sie hinzu.

»Ich dich auch«, sage ich und fühle es genau so. Es gibt so Menschen, die einem sofort ans Herz wachsen, und Louise ist einer davon. Ich bewundere ihren Mut und ihren Aktionismus, denn sie nimmt viele Dinge selbst in die Hand. Manchmal geht sie dann über ihre inneren und körperlichen Grenzen hinaus und bekommt dies dann zu spüren. Dann geht körperlich nichts mehr und sie braucht Ruhe. Vielleicht ist das aber auch das Los der jungen Generation. Es gibt so wahnsinnig viele Möglichkeiten, sodass ich mir vorstellen kann, dass es schwierig ist, zu wissen, was das Beste für einen ist, und das führt dann zu Turbulenzen. Ich wünsche ihr einfach von ganzem Herzen, dass sie ihre Grenzen schneller wahrnimmt, überlege ich. Da wir schon öfter darüber gesprochen haben, weiß ich, dass sie schon viel bewusster geworden ist. Aber Grenzen zu ziehen, ist auch für mich immer wieder schwierig, das kann ich definitiv besser bei anderen. Da ist wieder so ein Spiegel, sinniere ich.

»Weißt du, ich fahre doch morgen in den Urlaub, das heißt, wir müssen uns jetzt verabschieden«, sagt sie ganz leise.

»Leider«, erwidere ich etwas geschockt, denn das hatte ich vergessen. Ich umarme sie schweigend. Uns beiden laufen die Tränen. »Das ist jetzt sehr traurig«, sage ich, »ich wünsche dir eine tolle Zeit und pass auf dich auf.«

»Das wünsche ich dir genauso und melde dich zwischenzeitlich gerne, ich bin gespannt, wie es dir ergeht.« Mit diesen Worten verlässt sie unter Tränen das Büro und ich kehre ebenso bedrückt an meinen Arbeitsplatz zurück. Meine beiden anderen Kollegen schauen mich auch ganz traurig an. »Oh nein, komm, ich hole mal Kuchen, ist mir jetzt viel zu traurig hier«, sage ich und laufe somit schnell vor meinen Gefühlen davon.

Abends telefoniere ich mit Hans. »Weißt du, das war richtig traurig heute. Na klar weiß ich, dass mein Abschied kein Abschied für immer ist, aber ein Jahr ist lang.«

»Das verstehe ich gut«, sagt er. Wir reden dann noch ein wenig über andere Dinge und er schafft es, mich mit einigen lustigen Geschichten aufzumuntern. »Wir sehen uns ja dann am Wochenende«, sagt er. In meinem Hinterkopf regt sich eine Stimme, die zweifelt, ob wir uns treffen. Trotz unserer noch jungen Bekanntschaft gab es schon ein paar Last-Minute-Kündigungen seinerseits, die er dann einen Tag später reuevoll wieder zurückgenommen hat. Bei mir sind dadurch etwas gemischte Gefühle entstanden. Doch dieses Wochenende verbringen wir gemeinsam in Hamburg und genießen die Zeit.

Meine letzte offizielle Handlung ist, morgen für meine Firma einen kleinen Vortrag über das schöne Bundesland Schleswig-Holstein in einem unserer Partnerbüros in Hamburg zu halten. Ein Glücksfall, dass meine Kollegin Susanne als Unterstützung mitkommt. Somit kann ich an diesem Abend etwas beruhigter einschlafen.

Susanne ist immer wieder eine Quelle der Überraschung, denke ich, als ich am nächsten Morgen auf dem Weg nach Hamburg bin und sie neben mir sitzt. Nun kennen wir uns schon fast drei Jahre, aber so viel Zeit haben wir noch nie zusammen verbracht. Auch sie ist alleinerziehende Mutter mit vier Kindern, wobei ihre auch schon alle erwachsen sind und nur einer am Wochenende zu Hause wohnt, erklärt sie mir. Trotzdem sei es nicht immer einfach.

»Da kann ich nur zustimmen, in erster Linie habe ich die Rolle meines Ex mit übernommen, nicht nur seelisch, auch finanziell, er war bei uns früher immer der große Verwöhner, materiell gesehen. Jetzt hat er seit langer Zeit keine Lust mehr dazu, deshalb haue ich das Geld raus«, erkläre ich schmunzelnd.

»Na, dafür verdienst du ja bei uns genug«, sagt sie lachend und ich stimme mit ein, denn wir wissen beide, dass es harte Arbeit und den größten Teil des Jahres sehr schwierig ist, richtig viel Geld zu verdienen.

»Aber deine Entscheidung, jetzt für ein Jahr zu reisen, finde ich großartig und ich bin schon ganz gespannt, was du so zu erzählen hast, wenn du wiederkommst.«

»Ja«, erwidere ich, »ich bin auch sehr gespannt, aber

diese Möglichkeit, dass ich wiederkommen kann, hilft mir auch sehr, sonst hätte ich, glaube ich, nicht den Mut.«

»Das verstehe ich, na dann wollen wir mal dafür sorgen, dass du auch einen guten Eindruck in Hamburg hinterlässt«, sagt sie und holt meinen vorbereiteten Fragenkatalog hervor. »Also, Frau Hüffer, warum ist es denn so beliebt, in Immobilien in Schleswig-Holstein zu investieren?«, fragt sie und ich erzähle, was ich noch so ungefähr behalten habe. So üben wir die Fahrt weiter und der Vortrag klappt dann wie am Schnürchen. Bei unserem wohlverdienten Glas Wein abends an der Alster reden wir dann noch darüber, wie es jetzt im Büro weitergeht und auch über meinen ersten Stopp bei Hans.

Danach fliegen die Tage nur so und ruckzuck ist mein letzter Arbeitstag vorbei. Es war dann doch ziemlich emotional, besonders in Eckernförde und Flensburg, aber da arbeiten auch mehr Frauen. Obwohl ich Schleswig am längsten geleitet habe, war es dort irgendwie kein großer Deal, alle sagten nur, sie freuen sich, wenn ich wiederkomme. Aber jetzt, oh, mein Gott, bin ich vorerst frei und kann es vor lauter anstehenden Dingen noch gar nicht richtig fassen. Einen gepackten Koffer habe ich hinten im Kofferraum meines Mietwagens und bin auf dem Weg nach Bremen. Gleich drei Personen warten auf meine Ankunft. Als Erstes sehe ich Hans wieder, dann kommt der fünfzigste Geburtstag von Carla und dann geht es mit meiner Mama auf eine zehntägige Kreuzfahrt. Bis zu einem gewissen Grad komme ich gar nicht so richtig zum Durchatmen, aber da meine Zeit vorerst noch knapp ist, muss eben alles etwas zusammengelegt werden.

»Hallo, Schatz«, begrüßt mich Hans, als ich beim Hotel

vorfahre und aussteige. Er hilft mir mit meinem Gepäck und wir gehen zur Rezeption, damit ich einchecken kann.

»Hast du dich schon eingelebt?«, frage ich ihn, denn er ist bereits seit einer Nacht da.

»So ein wenig, ich kenne Bremen und dieses Hotel noch von früher, aber alles wirkt jetzt etwas moderner«, sagt er.

»Ich denke auch, dass sich einiges getan hat, und in einer Stunde zeige ich dir die Überseestadt, da hat sich alles geändert«, füge ich lachend hinzu. Tatsächlich bin ich froh, hier zu sein, und lasse mich ein wenig in seine Umarmung fallen. In neuen Beziehungen ist das Kennenlernen spannend und es gibt so viel Neues zu entdecken und zu zeigen, da gehört meine Heimatstadt natürlich dazu.

Wir haben einen wunderschönen Abend und eine gefühlvolle Nacht zusammen. Nun sitzen wir beim Frühstück und er überlegt laut, was er heute mit dem Abend macht. Das macht mich innerlich etwas unruhig, denn heute ist Carlas Geburtstag und ich werde ihn heute Abend mit ihr feiern. Ohne Hans. Er weiß ganz genau, dass dieser Geburtstag für meine Freundin und mich sehr bedeutungsvoll ist. Carla war auch bei meinem Fünfzigsten in Dubai dabei und seien wir mal ehrlich, fünfzig ist schon ein Ereignis. Dass Hans und ich uns hier in Bremen noch mal treffen, war seine Idee, weil sonst die Zeit, bis wir uns wiedersehen, sehr lang gewesen wäre. Eigentlich eine schöne Idee, aber jetzt gerade fühle ich mich komisch, so, als wenn ich schnell wieder bei ihm sein muss, überlege ich.

»Und wo sind eure Stopps während der Kreuzfahrt?«, fragt er mich gerade.

Mein komisches Gefühl versteckt sich und ich antworte: »Es geht über Frankreich nach Spanien und Portugal und dann wieder über Frankreich zurück.«

Als Carlas Feier losgeht, nehme ich wahr, dass ich die einzige Freundin hier vor Ort bin, alle anderen sind Familienmitglieder, und mein Gott, irgendwie bin ich da ganz emotional.

»Carla, ich bin ganz gerührt, weil ich mit dir feiern kann«, sage ich ihr dann auch.

»Ist doch wohl klar«, erwidert sie mit einem Augenzwinkern und fast muss ich ein Tränchen verdrücken. Der Abend geht natürlich viel länger als gedacht, wie es bei Carla und mir öfter mal passiert, und das schon seit sehr langer Zeit. Aber fabelhaft war es. Nun bin ich wieder im Hotel und habe Mühe, mein Zimmer zu finden. Es ist sehr verwinkelt und der ganze Wein hilft nicht gerade bei der Orientierung, aber geschafft, ich öffne die Tür. Im Zimmer ist es komplett hell, damit habe ich nicht gerechnet.

»Hallo«, rufe ich erstaunt, als ich Hans voll angezogen auf dem Bett sitzend vorfinde.

»Hallo«, sagt er frostig, »du bist ja betrunken.«

»Joa, das glaube ich auch«, erwidere ich und will ihn umarmen, aber er schlängelt sich aus der Umarmung. Jetzt sehe ich erst, dass er seine Sachen packt. »Was machst du denn?«, frage ich erstaunt.

»Ja, wonach sieht es denn aus, ich packe, da du es ja nicht für nötig hältst, ein paar Stunden mit mir zu verbringen, sondern bis nachts um 3.00 Uhr um die Häuser ziehst.«

Hm, denke ich etwas langsam vor mich hin, hatte ich also tatsächlich ein Zeitfenster, in dem ich wieder bei ihm sein sollte? Mir fällt dazu nicht viel ein und ich finde es auch irgendwie albern und würde am liebsten kichern, aber ich glaube, das wäre jetzt nicht förderlich.

»Na weißt du, es war doch der besondere Geburtstag und ich war neben der Familie die einzige Freundin, also mussten wir ja noch etwas Zeit nach dem Essen allein zusammen verbringen«, versuche ich stattdessen, zu erklären.

»Ja, aber du hattest hier eine Verabredung mit mir«, erwidert er wütend.

Hatte ich?, denke ich wieder und sage nichts mehr. Dann nimmt er seinen Koffer und geht.

Okay, irgendwie funktioniert mein Gehirn durch den ganzen Wein nicht so gut. Ist das jetzt das Ende der Beziehung? Und was ist mit der ganzen weiteren Planung, die wir gemeinsam gemacht haben? »Das ist doch lächerlich«, schnaufe ich und rufe ihn an. Und wie sich herausstellt, kommt er auch wieder zurück. Da soll mal jemand sagen, nur Frauen können Drama machen. Zwar hinterlässt der Vorfall bei mir ein etwas seltsames Gefühl, aber noch bin ich nicht bereit, mich da genau einzufühlen.

Fazit: *Aller Anfang ist schwer, ob nun in einer neuen Beziehung oder in einem neuen Lebensabschnitt.*

Tipp: *Klare Kommunikation kann einige Schwierigkeiten verhindern.*

DIE KREUZFAHRT

Job: Tochter und Abenteurerin
Tage bis zum Ende der Reise: 362
Van: einer

Zwei Tage später stehe ich mit meiner Mama an Bord des Kreuzfahrtschiffes. Sie hat die Reise schon im Winter letzten Jahres gebucht und wir können beide gar nicht fassen, dass es nun endlich so weit ist.

»Mama«, sage ich, nachdem wir unsere Kabine bezogen und ausgepackt haben, »wir müssen feiern, hinten am Heck des Schiffes gibt es eine Champagner-Bar.«

»Das machen wir, aber vorher schauen wir uns noch ein wenig das Schiff an«, erwidert sie.

»Na unbedingt«, sage ich, »damit du auch immer deine Kabine wiederfindest.«

»Liebe Mama«, erkläre ich dann später feierlich an der Bar, »ich bedanke mich ganz herzlich bei dir und ich freue mich, dass wir diese Reise zusammen machen.«

»Ich bin auch froh, dass du mit dabei bist«, sagt sie und wir stoßen mit einem Glas Champagner an. »Das ist aber der letzte Champagner«, murmelt sie leise, nachdem wir den Preis gesehen haben.

»Na klar«, erwidere ich »aber es ist auch etwas Besonderes, hier zu sitzen.«

»Da hast du meine Zustimmung.«

Noch sind wir allein, aber das Schöne ist, dass mein

Onkel, meine Tante und noch ein befreundetes Ehepaar mit von der Partie sind.

Es geht auf dieser Reise dann um dieses Zusammensein von unterschiedlichen Generationen mit unterschiedlichen Bedürfnissen. Wenn die Seniorentruppe statt in einer leckeren, typisch portugiesischen Bäckerei bei einem amerikanischen Donut-Geschäft landet, ziehe ich sie lachend weiter. Ich suche in allen Städten, die wir uns ansehen, nach möglichst schattigen Sitzplätzen und natürlich geht alles etwas langsamer. Ziemlich häufig muss ich beim Essen einem von ihnen auf den Rücken klopfen. Irgendjemand verschluckt sich immer. Alles Nebenwirkungen des Älterwerdens. Aber, und das ist sicher das Wichtigste, es bringt einen selbst in ruhigere Fahrwasser. Und den Spaß, den wir trotzdem zusammen haben, kann uns auch keiner nehmen.

Nach unserem doch etwas holprigen Wochenende in Bremen erwartet mich nach sechs Tagen an Bord noch eine Überraschung in Lissabon. Hans steht am Hafen und möchte mir Lissabon zeigen. Meine Mutter und meine Verwandten sind genauso überrascht wie ich. Der Tag bringt ohne Frage wieder mehr Zuversicht in die Beziehung.

Ich bin am Ende tatsächlich sehr dankbar, dass ich diese Reise mit meiner Mama machen konnte, bevor ich nun selbst auf Reisen gehe. Aber natürlich ist es auch, wie der spirituelle Lehrer Ramdas sagt: »Wenn du denkst, du bist erleuchtet, verbringe eine Woche mit deinen Eltern.« Zehn Tage Kabine teilen hat schon seine Herausforderungen, aber so ein Schiff ist groß genug, um sich immer mal wieder nicht zu begegnen. Aber ich merke auch deutlich, dass meine Mama eine ziemlich negative Einstellung gegenüber dem Leben hat. Nicht gerade förderlich ist unser unterschiedlicher Alkoholkonsum. Mama trinkt gerne und viel und ich versuche, bewusst damit umzugehen. Gelingt natürlich auch nicht immer, aber grundsätzlich trinke ich lieber nicht.

Ein paar Tage später ist es dann so weit, meine Freundin Carla fährt mich zur Mietstation des Vans in Hamburg.

»Wahnsinn«, sage ich zu ihr, während sie uns durch Hamburg lotst, »jetzt geht es endlich los.«

»Ja, das ist offen gesagt superaufregend. Weißt du, wie lange die Übergabe dauert?«, fragt sie mich.

»Nein, ich denke mal, dass die mir ja noch einiges erklären müssen, also wahrscheinlich so um eine Stunde herum.«

»Okay, dann schauen wir mal, wie lange die Hunde durchhalten, aber ich bleibe sicherlich noch ein wenig da.«

Das freut mich sehr, denn ihre Unterstützung kann ich jetzt gut gebrauchen.

Die restliche Fahrt kommt mir endlos vor, aber ich bin sicher, das sind nur meine Nerven.

»Ich freue mich, dass du bei diesem Event dabei bist«, teile ich ihr noch mit, denn mir hilft es, dass ich weiß, dass sie uneingeschränkt hinter mir steht. So ganz genau kann ich das Gefühl nicht einordnen, aber ich glaube, sie ist eine der wenigen, die mich komplett in meinem Anliegen bestätigt und mir immer von Herzen die Verwirklichung der Reise gewünscht hat.

Ich schaue sie wohl etwas rührselig an, weshalb sie alarmiert »Was ist?« fragt.

»Weißt du, ich freue mich wahrhaftig sehr, dass du dabei bist.«

Sie lächelt. Und dann sind wir auch schon da. Tatsächlich,

da steht er, mein Van. »Wow, der sieht richtig gut aus!«, rufe ich erfreut.

Tja, und dann geht alles rasant, obwohl die Einweisung sehr genau ist, aber da alles so aufregend und neu ist, vergeht die Zeit wie im Fluge und Carla ist die ganze Zeit dabei. Dann ist sie auch noch so aufmerksam und filmt mich, nachdem wir uns herzlichst verabschiedet haben und ich mich zum ersten Mal mit dem Van bewege. Nachdem sich meine Aufregung etwas gelegt hat und ich auf der Autobahn Richtung Schleswig zum Bepacken des Wagens bin, fällt mir auf, dass ich Carla auch sehr lange nicht sehe. Dann müssen wir eben etwas besser in unserer Kommunikation per WhatsApp werden, nehme ich mir vor. Noch etwas ungewohnt ist der Gedanke, dass ich jetzt Zeit habe. Zwar haben sich die Pläne noch mal geändert und Annabelle fährt nun mit mir nach Mallorca, aber das beeinflusst nicht wesentlich meine Pläne. Denn eines Tages ist mir in der ganzen Planung mit Hans aufgefallen, dass ich auch Annabelle vorerst eine lange Zeit nicht wiedersehe. Sie wirkte sehr down nach einer Sommersaison im Service auf Ibiza und da sie im Gegensatz zu den anderen beiden nun eine freie Phase hat, lag es nahe, dass wir den ersten Teil der Reise gemeinsam machen, damit wir etwas Zeit zusammen haben.

»Huhu, ich bin da!«, rufe ich laut durchs Haus, als ich ankomme.

»Na zeig mal«, sagt Annabelle und kommt raus vor die Tür, um dann in den Van zu klettern, der zum Glück auf die sehr enge Auffahrt passt, sonst hätte ich gar nicht gewusst, wo ich ihn parken soll.

»Und wo sollen wir schlafen?«, fragt sie etwas skeptisch, denn ganz so groß ist ein Multivan ja nicht.

»Das Dach kann man aufklappen und dann schlafen wir oben im Zelt.«

»Okay, na gut, das wird kuschelig«, sagt sie und lächelt etwas verhalten.

»Und auch ein wahres Abenteuer, also los, lass uns packen! Das hier wird dein Schrank«, sage ich und deute auf ein kleines Einbauschränkchen, »und ich nehme für mich Boxen mit.«

Erstaunlicherweise ist das ganze Packen innerhalb von einer Stunde erledigt. »Na, ich weiß nicht«, sage ich nun skeptisch, »das ging jetzt aber ziemlich schnell, dafür, dass ich zwei Monate unterwegs bin.«

»Wie ich dich kenne, wirst du jetzt die ganze Nacht darüber nachdenken, was noch alles mitmuss«, erklärt mir Annabelle.

»Genau so ist es«, sage ich lachend. Und am nächsten Morgen packe ich tatsächlich noch zwei Teepackungen in den Van. »Ob das jetzt alles professionell verstaut ist, werden wir spätestens in der ersten Kurve sehen«, sage ich schmunzelnd zu Annabelle und dann geht es endgültig los. Wir sind besonders früh gestartet, um nicht so viel Verkehr zu haben. Aber schon bei der ersten Raststätte sind wir wieder draußen, weil das Warnschild an meinem Fahrrad auf dem Träger im Fahrtwind hin und her klappert. Ansonsten wirkt alles gut verstaut. Bei der nächsten Raststätte blinke ich wieder raus und Annabelle schaut mich verwundert an.

»Ja«, erkläre ich, »es wackelt immer noch und das Schild muss lange durchhalten.«

Bei der nächsten Raststätte geht es wieder raus, denn jetzt haben wir Hunger. Wir benötigen fast drei Stunden bis nach Hamburg durch unsere Trödelei und ab da ist eigentlich nur noch Stau.

»Auweia«, sage ich und schaue etwas verzweifelt zu Annabelle rüber, als wir in einen weiteren Stau fahren.

»Na, das ist eben der Anfang, der ist immer schwierig und bestimmt ist der Verkehr nur hier so schlimm«, versucht sie, mich zu beruhigen. Ich bin tatsächlich froh, dass sie bei mir ist und die acht Stunden Fahrt bis nach Köln etwas auflockert. Den Campingplatz, den wir ansteuern, hatte ich im Internet gefunden.

»Schau mal, da ist er!«, ruft Annabelle erfreut, als wir endlich beim Schild einbiegen. Wenn ich ehrlich bin, war ich noch nie so ganz allein auf einem Campingplatz mit einem Van, also weiß ich nicht, was ich jetzt machen soll. »Ich denke, ich gehe dann mal zur Rezeption«, murmele ich Annabelle zu.

Ein netter Herr sitzt hinter dem Schalter und fragt: »Wie lange?«

Ich antworte: »Eine Nacht.«

»Strom?«, fragt er.

»Ja«, sage ich.

»Okay, das macht zwanzig Euro, da vorn sind die Waschräume und Christian zeigt Ihnen gleich, wo Sie stehen.«

Na, das ist einfach, denke ich auf dem Weg zurück zum Auto. Nachdem wir eingeparkt haben, machen wir uns daran, alles aufzubauen. Allerdings muss ich zunächst kurz überlegen, wie das ging. Die Außensteckdose finde ich und das Verlängerungskabel ist auch hinreichend lang.

»Noch etwas?«, fragt Annabelle.

»Ja, die Stühle und der Tisch für draußen zum Sitzen, es ist noch warm genug.« Das geht auch problemlos.

»Noch etwas?«, fragt Annabelle wieder.

»Na, die Lichterkette natürlich!« Und dann versuchen wir, sie in gebückter Haltung im Van zu befestigen, bis mir einfällt, dass wir das Bett nach oben klappen können, um aufrecht zu stehen.

»Das ist besser«, sagt Annabelle und lacht. »Was meinst du, gibt es hier was zu essen?«

»Lass uns doch mal fragen gehen.« Und tatsächlich, hundert Meter weiter gibt es eine urige Schrebergartenkneipe und wir bekommen noch etwas zu essen und ein Kölsch. »Auf die erste Etappe«, sage ich und wir stoßen an.

Fazit: *Verbundenheit mit der älteren Generation ist manchmal sehr heilsam und die erste Etappe der Reise nicht allein zu machen, hilft über die Aufregung hinweg.*

Tipp: *Jedem Neuanfang wohnt ein Zauber inne, finde einen Moment um den Zauber zu bewundern.*

DER WEG NACH MALLORCA

Job: Mutter und Abenteurerin
Tage bis zum Ende der Auszeit: 345 Tage
Van: ein hübscher weißer VW-Van

Weiter geht es nach Vittel. Das Schöne ist, dass der Verkehr in Frankreich spürbar nachgelassen hat und wir ganz entspannt vorankommen. In Vittel sind wir ganz begeistert, denn der Campingplatz ist ziemlich klein. Die Dame an der Rezeption sagt uns gleich, dass wir Baguette für das Frühstück vorbestellen können und in einer Stunde der kleine regionale Markt hier auf dem Platz eröffnet.

»Wie brillant ist das denn?«, sage ich zu Annabelle. »Dann brauchen wir gar nicht mehr in einen Supermarkt zu fahren.« Der Markt ist zwar winzig, aber wir kaufen leckere Mirabellen, Käse, eine Zucchinisuppe und selbstgekochte Marmelade.

»Großartig«, meint Annabelle, als wir mit unserer Beute zurück zum Van schlendern.

»Okay«, sage ich, »dann versuche ich mal, die Suppe warm zu bekommen. Ich habe ja noch eine Außenplatte, die mit kleinen Gaskartuschen betrieben wird.«

Das gestaltet sich allerdings schwieriger als gedacht und schon bald steht der ganze Topf in Flammen.

»Auweia!«, ruft Annabelle.

»Oje«, stimme ich ihr zu. »Gas und Feuer sind keine gute Kombi.« Gott sei Dank kann ich das Feuer noch auspusten. »Gut, dann machen wir die Suppe wohl doch eher im Van heiß. Mit der Platte kann ich umgehen«, sage ich.

»Das ist bestimmt die sicherere Idee«, stimmt Annabelle zu und die tragbare Platte verschwindet in der Schublade und wird wahrscheinlich nicht mehr an die Luft geholt.

Die Nacht ist dann sehr ruhig und wir schlafen etwas zu lange für den Trip, den wir heute noch vor uns haben.

»Aber Mama, warum haben wir es denn eilig?«, fragt Annabelle verwundert.

»Ich möchte gerne noch ein wenig von Avignon sehen und wollte deshalb gerne früher da sein«, antworte ich.

»Okay, verstehe ich, dann lass uns mal los und wir können immer noch an einer Raststätte frühstücken.« Beim Bezahlen nehmen wir das Baguette noch mit. Das allein ist irgendwie schon so ein exquisites französisches Lebensgefühl.

Die weitere Übernachtung folgt dann in Avignon, leider bin ich dann doch etwas im Reisemodus und habe gar keine Lust, mir die Stadt anzuschauen.

»Ist das schlimm?«, frage ich Annabelle. »Ich muss noch telefonieren und bin irgendwie zu kaputt zum Herumlaufen.«

»Nein«, sagt sie, »das ist absolut in Ordnung, ich werde mich dann mal mit Mückenspray versorgen, dann kannst du zum Telefonieren im Bus bleiben.«

»Perfekt«, erwidere ich und starte kurz darauf den Videocall mit Johanna. Bei unserer Begrüßung müssen wir beide sehr lachen, denn nun sitze ich im Bus und sie ist zu Hause. Vor ungefähr einem halben Jahr hatte ich das

Gefühl, dass ich mal jemand Neutrales zum Besprechen all meiner Herausforderungen benötige. Damals hatte ich nicht die Zeit und vor allem Muße, mich auf die Suche zu begeben, also hat mir Annabelle drei Therapeutinnen in meiner Nähe herausgesucht und ich habe mich für Johanna entschieden. Unsere ersten zwei Treffen waren bei ihr zu Hause, aber sie hat gleich zu Anfang gefragt, ob Onlinegespräche auch okay wären. Das waren sie natürlich und nun sind wir schon gut dabei. Lustigerweise war sie bei unserem dritten Treffen in einem Van unterwegs durch Europa. Tja, wie das Leben einem eben immer die richtigen Lehrer an die Hand gibt.

Jetzt sitze ich also im Van und wir freuen uns beide riesig über diesen Schritt. Da wir uns alle vier Wochen zum Gespräch verabreden, erzähle ich ihr erst mal grob meine derzeitige Lage. Besonders widmen wir uns dann dem Thema der Abgrenzung, denn das bleibt weiter schwierig für mich. Denn wenn ich Grenzen ziehe, zum Beispiel bei meiner Mutter, dann fühle ich mich null erleichtert, sondern wie ein richtig schlechter Mensch. Johanna hat da einige Hilfestellungen für mich und ich bin sehr dankbar, dass wir diesen Call zusammen haben.

Eine Stunde später hole ich meine sehr zerstochene Tochter von der Bank ab, auf der sie gewartet hat, und wir gehen zum hauseigenen Restaurant des Campingplatzes, das gut gefüllt ist. Nach dem Essen gehen wir gleich ins Bett, auch wenn um uns herum noch ganz schön viel los ist, der Campingplatz ist riesig. Na, da kann ich mich gleich an die Lautstärke von so einem Platz gewöhnen, denke ich, während ich im Zeltdach vor mich hin schwitze, und an die Wärme auch. Aber wie sich zeigt, es geht tatsächlich, wahrscheinlich war ich aber auch so kaputt von der Fahrt und dann auch noch Therapie.

Unser Frühstück ist diesmal etwas ausgeprägter, ich habe frische Croissants von der Rezeption geholt und trinke meine warme Zitrone.

»Wohin geht es denn heute?«, fragt Annabelle.

»Der nächste Stopp ist Tarragona.«

»Wahnsinn, dann sind wir schon in Spanien.«

»Ja, das geht ziemlich schnell.«

»Ich bin froh, dass ich mitfahre, irgendwie habe ich nach der Saison auf Ibiza jetzt so ein seltsames Gefühl. Ich weiß nicht genau, was ich als Nächstes machen möchte«, überlegt Annabelle, als wir zusammenpacken.

Mein Mutterherz hätte jetzt sehr viel zu sagen, aber ich spüre, dass sie selbst eine Lösung finden muss. Also nehme ich sie nur in den Arm und murmele: »Du hast ja jetzt Zeit und du wirst schon das Richtige finden.«

Den Campingplatz buche ich noch schnell über das Internet, aber so richtig viel Auswahl gibt es nicht, anscheinend werden in Spanien die Plätze ungern nur für eine Nacht vermietet. Unsere Fahrt ist wieder ganz entspannt, es gibt kaum Verkehr und die Raststätten sind alle ziemlich modern. Wir machen viele Pausen und genießen die Landschaft, durch die wir cruisen. Das ist unbestritten ein schönes Gefühl, sonst sitzen wir ja eher im Flugzeug und haben keine Vorstellung von den Entfernungen. Hier im Van merken wir, wie weit alles auseinander liegt und dann wiederum auch nicht. Alles geht ineinander über, ein Land in das andere. Als wir dann in Tarragona ankommen, führt mich das Navi in ein riesiges Industriegebiet.

»Ach du Schreck, was ist das denn?«, frage ich erschrocken.

»Keine Ahnung, Mama, aber es ist ja noch ein wenig bis zum Campingplatz.«

»Aber nur noch vier Minuten und so weit das Auge reicht, ist hier nur Industrie.«

Vier Minuten später stehen wir vor einem Campingplatz, der umringt ist von einer hohen Hecke und ziemlich groß und voll ist.

»Ich kann die Fabriken hören«, sage ich missmutig zu Annabelle, »aber die anderen Plätze drumherum nehmen uns nicht für nur eine Nacht.«

»Na, dann fahren wir jetzt zunächst einkaufen. Da vorn ist doch ein Ort, bestimmt ist es dort hübscher«, schlägt Annabelle vor.

Der Ort ist leider ebenfalls seltsam, nur Hochhäuser, aber immerhin ein Supermarkt. Am nächsten Morgen sind wir ziemlich schnell startklar, denn die Nacht war tatsächlich unruhig.

»Ich habe immerzu gedacht, dass diese ganze Industrie auch einfach mal in die Luft gehen kann«, sage ich zu Annabelle auf dem Weg durch das Gebiet zurück zur Autobahn.

»Ja, ich fand es auch mega laut und beängstigend. Seltsam, dass die Camper auf dem Platz trotzdem den Anschein machten, dort für länger Urlaub zu machen.«

»Bestimmt gibt es etwas Hübsches in der Nähe, das wir nicht gefunden haben«, überlege ich laut.

Der nächste Stopp ist schon Denia und von hier geht die Fähre nach Mallorca. Wir sind drei Stunden vorher da.

»Na, Mama, da sind wir ja schön früh.« Annabelle lächelt.

»Du kennst mich doch«, sage ich, »am liebsten bin ich richtig früh unterwegs, ob nun Flughafen oder Fähranleger.

Ich finde auch, dass sich das bewährt hat, denn was haben wir nicht alles schon erlebt.«

»Ist auch gut so«, erwidert Annabelle, »dann können wir da vorn in dem Restaurant noch zu Mittag essen.«

Wir gehen auf die Terrasse des Restaurants, die einen tollen Blick auf den Hafen bietet.

»Nun, das würde meinem Papa hier auch gefallen«, sage ich zu Annabelle. Mein Vater musste, egal in welcher Stadt, immer als Erstes zum Hafen, wenn es einen gab. Das habe ich anscheinend von ihm übernommen und nicht nur ich, auch mein Bruder hat seit dem Tod meines Vaters vor anderthalb Jahren ebenso seine große Liebe zum Segeln und damit auch zu Häfen wiederbelebt.

Die letzte Fährüberfahrt von Barcelona nach Ibiza war stürmisch, deshalb bin ich sehr froh, dass heute kaum Wind geht. Nachdem wir sicher in den Tiefen der Fähre geparkt haben, suchen wir unsere Sitzplätze im oberen Bereich. Der Katamaran pflügt rasant durch die Wellen, auf unseren Sitzen merkt man das nicht, aber zum Rauchen muss ich auf das hintere Deck und da merke ich die Wahnsinnsgeschwindigkeit deutlich. Die Fähre macht noch einen Stopp auf Ibiza und ist fast ausgebucht. Alle auf dem Weg in den Urlaub, denke ich, aber bestimmt niemand so lange wie ich. Wobei: Wer weiß das schon?

Fazit: *Hilfe ist wichtig, sei es nun bei langen Autofahrten oder bei persönlichen Problemen.*

Tipp: *Jemand Neutrales wie ein Therapeut oder Coach hilft dir, deine Schwierigkeiten mit dem Leben in eine andere Perspektive zu setzen. Das macht das Leben leichter.*

DER SOLOABSCHNITT

J ob: Freundin und Abenteurerin
Tage bis zum Ende der Auszeit: 335
Van: ein hübscher weißer VW-Van

Die Türen der Fähre öffnen sich und wir fahren los. So ganz genau weiß ich nicht, wohin ich fahren muss, aber nach ein paar Minuten taucht plötzlich ein Motorrad vor mir auf und ich erkenne Hans, der uns den Weg zeigt. »Das ist aber fürsorglich«, bemerke ich ganz gerührt, »das hatten wir gar nicht besprochen.« Annabelle freut sich auch, dass wir nicht noch suchend durch die Nacht fahren müssen. Sie bleibt noch eine Nacht mit Hans und mir in seinem Haus und fliegt dann wieder nach Hamburg. Die Tage auf Mallorca vergehen wie im Fluge und nach einer intensiven gemeinsamen Zeit mit Hans stelle ich fest, dass wir uns gar nicht ähnlich sind, und die Trennung bahnt sich so langsam, aber sicher ihren Weg. Der finale Schnitt kommt dann allerdings doch ziemlich überraschend mitten in der Nacht und lässt mich mit meinem Van realisieren, dass es kaum Campingplätze auf Mallorca gibt. So irre ich dann etwas verzweifelt durch das nächtliche Mallorca, um festzustellen, dass die Hotels mit Parkplätzen fast alle ausgebucht sind. Nachts um 3.00 Uhr finde ich endlich ein Hotel und schlüpfe sehr erschöpft unter die Decke. Das Gute ist, dass die Trennung sich unterbewusst schon etwas in mir aufgebaut hatte, deshalb bin ich zwar geschockt über die schnelle Umsetzung, aber nicht sehr traurig.

Meine Fähre ist erst vier Tage später gebucht und ich kann sie leider auch nicht umbuchen, aber vielleicht ist es auch gut, dass ich nicht sofort weiterfahren muss. Von dem Schock kann ich mich dann auch erholen, dabei hilft mir Hot Yoga, das ich hier auf Mallorca wiederentdeckt habe. Ich denke, ich benötigte diese Beziehung zu Hans, um mir meinen Ausstieg zu erleichtern, denn es ist schon so, dass ich neben meinem Job auch meine Freunde und meine Wohnsituation aufgegeben habe, um jetzt erst einmal zu reisen. Da fühlte sich so ein erfahrener – Hans war wesentlich älter als ich – Reisegefährte irgendwie sicher an.

»Nun kannst du deine Reise doch allein nach deinen Plänen gestalten«, sagt Emely am Telefon zu mir. Sie und ihr Freund haben jetzt mein Haus in Schleswig übernommen, damit es nicht die ganze Zeit leer steht.

»Ja, das stimmt«, sage ich, »aber irgendwie habe ich auf einmal gar keine Lust mehr dazu.«

»Das ist doch klar, du musst dich jetzt zunächst neu sortieren und an die neue Situation gewöhnen«, erwidert sie.

»Ich werde sehen«, antworte ich etwas skeptisch.

Erstaunlicherweise fällt es mir dann relativ leicht, eine grobe Richtung der weiteren Reise zu planen. Und es breitet sich ein Gefühl der Freude in mir aus, allein weiterzuziehen. Schließlich war das von Anfang an der Plan gewesen und jetzt spüre ich deutlich eine gehörige Portion Vertrauen in mein Vorhaben.

Ein Gefühl der absoluten Freiheit überkommt mich, als ich auf der Fähre Richtung Denia sitze. Grobe Richtung

Portugal, so viel ist klar, aber da mir das Hot Yoga so gutgetan hat, ist mein erster Stopp Altea, wo es auch ein Hot-Yoga-Studio gibt. Hier bleibe ich vier Tage, weil es einfach prächtig ist. Neben dem Yoga gibt es das Meer, ziemlich viele Bioläden und einen tollen Edelstein-Laden. Aber am besten ist der Campingplatz, winzig, ruhig und zentral. Neben mir campt eine junge Frau mit ihrem Welpen und zwei Plätze weiter campt auch eine Frau, ebenso allein. Ich fühle mich hier richtig aufgehoben und beobachte fasziniert, wie selbstverständlich die beiden Frauen unterwegs sind. Das ermutigt mich sogar dazu, allein abends essen zu gehen. Wow, denke ich so vor mich hin, ich lerne so viel dazu. Klar ist, allein essen zu gehen, nun überhaupt keine große Sache, aber für mich doch, denke ich zufrieden, während ich auf das Wasser schaue und mein alkoholfreies Bier trinke. Denn wenn ich dann mein Leben jetzt so ganz neu ordne, schmeiße ich auch gleich all die ungesunden Angewohnheiten über Bord. Das heißt, dass ich nun einfach keinen Alkohol mehr trinke und rauchfrei bin. Wenn schon, denn schon.

Nach vier Tagen geht es weiter Richtung Madrid, auch hier gibt es ein Hot-Yoga-Studio und die Fahrt dorthin verläuft problemlos. Durch die Maut gibt es einige Straßen, die kaum befahren werden, unter anderem eine Autobahn, die direkt ins Zentrum führt. Ein etwas seltsames Gefühl, ganz allein auf der Autobahn zu sein, da wir ja in Madrid über eine Einwohnerzahl von über sechs Millionen sprechen. Das ändert sich dann doch noch, je näher ich dem Zentrum komme. Wie immer ist der Campingplatz einer Großstadt verkehrsgünstig gelegen und gefühlt führt an jeder Ecke eine Schnellstraße vorbei. Aber es gibt Waschmaschinen, freue ich mich und wasche zum ersten Mal. Im Nachhinein kann ich nur sagen, auch das muss man sich erst erarbeiten, denn jede Waschmaschine funktioniert anders, aber mithilfe des netten Mannes hinter der Rezeption habe ich es hinbekommen.

Dann fahre ich mit dem Fahrrad zum Yogastudio, allerdings sind das vierzig Minuten, das erscheint mir herausfordernd. So stellt es sich auch heraus. Zwar geht es immer nur geradeaus, aber ich muss über zwei fünfspurige Kreisel fahren, ehe ich das Studio erreiche. Trotz Elektroantrieb bin ich komplett erschossen, als ich endlich ankomme. Ich schaue mir alles an, entscheide mich aber dagegen, morgen früh um 9.00 Uhr mit dem Fahrrad noch einmal herzukommen, denn dann ist Montagmorgen und sicherlich Rushhour. Am nächsten Morgen fahre ich schließlich nach einer lauten Nacht früh los und bleibe keine weitere Nacht. Weiter geht es Richtung Portugal, denn das Schöne ist ja, dass ich planen kann, wie ich will.

Landschaftlich ist die Tour bis nach Portugal kein Höhepunkt, eigentlich gibt es nur abgemähte Weizenfelder, so weit das Auge reicht, und die Raststätten sind eher für Trucker und sehr dreckig. Das Bild ändert sich in Portugal schlagartig und ich komme in Gebirge und viele Wälder. Hier fällt mir allerdings auch sofort auf, dass es wahnsinnig viele abgebrannte Bäume gibt. Das erinnert mich an das Ereignis, das Alex hier erlebt hat.

Alex ist von Amerika aus eines Tages nach Portugal gezogen, in ebendieses Gebirge, welches ich gerade durchfahre. Hier hatte sie gemeinsam mit ihrer Familie und ihrer Schwester ein Retreat-Center für Pflanzenmedizin. Dieses Center haben sie zu einem Erfolg geführt und dann standen wortwörtlich eines Tages die Flammen vor der Tür. Sie haben alles verloren, genauso wie ihre Schwester, die nur wenige Kilometer weiter entfernt wohnte, und mussten in der Nacht des Brandes auch noch um ihr Leben fürchten, denn die Flammen waren überall. Gott sei Dank haben alle überlebt und inzwischen haben sie ein neues gutlaufendes Retreat-Center in Kalifornien. Sie ist ein großartiges Beispiel dafür, wie es ist, einen absoluten Neustart erfolgreich auf die Beine zu stellen. Die ganzen Brände hängen damit zusammen, dass sich Portugal verpflichtet hat, bestimmte Mengen an Klopapier an die EU zu liefern, und für dieses Klopapier benötigt man Unmengen von Eukalyptusbäumen. Da es im Sommer sehr heiß wird und nur wenig Regen fällt, ist die Brandgefahr hoch. Und wenn ein Eukalyptusbaum brennt, dann brennen zügig viele, da das Öl des Eukalyptus ein richtiger Brandbeschleuniger ist. Auch die vielen Neueinpflanzungen, die ich sehe, sind Eukalyptusbäume. Ich nehme mir vor, nicht mehr so viel Papier zu benutzen.

In dem Gebirge finde ich einen schönen Campingplatz und mache es mir dort gemütlich. Am nächsten Morgen lasse ich dann zum ersten Mal mein Schmutzwasser ab und stehe dabei neben einem älteren deutschen Pärchen. Die Frau sagt auch gleich zu mir: »Sind Sie ganz allein unterwegs? Das ist aber mutig von Ihnen.«

»Bisher läuft alles super, allerdings lasse ich gerade zum ersten Mal Schmutzwasser ab.«

Der Mann schaut gleich mit geschultem Blick auf meine Aktion und sagt: »Das sieht alles richtig aus.«

Nach erfolgreich abgeschlossener Mission wünschen wir uns gegenseitig noch eine gute Reise. Seltsam, denke ich, meistens vermeide ich den Kontakt mit Deutschen in einem fremden Land, denn irgendwie will ich dann das Land erleben und nicht meine eigene Kultur, aber die beiden waren sehr hilfreich. Das fröhliche Miteinander ist bei anderen Nationen oft anders, zumindest habe ich schon einmal in Arizona erlebt, wie sich dort unverhofft zwei türkische Männer zufällig getroffen haben, das war eine Party.

Am nächsten Tag fahre ich weiter nach Nazaré und ich bin ganz gespannt, denn damit erreiche ich ein Ziel, das ich unbedingt sehen wollte, inspiriert durch eine Reportage über die Surfer-Gemeinschaft, die um die Welt tourt, um die besten Wellen zu reiten. Und in Nazaré gibt es die höchsten Wellen der Welt. Schon der Weg dorthin gibt mir ein Gefühl des entspannten Surfer-Lebens, überall sind Surfbretter auf Autos festgeschnallt zu sehen. Ich entscheide mich für einen kleineren Campingplatz, etwas näher am Strand. Leider kann ich mich nicht so ganz entscheiden, wo ich am besten stehe, und fahre einfach auf einen Hügel, bis ich feststelle, dass ich in tiefem Sand gelandet bin und der Wagen sehr schief steht. Hm, denke ich, na das geht schon, so schief ist es gar nicht und wenn ich den Wagen jetzt noch einmal bewege, dann fahre ich mich nur noch fester. Also schnappe ich mir nach dem Aufbau mein Fahrrad und fahre zum Strand. Hier sind die weltweit höchsten Wellen zu Hause, allerdings nicht heute, stelle ich fest. Ein wahnsinnig breiter Strand liegt vor mir. Die Wellen, die hier an den Strand krachen, reichen, um ein Badeverbot auszuhängen. Aber am Wasser spazieren ist erlaubt und ich spüre erschrocken, dass das Wasser richtig kalt ist. Da habe ich jetzt auch gar keine Ambitionen, hineinzugehen. Auf meinem Streifzug durch Nazaré entdecke ich noch einen wunderbaren Laden, der selbstgemachten Schmuck, Naturkosmetik, allerhand mystische Dinge, wie Räucherstäbe, Kristalle und ayurvedische Massagen, anbietet. Mit der Besitzerin des Ladens, Maria, verabrede ich für den nächsten Tag eine Massage und fahre dann erstaunlich viel bergauf wieder zurück zu meinem Campingplatz. Die Nacht ist eindeutig zu schief, aber zwanzig Meter weiter steht ein deutsches Pärchen auch im Van im Sand und auf dem Weg zum Geschirrspülen am nächsten Morgen halte ich den Mann kurz an.

»Sag mal, wie seid ihr denn da hochgekommen?«, frage ich ihn.

»Der Allradantrieb musste ganz schön arbeiten, aber es ging dann irgendwie.«

Aha, denke ich. »Habe ich auch Allrad?«, frage ich.

»Na klar«, sagt er etwas verwundert. Ich gehe darauf nicht näher ein, sondern frage gleich hinterher: »Wenn du jetzt meinen Wagen hier rausfahren müsstest, wie würdest du das machen?«

»Also, ich würde rückwärts dort hochfahren«, sagt er und deutet auf einen kleinen Hügel, »und dann mit Schwung da runter.«

»Alles klar, danke«, sage ich, »dann werde ich das mal versuchen.« Hervorragend, denke ich ein paar Minuten später auf meinem neuen, sehr geraden Stellplatz stehend. Ein ganz neues Lebensgefühl.

»Danke noch mal«, sage ich zu dem Pärchen, als sie an mir vorbei zum Ausgang gehen.

»Kein Problem, wir helfen gerne.«

Hm, ich muss meine Einstellung gegenüber Deutschen im Ausland wohl noch mal überdenken, überlege ich schmunzelnd.

Fazit: *Die größten Planungen können sich plötzlich in Luft auflösen und dann heißt es, mit den Bewegungen des Lebens zu gehen.*

Tipp: *Wenn alles anders kommt als gedacht, hilft es, ins Vertrauen zu gehen.*

DIE FREIHEIT

Job: Abenteurerin
Tage bis zum Ende der Auszeit: 314
Van: ein schöner sandiger VW-Van

Am nächsten Tag wache ich gleich ganz erholt auf und freue mich auf meine Massage bei Maria. Ich merke, dass durch das viele Sitzen mein Rücken ziemlich verspannt ist und die Massage jetzt sehr guttut.

»Vielen Dank, Maria, das war total super.«

»Gerne«, erwidert sie, »du hattest ein paar Knoten in den Muskeln, die sind jetzt weg.«

»Ein Traum, danke dir. Du hast so einen schönen Laden hier«, sage ich und schaue mich in Ruhe um.

»Ja, weißt du, ich habe jahrelang in Lissabon bei einer Universität gearbeitet. Eines Tages habe ich gemerkt, dass ich mein Kind vor lauter Arbeit gar nicht richtig erlebe, und dann habe ich mich entschieden, eine radikale Veränderung vorzunehmen und wieder in meine Heimatstadt hier nach Nazaré zu ziehen. Und auch nur noch das zu tun, wozu ich in vollem Umfang Lust habe und was mir viel Kreativität erlaubt.«

»Wow, und was warst du vorher bei der Uni?«, frage ich nach.

»Ich war Mathematikprofessorin«, antwortet Maria. Das hatte ich jetzt nicht erwartet. »Es ist ja so, je tiefer du dich mit der Mathematik beschäftigst, desto näher kommst du dem Unerklärlichen und damit in meinen Augen dem

Universum. Und wenn du da erst einmal bist, dann weißt du auch, dass alles irgendwie zusammenhängt, aber auch mysteriös bleibt. Ohne Zweifel habe ich mich entschlossen, dem Mysteriösen mehr Raum zu geben, und deshalb gibt es diesen Laden.«

Ich finde das großartig und ich glaube, es ist wichtig, im Leben alles auszuprobieren, denn wir haben nur eins. Und meine bisherige Reise hat mir gezeigt, dass das größte Gut die Zeit ist. Mehr oder weniger geht das im Alltag oft verloren und wir setzen uns vor den Fernseher und verschwenden so einen großen Teil unserer Lebenszeit, dabei gibt es so viel Neues zu entdecken.

»Also, ich wünsche dir weiterhin ganz viel Erfolg mit deinem Laden«, sage ich und verabschiede mich von Maria. Wir umarmen uns.

Auf meinem Weg zurück zum Campingplatz bin ich vollends dankbar, dass ich diesen Schritt gegangen bin. All die Frauen, die mir bisher begegnet sind, haben mich irgendwie genau zur richtigen Zeit inspiriert.

Am nächsten Tag erreiche ich Peniche, einen weiteren Surfhotspot. Der Strand ist großartig, denn hier gibt es Dünen, die mich an die Strände auf Sylt erinnern. Der Ort gefällt mir nicht, denn es gibt ziemlich viele Hochhäuser. Mein Campingplatz ist genau neben einer Fischfabrik und der Geruch stellt mich vor eine Herausforderung, die ich nur bis morgens um 6.00 Uhr durchhalte, dann reise ich ab. Nachdem ich durch die Ausfahrtsschranke gefahren bin, stelle ich fest, dass ich so schnell geflüchtet bin, dass ich noch nicht einmal das Bett eingefahren habe. Das hole ich jetzt nach und halte dann an zum Frühstück am Strand.

Der nächste Stopp ist schon Lissabon und morgen hole

ich dort Claudia vom Flughafen ab. Der Campingplatz kurz vor Lissabon erweist sich als der größte bisher. Die sanitären Anlagen sind ziemlich dreckig, aber es gibt eine Waschmaschine, zu der ich tatsächlich lieber mit dem Fahrrad fahre, denn so weit sind die Entfernungen.

Die Nacht ist etwas unheimlich. Ich habe mich absichtlich weiter nach hinten gestellt, um nicht noch mal so eine Lärmsituation wie in Madrid zu erleben. Doch jetzt bin ich das Schlusslicht und hinter mir ist nur Wald, wo tagsüber sehr viele Polizeiautos langgefahren sind. Dementsprechend froh bin ich, als es wieder hell wird. Zum Frühstücken gehe ich in das Bistro und hier sind wieder Leute. So fallen die Unsicherheit und Unruhe von mir ab.

Um 12.00 Uhr habe ich einen Termin in einem Center mitten in der Innenstadt von Lissabon für einen Corona-Test, denn die Lehrerin von dem Yoga-Retreat, auf das Claudia und ich gemeinsam gehen wollen, benötigt einen negativen Test. Durch das Reisen mit dem Van habe ich Corona schon vollkommen ausgeblendet und bin darüber etwas erstaunt. Aber wahrscheinlich liegt es an der Gruppengröße.

Inzwischen sitze ich in meinem Van und fahre mutig durch das verwinkelte Lissabon. Nach jeder Kurve wird die Straße noch ein wenig enger und laut Navi scheint das Testcenter im Herzen von Lissabon zu liegen. Auweia, denke ich, wo soll ich hier denn parken? Aber dann sehe ich ein Parkhaus! Wobei, halt, stopp, die Höhe beträgt nur zwei Meter. Das erscheint mir jetzt doch sehr niedrig und ich fahre vorerst weiter. Nur noch zehn Minuten bis zum Termin und es sieht nicht so aus, als ob ich das schaffen könnte. Es gibt leider auch keine Möglichkeit, die Höhe des Vans in den Unterlagen zu suchen, da ich nirgendwo anhalten kann. Ich versuche, es zu googeln, und da steht: 2,01 m. Na gut, denke ich, das riskiere ich dann doch und fahre in das sehr enge Parkhaus. Es klappt und außer, dass ich fast gleich nach der Einfahrt wieder bei der Ausfahrt herausfahre, gibt es tatsächlich einen Platz für mich und ich schaffe den Termin noch. Mir fällt ein Stein vom Herzen.

Das Auto ist sicher untergebracht, der Test negativ und ich habe über vier Stunden Zeit, mich durch Lissabon treiben zu lassen. Eine etwas andere Erfahrung als vor ein paar Wochen auf dem Motorrad mit Hans. Alles etwas langsamer und es gefällt mir gut. Ich genieße all die kleinen Shops und das bunte Treiben am Wasser. Inzwischen bin ich durch meine Aufenthalte in Nazaré und Peniche gerne im Surfer-Vibe unterwegs und finde ein cooles Café, in dem ich mir einen Matcha Latte und ein leckeres Avocadobrot bestelle. Leider muss ich das immer auf Englisch machen, denn ich habe zwar meine Sprach-App auf Portugiesisch geändert, aber sprechen oder auch verstehen kann ich trotzdem nichts. Das einzige Wort ist »Danke«, das heißt »obrigado«.

Die Zeit vergeht schneller als gedacht und schon mache ich mich wieder mit dem Van auf den Weg zum Flughafen. Bisher hatte ich nicht so viele Probleme mit dem Parken, aber auch hier am Flughafen ist es schwierig. Die Parkhäuser sind nur 1,90 m hoch und das passt nun sicher nicht. Nach mehrmaligem Um-den-Block-Fahren entdecke ich aber doch noch einen offenen Parkplatz und stelle mich dorthin. Also, denke ich, das war bisher die herausforderndste Fahrerfahrung mit dem Van in Lissabon. Aber ich habe sie gemeistert.

Die Ankunftshalle ist wahnsinnig voll, lauter Familien, die anscheinend auf Angehörige warten. Eine unglaubliche Lautstärke umgibt mich und ich platziere mich zunächst in einem Café. Dann allerdings werde ich Zeugin von Wiedervereinigungen von Familien, die mich zu Tränen rühren. So viel Freude über die Menschen, die nun angekommen sind, habe ich selten an einem Flughafen miterlebt. Es ist wundervoll und fast verpasse ich Claudia, die plötzlich vor mir steht. Ich falle ihr um den Hals, diese Begeisterung um mich herum ist einfach ansteckend.

»Da bist du endlich!«, rufe ich.

»Es war wahnsinnig voll drinnen, aber hier auch«, bemerkt sie lachend und wir laufen zum Van. »Welch eine Freude«, sagt sie, »ich bin so froh, dass ich jetzt endlich mitfahren darf, und wie cool der Wagen aussieht!«

»Ich bin auch so froh, dass du da bist. Hast du die Adresse, zu der wir jetzt fahren?«, frage ich. Wir tippen die Adresse ein und die Fahrt soll anderthalb Stunden dauern.

»Prima«, sagt sie, »dann haben wir Zeit, uns die neusten Entwicklungen in unseren Leben zu erzählen.«

Das machen wir dann auch und es stellt sich heraus, dass sie nun auch einen Schlussstrich unter ihre dreijährige Beziehung gezogen hat.

»Na, das ist doch super«, fasse ich am Ende noch mal zusammen, »dann sind wir ja jetzt beide wieder Single und ein ganzes Stück schlauer.«

»So könnte man das auch sehen«, sagt sie etwas wehmütig.

»Weißt du denn, wer an dem Retreat so teilnimmt?«, frage ich, um sie abzulenken.

»Nein, aber ich war schon einmal auf einem Retreat mit

Anke auf Mallorca und da waren die Teilnehmer alle so in unserem Alter.«

»Fabelhaft, ich freue mich schon, vor allem auch auf das Surfen. Wobei das Wasser eiskalt ist. So ganz sicher, ob ich da reingehe, bin ich nicht.«

»Wir werden sehen. Sag mal, glaubst du, dass wir hier richtig sind?«, fragt sie zweifelnd, als ich einen Feldweg entlangholpere.

»Ich weiß auch nicht, aber das Navi sagt, dass es hier langgeht. Hier sieht es gar nicht danach aus«, stelle ich fest, als wir am Ende des Feldwegs bei einem verlassenen Haus mit sehr vielen Hunden stehen.

»Dreh mal lieber wieder um und ich schaue noch mal in die E-Mail. Ah, sieh mal, wenn ich es in mein Handy eingebe, sind wir dran vorbeigefahren, und zwar schon vor zwanzig Minuten.«

Zwanzig Minuten später stehen wir vor der Surfer Lodge. »Das sieht eindeutig besser aus«, sagt Claudi und lacht. »Komm, wir gehen erst mal rein, die warten sicher schon auf uns.«

Fazit: *Jede Person und Situation, die in dein Leben tritt, kann dein Lehrer sein. Es ist alles eine Frage der Perspektive.*

Tipp: *Nimm dir Zeit für die Dinge, die dir am Herzen liegen.*

DAS
YOGA-RETREAT

Job: Yogaschülerin
Tage bis zum Ende der Auszeit: 311
Van: einer voller Sand

Anke, die Yogalehrerin, begrüßt uns sehr herzlich und wir bekommen auch direkt etwas zu essen. Die Gruppe besteht aus fünfzehn Leuten und nach einem Blick in die Runde würde ich sagen, dass es eher jüngere Teilnehmer sind. Die Hälfte etwa kommt aus Deutschland und die andere aus Italien, Argentinien und London, somit ist die Retreat-Sprache Englisch. Nach dem Abendessen bringt mich Anke in mein Campingzelt mit eigenem Badezimmer. Großartig, ich kann ununterbrochen aufrecht stehen und habe mein Badezimmer mit im Zimmer. Claudi ist in einem Zimmer im Haus untergebracht, doch ich genieße den Luxus im Zelt. Allerdings ist es draußen sehr windig und das Zelt bewegt sich massiv. Hm, ich glaube, ich schaue von außen, ob auch alles richtig festgezogen ist, denke ich und mache mich auf den Weg. Sieht alles fest vertäut aus, ist einfach nur sehr windig und kalt, denke ich, als ich draußen stehe. Im Zelt ist es besser und ich decke mich mit zwei Decken zu. Ein wenig muss ich über mich schmunzeln, das war jetzt mal eine echte Papa-Situation. Mein Vater hat auch immer überprüft, ob auch alles gut vertäut ist. Wenn ich ehrlich bin, weiß ich nicht, worauf ich hätte achten sollen, aber mein Gefühl ist besser. Später haben sich meine Ohren an den Lärm gewöhnt und ich schlafe ein.

Am nächsten Morgen öffne ich erst ein Auge, dann das zweite und schäle mich aus den Decken. Welch ein Luxus, nun nicht über einen Campingplatz laufen zu müssen, sondern das Bad gleich neben mir zu haben. In einer halben Stunde ist die erste Yogastunde. Brr, morgens ist es frisch. Ich kann mir gar nicht vorstellen, surfen zu gehen, denke ich auf meinem Weg zum Yogaraum. Hier ist es angenehm warm und ich suche mir einen schönen Platz mit Blick in die Weite. Es ist eindeutig sehr grün hier in Portugal und auch ein wenig mystisch, denn in der Ferne schauen wir auf die Hügel und das Schloss von Sintra.

Die erste Yogasession gefällt mir hervorragend, ein Vorteil, sonst wären die nächsten fünf Tage auch schwierig geworden. Es gibt ein richtig leckeres Frühstück und danach melden sich uneingeschränkt alle, auch Claudia und ich, zum Surfen an.

»Wir fahren einfach mit dem Van hinterher und wenn uns zu kalt wird, fahren wir wieder zurück«, sage ich zu Claudia.

»Das ist eine gute Idee«, stimmt sie mir zu.

Der Strand liegt ziemlich versteckt, aber wunderschön an einer Bucht mit vielen Felsen und die Sonne wärmt hier richtig und es gibt überhaupt keinen Wind. Nachdem wir uns in die Wetsuits gequält haben, starten wir das Aufwärmprogramm und bekommen die ersten Erklärungen, wie man überhaupt aufsteht. Nun hatte ich schon einmal einen Kurs vor vier Jahren in Costa Rica gemacht, aber ich habe alles vergessen. Nach ein paar Trockenrunden geht es dann gleich ins Wasser und so ein Wetsuit ist fabelhaft, die Kälte spüre ich gar nicht. Das Surfen selbst ist wenig erfolgreich, das Aufstehen ist in weiter Ferne, aber Spaß macht es trotzdem. Nach ein paar Runden bin ich allerdings ziemlich kaputt. Claudi sitzt schon wieder am Strand.

»Na, hast du schon genug?«, frage ich sie.

»Ja, das reicht mir jetzt zunächst.«

»Vielleicht liegst du richtig und am ersten Tag sollte man nicht gleich zu viel machen.« Wir genießen noch etwas die Zuschauerrolle und machen dann noch einen Spaziergang am Strand. »Wahnsinn«, sage ich, »hätte ich nach der Nacht niemals gedacht. Es war so kalt und windig heute Nacht und dass wir jetzt hier im Bikini am Strand sind, finde ich bemerkenswert.«

»Ja, einfach nur fantastisch«, sagt sie zustimmend.

Am Nachmittag habe ich Zeit, ausführlich zu telefonieren, und rufe zu Hause an. Annabelle geht ans Telefon und erzählt von ihrem Retreat in Italien. Sie hat wieder Zuversicht für ihren weiteren Werdegang und außerdem entschieden, dass London wohl doch nicht der richtige Platz zum Wohnen ist. »Weißt du, Mama, im Grunde benötige ich einfach auch Natur um mich herum. Und ich denke, die kann ich auf Ibiza finden, zudem kann ich mal auf die andere Seite der Insel ziehen. Nach meinen unangenehmen Erfahrungen im Westen der Insel ist der Osten ja noch unentdeckt.«

Innerlich bin ich heilfroh, dass sie wieder scherzen kann, denn am Ende wurde sie übel ausgenutzt in ihrem Sommerjob. Aber jetzt scheint es ihr insgesamt wieder besser zu gehen. »Gut, dann sprechen wir später noch mal, aber wenn du jetzt nicht sofort anfangen musst, dann könntest du auch nach Portugal kommen und mich auf dem Trip nach Hamburg zurückbegleiten«, schlage ich vor.

»Hm, ja, das wäre eine Idee«, sagt sie.

»Ja, finde ich auch und es würde mir sehr helfen, wenn ich jemanden bei der langen Fahrt neben mir habe.«

»Okay, wir sprechen noch mal«, sagt sie und wir beenden das Telefonat.

Neben den täglichen Yogasessions machen Claudia und ich auch noch ein paar Ausflüge in die Umgebung. Besonders gut gefällt uns der kleine Ort Ericeira. Hier ist Surfen das Hauptthema und die kleine Stadt wirkt vollkommen entspannt und jung. Wir genießen dieses Gefühl sehr und ergattern auch noch ein paar coole Surfoutfits.

Heute ist nun schon der dritte Tag und ich merke, wie gut mir die tägliche Yogapraxis tut.

»Wir haben heute Neumond«, verkündet Anke in der morgendlichen Yogastunde, deshalb machen wir jetzt mal eine Praxis zum Klarwerden. Während wir von ihr durch die Stunde geführt werden, denke ich darüber nach, worüber ich mir denn so klar werden möchte, denn bei Neumond kann man den Samen für etwas Neues säen. Mir fällt da ganz schön viel ein. Durch den längeren Aufenthalt an einem Ort sind meine Gedanken in Aufruhr, sie haben mehr Zeit und Raum, weil ich mich nicht ständig aufs Fahren und Navigieren konzentrieren muss. Ich habe das Gefühl, ich sollte mir über etwas klar werden, aber ich weiß nicht genau worüber. Andererseits neigt sich die Zeit im Van so langsam dem Ende zu und ich weiß nicht, wie es weitergehen soll. Nach Hause kann ich nicht, denn dort wohnen jetzt Emely und Kevin, aber der Wagen muss ja zurück, denn das Verleih-Team hatte mir gesagt, dass sie unvermeidbar Saisonende haben und meine Buchung nicht verlängern können. Das bedeutet, ich muss wieder nach Deutschland. Und was kommt dann? Zurück in den Job ist keine Option. Ich habe mir jetzt Zeit freigeschaufelt und sollte und möchte diese irgendwie sinnvoller nutzen.

»Ich gehe mal Tagebuch schreiben«, sage ich zu Claudia, »mein Kopf ist einfach zu voll.« Nachdem ich alles aufgeschrieben habe, bleibt die Unruhe aber weiter bestehen. Da kommt Claudia mit einer Tasse Tee um die Ecke. »Prima, ich danke dir, komm, wir trinken den Tee hier auf der Terrasse.«

»Na, was ist denn los?«, fragt sie.

»Ich bin etwas ratlos, weil ich nicht weiß, was ich als Nächstes machen soll. Ich muss ja den Wagen wieder nach Hamburg bringen, aber würde am liebsten noch länger hierbleiben. Und außerdem habe ich das Gefühl, ich müsste die Zeit, die ich habe, besser nutzen.«

»Das Gefühl, die Zeit besser nutzen zu wollen, ist doch klar, du bist es gar nicht gewohnt, wenig zu tun, daran muss man sich auch am Anfang gewöhnen. Wie wäre es denn, wenn du einfach wieder zurück nach Portugal kommst? Das wäre doch auch eine Möglichkeit. Im Übrigen sind wir doch jetzt auch noch eine Woche zusammen unterwegs und vielleicht liegt die Antwort auch sprichwörtlich auf der Straße. Denn eins ist doch klar: Es wird sich sowieso alles zeigen, wenn es so weit ist, also erfreue dich einfach an der Zeit.«

»Ich versuche es«, murmele ich. »Bis zu einem gewissen Grad ahne ich auch, dass alles so kommt, wie es kommen soll, aber es fällt mir dann doch sehr schwer, nichts zu planen.«

Das Abendessen ist vorbei und wir sitzen noch gemeinsam mit einer netten Gruppe zusammen und sprechen über den Mond.

»Okay, da heute Neumond ist, sollte jeder von uns einen Samen säen für eine Sache, die er gerne erreichen möchte«, schlage ich vor. »Claudia, was würdest du am liebsten säen?«

»Also, ich würde sehr gern mit dem Tanzen anfangen«, antwortet sie prompt.

»Interessant«, sagt Cleo aus unserer Gruppe, »ich tanze in meiner Freizeit und das macht super Spaß. Du kannst mal unter dieser Website in deiner Stadt schauen.«

Das ging ja schnell, denke ich. Weiter geht die Fragerunde und nach den Wünschen der anderen, bei denen es um Liebe und um eine Entscheidungshilfe geht, kommt die Frage zu mir und erstaunlicherweise antworte ich: »Ich werde ein Buch schreiben.«

Überraschend, denke ich, denn ich hatte mir nun unendlich viele Gedanken über meinen Samen gemacht, aber das Buch war eigentlich ein Unterpunkt.

»Spannend, und worüber?«, fragen alle aus der Gruppe fast gleichzeitig.

»Na über meine Erfahrung und meine Begegnungen mit den unterschiedlichen Frauen auf meiner Reise. Ich habe auch schon den Titel.«

»Super, wie heißt er denn?«

»Wechseljahr im Van.«

Alle sind begeistert und Cleo sagt: »Ich bin Texterin und kann dir helfen.«

»Ja, und ich designe das Titelblatt«, sagt Claudia.

»Und ich kann dir beim Marketing helfen«, sagt eine weitere.

Ich sage mal so, da kommt eine ziemliche Dynamik in die Idee und ich werde ganz kribbelig. Das erscheint mir der richtige Samen, denke ich und schmunzele vor mich hin.

Später im Zelt ist es schön ruhig und ich schlafe tief und fest.

Fazit: *Auch wenn ich unterwegs bin, holen mich meine Muster ein: Ich muss dringend produktiv sein!*

Tipp: *Setz dich mit Frauen in einen Kreis, dann können deine Ideen klarer werden und die Möglichkeiten zur Umsetzung strömen wie von Zauberhand zu dir.*

DIE GROSSARTIGKEIT

Job: Schülerin und Abenteurerin
Tage bis zum Ende der Auszeit: 305
Van: weißer VW-Van

Heute ist schon der vorletzte Tag und neben der Vorfreude auf den Roadtrip mit Claudia bin ich auch etwas traurig über den bevorstehenden Abschied von den Retreat-Teilnehmerinnen. Doch heute Abend gibt es noch ein Barbecue und wir wollen tanzen. Zuvor haben wir noch einen Workshop, in dem wir aufschreiben sollen, was uns als Mensch einzigartig macht. Es bricht mir fast das Herz zu sehen, wie schwer es vielen Frauen fällt, etwas Positives und Wertvolles über sich selbst zu formulieren. Auch mir fällt es nicht ganz leicht, aber ein paar Dinge kommen mir in den Sinn. Anschließend soll jede von uns ihre Einzigartigkeit vortragen. Das empfinde ich als noch schwieriger und ich merke, wie ich abzähle, wie viele Frauen noch vor mir dran sind, während ich nervös auf meine Notizen schaue. Es erinnert mich verrückterweise an die Vorstellungsrunden bei den Elternabenden meiner Töchter in den verschiedenen Schulen, die sie durch unsere vielen Umzüge besucht haben. Alle zwei Jahre hatte ich dieses »Vergnügen« – und ich habe es gehasst. Da erwacht eine tiefsitzende Angst in mir. Doch diese legt sich, sobald die erste Frau ihre Einzigartigkeit vorträgt, und wir alle sind berührt. Sie erzählt, dass ihre Großartigkeit darin besteht, dass sie jetzt hier ist. Denn zum ersten Mal in ihrem Leben ist sie allein verreist und hat sich Zeit nur für sich selbst genommen.

Es gibt so viele verschiedene Arten von Großartigkeiten, denke ich, und wenn ich die Frauen sprechen höre, fällt mir auf, wie passend ihre Worte zu ihnen sind. Doch irgendwie berühren sie uns alle. Da ist zum Beispiel Julia, die mir im ganzen Kurs durch ihre Ruhe aufgefallen ist – sie strahlt eine Kraft aus, die nicht nur still ist, sondern auch die Energie hält. In ihrer Gegenwart entspanne ich sofort und sie hört einfach nur zu. Dann ist da noch Lea, die jüngste Teilnehmerin. Sie ist einfach nur froh, hier zu sein, und beschreibt eindrucksvoll, wie leicht die junge Generation im heutigen Chaos untergehen kann. Ich fühle sehr mit ihr, denn heute gibt es so viele Möglichkeiten, die es in meiner Generation nicht gab. Das beginnt schon bei den Fernsehprogrammen – als ich klein war, gab es nur drei Kanäle. Und es setzt sich fort mit den unzähligen Möglichkeiten, überall auf der Welt zu arbeiten, und den vielen verschiedenen Geschlechtsidentitäten. Dass dies zu Verwirrung führen kann und man nicht mehr weiß, was man will, ist für mich völlig nachvollziehbar – besonders, wenn man bewusst und mit offenem Geist durchs Leben geht.

Ein weiteres Beispiel ist Cleo, die so viel Selbstsicherheit ausstrahlt. Ihre Liste der Großartigkeiten füllt das ganze Papier und ich bin beeindruckt von ihrer Selbstverständlichkeit. Davon könnten wir alle mehr gebrauchen, denke ich, denn jede andere Frau hat höchstens die Hälfte des

Papiers genutzt. Keine außer ihr hat sich getraut, wirklich in die Vollen zu gehen.

Tja, und dann bin ich an der Reihe. Ich sage, dass meine Großartigkeit mein Mut ist, Dinge anders zu machen. Wenn ich auf mein Leben zurückblicke, habe ich irgendwie nie nach der Norm gelebt. Ich habe als Erste meiner Freundinnen geheiratet, wurde schnell schwanger und bin im neunten Monat nach London gezogen. Später kehrte ich, gemeinsam mit meinem Ex, dem Stadtleben den Rücken und zog aufs Land, wo ich nach der Trennung ein Bed & Breakfast übernahm und dann überraschenderweise drei Immobilienbüros leitete. Nichts davon entsprach der Norm und auch jetzt ist mein Leben ungewöhnlich.

Eine Frau nach der anderen teilt ihre Großartigkeit und diese Übung bringt uns noch enger zusammen. Sie gibt uns die Möglichkeit, uns gegenseitig besser zu verstehen und zu unterstützen.

Nun ist der Abschied gekommen und unsere Wege trennen sich – nur Claudia und ich reisen noch ein Stück gemeinsam weiter. Der Bus ist gepackt und die Route steht grob fest.

»Auf zur Algarve«, sagt Anke. »Ich wünsche euch viel Spaß und postet mal, wie es euch ergeht.«

»Das möchte ich natürlich auch gerne von dir hören«, antworte ich. Anke und ihr Freund werden heute ihren neuen Lebensmittelpunkt in Lissabon beziehen. »Ja, wir bleiben unbedingt in Kontakt«, sagt sie und wir umarmen uns herzlich. Winkend fahren Claudia und ich die lange Auffahrt hinunter und starten unser Abenteuer in Richtung Lissabon.

»Wow«, sage ich, »wie aufregend für Anke, jetzt nach Lissabon zu ziehen.«

»Ja«, antwortet Claudia, »ich könnte das jetzt auch sofort machen.«

»Schöneres Wetter und ein ganz anderes Lebensgefühl. Ich bin immer wieder erstaunt, wie freundlich die Portugiesen selbst nach einer langen Saison noch sind. Wenn ich das mit Deutschland vergleiche, ist das wirklich bemerkenswert. Bei uns sind am Ende der Saison alle ziemlich fertig und wollen mit Touristen möglichst nichts mehr zu tun haben. Ich habe mich zwar bemüht, freundlich zu bleiben, aber am Ende wurde es doch immer schwieriger. Wobei ich eigentlich nur zwei Jahre Saisonbetrieb hatte, bevor das Bed & Breakfast fast durchgehend geöffnet war. Aber die Freundlichkeit der Portugiesen fällt wirklich auf.«

»Ja, wenn der letzte Gast aus der Pension meiner Mutter gegangen war, sind wir immer laut durchs Haus getanzt«, erinnert sich Claudia, die in einem Saisonbetrieb aufgewachsen ist. »Wie schön, und im Herbst und Winter haben wir uns dann auch viel häufiger gesehen«, erwidere ich.

»Jetzt haben wir eine ganze Woche auf engstem Raum zusammen, das wird genial.«

»Ja, unbedingt. Sag mir noch mal, wo wir jetzt als Erstes hinfahren?«, frage ich sie.

»Gleich südlich von Lissabon gibt es einen langen Küstenabschnitt mit vielen Beachclubs. Ich würde sagen, wir schauen einfach mal vorbei. Vielleicht bleiben wir dort oder fahren noch weiter.«

»So machen wir es.«

Das Wetter spielt mit, es wird wieder milder, nachdem

sich die letzten Tage herbstlich anmuteten. Die Sonne scheint, der Himmel ist blau, die Straßen sind leer und wir fühlen uns frei. Ein wunderbares Gefühl.

»Hm«, sage ich nach einer Weile, »es sieht so aus, als müssten wir über die große Brücke in Lissabon fahren. Ich bin schon mal mit einem Kreuzfahrtschiff darunter durchgefahren und die Brücke hat ganz schön geklappert.«

Claudia lacht. »Die wird schon halten«, sagt sie und macht viele Fotos, während ich tapfer über die Brücke fahre. Manchmal wundere ich mich selbst, über welche Dinge ich mir Sorgen mache.

Bald erreichen wir den Beachclub und genießen ein entspanntes Mittagessen. Die Atmosphäre ist locker, alle genießen ihren freien Tag und der Blick aufs Wasser ist beruhigend. Der Strand scheint endlos und auch hier gibt es Surfunterricht. Nach dem Essen machen wir einen Spaziergang am Strand, doch ich werde langsam unruhig, weil wir noch nicht wissen, wo wir schlafen werden. Diese Unsicherheit kann ich nicht ganz aushalten und ich dränge zur Weiterfahrt.

Als wir an dem Platz ankommen, den ich per Google Maps herausgesucht habe, stellen wir fest, dass es nur vier Plätze für Vans gibt – alle anderen sind für feststehende Wohnwagen. Aber wir bekommen einen Platz.

»Okay«, sagt Claudia, als wir geparkt haben, »was machen wir jetzt?«

»Als Erstes fahren wir das Dach aus«, sage ich, »dann bauen wir die Stühle und den Tisch auf und schließen den Wagen an den Strom an.«

»Na dann mal los«, sagt sie begeistert. »Gut, dass du schon so ein alter Hase bist und weißt, wie alles funktioniert.«

»Ja, inzwischen habe ich schon mehr Ahnung, aber ich vergesse manchmal, wie es am Anfang war. Von dem Campingplatz neben der Fischfabrik bin ich so schnell geflüchtet, dass ich erst kurz vor der Hauptstraße bemerkt habe, dass ich das Dach noch gar nicht eingefahren hatte.«

»Auweia«, sagt Claudia lachend. Aber diesmal läuft alles reibungslos und wir sind bereit, den Abend entspannt ausklingen zu lassen.

Fazit: *Wir Frauen unterschätzen so oft unsere Kraft, weil wir uns gar nicht den Raum geben, darüber nachzudenken.*

Tipp: *Überlege dir doch mal, warum du einzigartig bist.*

DAS WIEDERSEHEN

J ob: Freundin
  Tage bis zum Ende der Auszeit: 298
  Van: einer

Am nächsten Tag geht es dann weiter Richtung Algarve und wir finden einen tollen Campingplatz, besser gesagt ein Eco-Camp in Salema. Hier kommt zum ersten Mal mein Gepäckzelt zum Einsatz, denn der Unterschied zum Alleinreisen oder mit Annabelle ist, dass ich mit Claudia abends den Van umbaue, damit sie in Ruhe unten und ich in Ruhe oben schlafen kann. Das bedeutet, dass wir abends viel rumräumen. Und es ist sehr erstaunlich, was sich über die Zeit doch schon alles angehäuft hat. Da kommt solch ein Gepäckzelt sehr passend um die Ecke. Wir lassen einfach alles draußen und können somit auch problemlos Ausflüge in die Umgebung machen. Hier ist das Wasser wieder wärmer und auch abends ist es angenehm warm. Im Eco-Camp wird sogar morgens Yoga angeboten, das nutzen wir.

Wir sitzen gerade vor dem Bus und genießen unser Frühstück und aus dem Augenwinkel sehe ich eine Frau, die um ihr Zelt herumtanzt. Diese Bewegung fasziniert mich und ich schaue etwas genauer hin. Es stellt sich heraus, dass sie gerade ihre Sachen zusammenpackt und dies freudig zelebriert, indem sie das Zelt sozusagen abtanzt. Um sie herum sind auch noch zwei kleine Kinder, die ebenso fasziniert zusehen. Nach einer Weile hat sie alles im Rucksack und macht sich dann entspannt zu Fuß auf zu ihrem nächsten Abenteuer.

Claudi und ich sehen uns an. »Hm«, sage ich, »bei uns sieht so eine Abreise anders aus.«

»Ja, ist mehr wie in einem Militärcamp«, sagt sie und lacht.

»Das ist leicht mit meiner Kindheit zu erklären, mein Papa war ein absolut akribischer Packer und hat niemanden an seine Ordnung gelassen. Ich durfte als Kind, aber eigentlich sein ganzes Leben lang, Taschen und Koffer nur vor das Auto stellen, er hat sie eingeladen. Das Gewicht der Koffer und Taschen wurde häufig negativ kommentiert und im Grunde gab es während des Packens immer Streit mit meiner Mutter. Anscheinend habe ich das übernommen und bin ziemlich unentspannt beim Packen. Ich breche jetzt nicht direkt Streit vom Zaun, aber meine Kinder wissen genau, dass sie mich besser in Ruhe machen lassen. Ist mir offen gesagt so noch gar nicht aufgefallen«, gestehe ich.

»Na siehst du, manchmal können auch die Sachen, die wir beobachten, eine gute Lektion sein.«

»Ja, wollen wir jetzt die Sachen zusammentanzen, damit wir ans Meer fahren können?«, frage ich und Claudi stimmt tanzend zu.

Die Inspiration funktioniert und ich bedanke mich im Stillen bei der Packtänzerin.

Am nächsten Tag bauen wir dann alles wieder entspannt ab, denn Alex ist bei ihrem Vater in Carvoeiro angekommen und es dauert von Salema fünfundvierzig Minuten zu ihr. Da ihre Zeit begrenzt ist, möchte ich flexibler sein, damit ein spontanes Treffen möglich ist. Wir finden einen Platz über das Internet näher an ihrem Ort in Alvor.

»Wow«, sagt Claudia, als wir gegen Nachmittag auf den neuen Campingplatz einfahren, »der ist ja ziemlich groß.«

»Ja, stimmt und hier ist ein ganz anderes Publikum, irgendwie alle älter. Im Eco-Camp waren ja mehr die coolen Hipster unterwegs, meist junge Familien mit Babys oder kleinen Kindern. Hier sind eher die älteren Ehepaare. Aber schau, welch ein Luxus, die Waschräume sind genau gegenüber.«

Nachdem wir alles aufgebaut haben, erkunden wir den kleinen Ort Alvor. In der kleinen Altstadt reihen sich die Restaurants und Geschäfte aneinander und es herrscht ein reges Treiben. Wir laufen weiter bis zum Strand, der hier sehr breit ist und uns einlädt, einen Strandspaziergang zu machen. Wir genießen in einem der Strandlokale eine leckere Dorade und freuen uns über unsere gemeinsame Zeit.

Später sitzen wir im Van, ja, drinnen, nicht außen davor, weil Claudia sonst von Mücken zerfressen wird.

»Wie schade«, sage ich, als ich auf mein Handy schaue, »drei WhatsApp von meiner Mutter, das ist kein gutes Zeichen. Das bedeutet, dass sie getrunken hat.«

»Das weißt du, bevor du es dir anhörst?«, fragt Claudi erstaunt.

»Ja, ziemlich sicher.« Und richtig, als ich die Nachrichten abhöre, bestätigt sich mein Verdacht und es werden minütlich mehr Nachrichten. Das passiert jetzt schon zum dritten Mal während meiner Reise und irgendwie kommen dann sofort wieder Gefühle von Wut und Trauer, Verzweiflung und Hoffnungslosigkeit in mir hoch. Was sie in diesen Nachrichten sagt, ist meist gar nicht das Schlimme für mich, obwohl es oft keine netten Worte sind. Aber die Tatsache, dass zu viel Alkohol im Spiel ist, ist immer wieder so ein erhobener Zeigefinger in meinem Leben. Schlimmer geworden ist es seit dem Tod meines Vaters, aber auch schon davor gab es diese Aussetzer. Ich selbst habe dadurch ein sehr ambivalentes Verhältnis zum Alkohol und am besten geht es mir, wenn ich so wie im Moment gar keinen zu mir nehme. Es ist schwierig, sich die WhatsApp-Nachrichten anzuhören, und ich vermisse dann einfach meine Mutter, weil die, die spricht, jemand anderes ist. Aber ich habe schon vor langer Zeit eingesehen, dass jeder sein eigenes Leben leben muss und ich ihr da nicht helfen kann. Was habe ich nicht schon alles versucht!

Ziemlich bedrückt gehe ich ins Bett, die letzten Nachrichten höre ich mir gar nicht mehr an. Meine Nacht ist unruhig und ich bin sehr froh, dass ich morgen endlich Alex treffe.

Morgens wache ich ziemlich kaputt und traurig auf.

»Und wie geht es dir?«, fragt Claudia.

»Nun, es geht so, ich habe tatsächlich schlecht geschlafen, irgendwie bin ich auch sauer auf Mama.«

»Na komm, wir frühstücken jetzt erst einmal und dann treffen wir Alex«, versucht sie, mich aufzumuntern.

Zwei Stunden später ist es so weit und wir treffen sie in dem Ort Carvoeiro, endlich kann ich Alex wieder in die Arme nehmen. »Oh, mein Gott«, wird mir unter Tränen klar, »ich wusste gar nicht, wie sehr ich dich vermisst habe.«

»Das geht mir genauso«, antwortet Alex und wischt sich auch ein paar Tränen aus den Augen. »Kommt, wir gehen da hinten in ein Café, da können wir reden«, schlägt sie vor und deutet auf eine gemütlich wirkende Location ein paar Meter weiter. Bei meiner Bestellung von Rühreiern mit Toast und einem Croissant muss Alex lachen: »Na, ich sehe schon, du kannst ja anscheinend immer noch alles essen.«

»Fast«, erwidere ich lächelnd, »aber ich merke auch,

dass ich eigentlich wenig Essen benötige. Der Rest setzt sich am Bauch fest und bleibt da auch ziemlich hartnäckig.«

»Na, das sind dann wohl auch langsam die Wechseljahre«, sagt sie.

»Ja, wahrscheinlich, aber nun erzähl mal, wie ist euer neues Retreat-Center?«

»Es ist einfach nur traumhaft, wir sind jetzt mitten in der Natur und haben viel Land und Platz für unsere Retreats. Es war erst ziemlich hektisch, weil wir schon zwei Tage, nachdem wir uns eingerichtet hatten, gleich ein Retreat gehostet haben. Aber die Natur um uns herum hilft bei unserer Arbeit enorm. Es gibt Rehe und viele Vögel und eine absolute Stille. Einfach nur schön.« Ihre Augen glänzen, als sie erzählt, und ich freue mich so sehr für sie.

»Das klingt umwerfend, da muss ich ja unbedingt mal bei euch vorbeikommen.«

»Unbedingt«, sagt sie, »und erzähl mal, was gibt es bei dir so Neues?«

»Ich habe jetzt vor der Reise und auch währenddessen schon sehr viele Frauen getroffen, die mich inspiriert haben, und ich habe mir vorgenommen, ein Buch über meine Reise zu schreiben und über die Frauen auf dem Weg.«

»Wow, wie wundervoll, dann kommen wir da drin auch vor«, sagt Alex und zeigt auf Claudia.

»Ganz sicher, mehr positive Unterstützung und Inspiration als von euch beiden geht ja kaum noch«, erwidere ich lachend.

»Na, das ist doch passend«, sagt Alex, »weißt du, wenn du mit deinem Buch fertig bist, kannst du ja unsere Biografie schreiben.«

»Ja, alles klar«, stimme ich lachend zu.

»Und wie geht es deiner Mutter?«, fragt Alex weiter.

»Hm«, antworte ich ziemlich traurig, »gerade gestern hatte sie wieder so einen Aussetzer und seitdem ich auf Reisen bin, ist das schon der dritte. Ich würde sagen, es geht ihr nicht gut. Mich macht das so traurig«, gestehe ich mit Tränen in den Augen.

»Das verstehe ich«, sagt Alex mitfühlend und nimmt meine Hand. »Warum passiert das denn so oft?«

»Wahrscheinlich, weil sie sich allein fühlt. Ich habe irgendwie das Gefühl, ich habe bei dem Tod meines Vaters auch meine Mutter verloren. Meinen Vater spüre ich immer um mich herum, er hüllt mich so in Liebe ein, aber meine Mutter habe ich verloren. Ich habe zum Beispiel auch noch gar nicht mit ihr darüber gesprochen, dass ich nicht mehr mit Hans zusammen bin. Sie interessiert sich nur für ihre eigenen Dinge. Auch wenn wir telefonieren, geht es nur um ihre Probleme. Wenn ich Glück habe, kann ich ein bis zwei Dinge sagen, dann ist sie wieder an der Reihe.«

»Hast du ihr das denn mal so gesagt? Und hast du ihr mal gesagt, dass die WhatsApp-Nachrichten so nicht gehen?«

»So ganz klar vielleicht noch nicht«, erwidere ich.

»Dann wäre das doch ein erster Schritt.«

Mich durchströmt ein Gefühl von Dankbarkeit, manchmal sehe ich keinen geraden Weg, wenn es um so ein emotionales Thema wie mit meiner Mutter geht. »Danke«, murmele ich und drücke kurz Alex' Hand. Das hat mich doch glatt wieder hungrig gemacht und ich bestelle noch Pfannkuchen. Die beiden schütteln nur die Köpfe.

Die Stunden ziehen an uns vorbei und nach einer Weile gehen wir Richtung Strand und stöbern noch ein wenig durch den kleinen Ort Carvoeiro. Alex hat Zeit und es ist himmlisch.

»Als wenn wir uns gerade erst gesehen hätten, oder?«, frage ich sie.

»Ja, dabei sind es jetzt vier Jahre.«

»Wahnsinn, und das letzte Mal war es auch hier.«

»Ja, stimmt«, erwidert sie, »als wir nach dem Brand nicht weiterwussten und Attila nach Hawaii gegangen ist, um dort nach Businessmöglichkeiten zu schauen.«

»Das war eine so extreme Erfahrung, die ihr machen musstet, aber wie großartig ist es, dass ihr jetzt so erfolgreich seid«, sage ich.

»Ja, und ich bin auch froh, dass wir jetzt in Kalifornien gelandet sind. Wir sind nun immer zur Regeneration auf Hawaii, auch weil unsere Tochter Rebecca dort wohnt.«

»Für euch ist Hawaii wie für uns Ibiza!« Ich lache.

Wir gehen noch gemeinsam einkaufen und dann setze ich Alex wieder bei ihrem Airbnb ab. Da es genau neben der Wohnung ihres Vaters liegt, sehe ich auch ihn, was mich irgendwie sehr berührt. In solchen Momenten vermisse ich meinen Vater.

Claudi und ich lassen den Abend ganz entspannt wieder in unserem Van ausklingen und ich habe so ein tiefes Gefühl von Ruhe und Energie in mir.

Fazit: *Manche Dinge können uns so lange belasten, bis wir nicht mehr versuchen, sie zu ändern, sondern unseren Umgang damit.*

Tipp: *Wenn wir den Wald vor lauter Bäumen nicht sehen können, helfen manchmal eine objektive Meinung eines Freundes oder ein paar Minuten in Stille, denn die Lösung ist in uns.*

DER WECHSEL

Job: Abenteurerin und Mutter
Tage bis zum Ende der Auszeit: 296
Van: einer

Zwei Tage später nutzt Claudia die Zeit, um in einem Internetcafé ein wenig zu arbeiten. So kann die Welle nicht über ihr zusammenbrechen, wenn sie wieder ins Büro muss. Alex und ich treffen uns am Strand und haben auch heute wieder viel Zeit, um miteinander zu sprechen. Es ist so angenehm, mit ihr zusammen zu sein. Ich tanke oft Kraft zu Hause in der Stille, aber es gibt ein paar Menschen, bei denen ich im Gespräch Energie laden kann, und ein solcher Mensch ist für mich Alex.

Nach einer Weile wird es zu heiß und ich schlage vor, dass wir ins Wasser gehen. Kurz darauf rennen wir ins Meer und ich tauche sofort unter. Alex ist etwas vorsichtiger. Aber dann ist sie auch drin.

»Ich muss immer direkt mit dem Kopf unter Wasser«, sage ich.

»Ja, das habe ich gesehen«, sagt sie lachend. »Ich mag das nicht so gerne. Ich habe den Kopf gern über Wasser.« Kaum hat sie es ausgesprochen, erwischt sie eine Welle und schon ist auch sie unter Wasser, samt Sonnenbrille, die jetzt weg ist. Zum Glück hat sie sich nicht wehgetan und wir gehen wieder zum Handtuch zurück und lassen uns von der Sonne trocknen.

»Und morgen muss Claudia nach Hause?«, fragt Alex nach.

»Ja, genau und dann hole ich abends gleich Annabelle vom Flughafen ab. Es wäre super, wenn wir uns dann noch mal treffen könnten, dann würden sich Annabelle und Rebecca auch sehen.«

»Das machen wir, ich muss nur schauen, wann es am besten passt, sind ja immer viele unter einen Hut zu bekommen.«

Als wir uns verabschieden, ist es wie früher und eigentlich wollen wir uns gar nicht trennen, aber es muss ja sein. Wie gut, dass wir uns noch einmal wiedersehen, denke ich, als ich zum Internetcafé fahre, um Claudia wieder einzusammeln.

»Na«, frage ich sie, »hast du alles geschafft?«

»Ja, das war gut, nun ist Montag nicht gleich solch ein Berg vor mir.«

»Prima, dann lass uns mal den Abend noch genießen.«

Neben unserem Campingplatz hatten wir schon ein Restaurant entdeckt und es ist hervorragend. »Hier sind auch nicht so viele Mücken«, beobachte ich.

Am nächsten Morgen sitzen wir beim Frühstück, es ist unser letzter gemeinsamer Tag und Claudia sagt: »Weißt du, ich habe gar keine Lust, wieder nach Hause zu fahren. Das ist irgendwie so anders auf einem Campinglatz, man ist viel näher an der Natur und hat trotzdem sein Zuhause dabei.«

»Ja, das stimmt, geht mir genauso. Ich bin mir auch nicht sicher, wie es weitergeht. Ich weiß nur, dass ich an einem Ort bleiben möchte, um nun mein Buch anzufangen, und das am liebsten an einem anderen Ort, an dem es warm ist.«

»Das wird sich sicher alles ergeben«, ermutigt Claudia mich.

Claudia hat schon alles zusammengepackt und wir verbringen den Tag in Albufeira am Strand. Nach einem letzten

Strandspaziergang kehren wir noch in ein Strandlokal ein. Die Sonne sinkt schon etwas und es ist einfach nur grandios. Die Wellen schicken uns ein sanftes Rauschen an unseren Tisch. Das Licht ist fast mystisch, die untergehende Sonne sorgt für ein weißes glitzerndes Licht. Es ist kaum ein Unterschied zwischen Himmel und Wasser zu erkennen und das Essen ist köstlich.

»Einfach ein perfekter Moment«, sagt Claudi zufrieden und ich kann ihr nur zustimmen. Dann wird es langsam Zeit, zum Hotel zu fahren, und als wir dort ankommen, muss ich als Erstes meine Füße im Waschbecken waschen, das ist etwas, was ich nach dem Meerwasserbad immer machen muss. Füße und Hände sind für mich schöner ohne Salzwasser und Sand.

»Okay«, sagt Claudia, als ich wieder bei ihr am Empfang bin, »ich bringe dich dann noch zum Auto.«

»Ja, aber wir machen das jetzt nicht so sentimental, okay? Wir sehen uns ja in Schleswig schon bald wieder, oder? Du kommst doch zur Baby-Shower?«

»Ja, das mache ich, aber traurig bin ich jetzt trotzdem.«

Wir umarmen uns und dann steige ich in den Van und wir winken uns etwas wehmütig zu.

Der Flughafen in Faro ist wesentlich ruhiger als der in Lissabon und das Parken ist kein Problem. Zwar hat Annabelle Verspätung, aber ich habe ja Zeit. Dann ist sie da und der erste Satz ist im Grunde immer derselbe von meinen Kindern, egal wie alt, egal welche der drei Töchter und egal wo ich sie abhole: »Ich habe mega Hunger und habe den ganzen Tag noch nichts gegessen.«

»Na gut, dann holen wir doch zunächst ein Sandwich hier am Coffeeshop, denn bis wir bei uns auf dem Platz sind, wird es schon 23.30 Uhr sein.«

»Ach so«, sagt sie, »na dann sollte ich mir hier wohl etwas aussuchen.«

Leider ist es auf Reisen immer etwas kompliziert mit der veganen Ernährung, deshalb habe ich jetzt während meiner Reise viele Ausnahmen eingeführt. Auch dieser Coffeeshop hat nichts für Veganer. »Na dann bitte ein Käsesandwich«, sagt Annabelle. »Nützt ja nichts«, kommentiere ich und wir müssen beide lächeln.

»Weißt du, ich mache mir etwas Sorgen, ob wir so spät noch auf den Campingplatz kommen, denn so lange war ich noch nie unterwegs. Ich bin mir nicht sicher, ob da jemand die Schranke bedient.«

»Mama, das wird schon klappen und wenn nicht, haben wir doch das Bett dabei.«

»Ja, schon, aber da bin ich ja eher ein Hasenfuß, so einfach wild campen habe ich mir definitiv noch nicht zugetraut.«

»Es wird schon alles klappen«, erwidert Annabelle und beißt in ihr Sandwich.

Und das stimmt, es ist gar kein Problem. Als wir ankommen, geht die Schranke automatisch auf und wir rollen entspannt zu unserem Platz. Noch schnell umgebaut und schon liegen wir im Bett. »Ich bin froh, dass du da bist«, sage ich noch zu Annabelle und dann fallen mir schon die Augen zu.

Fazit: *Selbst im kleinsten Van ist Platz für immer wieder neue Gäste.*

Tipp: *Es kommt fast immer alles anders als gedacht. Genieße den Moment, genau jetzt!*

DIE ENTSCHEIDUNG

Job: Abenteurerin und Mutter
Tage bis zum Ende der Auszeit: 292
Van: ein schöner weißer VW-Van

Am nächsten Tag lassen wir es ganz langsam angehen.

»Das ist eine ganz neue Erfahrung, dass wir nicht gleich wieder zusammenpacken müssen«, sagt Annabelle.

»Ja, wir bleiben noch bis übermorgen oder vielleicht morgen, wir werden sehen«, antworte ich und mache mich auf den Weg, Brötchen zu holen. Leider verstehe ich die Sprache nicht, aber mit Englisch klappt die Verständigung meistens, also komme ich mit Brötchen wieder zum Van und der Frühstückstisch ist voll gedeckt, sogar mit Rührei.

Wir lassen uns Zeit mit dem Frühstück. Dann schreiben wir noch unsere Seiten in unsere Tagebücher und machen den Abwasch. Das ist ja auf den Campingplätzen gern auch eine soziale Veranstaltung, da sind irgendwie alle Nationalitäten gleich. Wenn gerade jemand zur gleichen Zeit abwäscht, dann kommt man immer ins Gespräch. So auch dieses Mal. Zwei junge Frauen aus Österreich sind gerade in Portugal angekommen und haben sich einen Camper in Lissabon gemietet. Sie haben jetzt schon eine Woche an der Atlantikseite verbracht und genießen nun hier an der Algarve das wärmere Wetter. Das kann ich gut verstehen, denn der Wind an der Atlantikseite war überraschend frisch. Auf dem Weg zurück zum Van denke ich mir, das nächste Mal miete ich mir auch einen Bus vor Ort, denn dann ist der Weg zurück nicht so weit. Obwohl: Eigentlich ist der Weg ja das Ziel.

»Wollen wir an den Strand?«, frage ich Annabelle und natürlich will sie. Auf dem Weg dorthin erzählt sie mir alles über ihr Retreat. Und während sie erzählt, überkommt mich eine große Dankbarkeit, dass sie selbst etwas gefunden hat, was sie mehr zu sich selbst gebracht hat. Die Frauen, die bei dem Retreat waren, hatten sehr positive Energien, erzählt sie, und das wurde durch die Rituale und die Pilze, die es dort gab, noch verstärkt. Selbst ihre Aufgabe im Leben sei ihr klarer geworden.

»Was für eine unglaubliche Kraft entsteht, wenn sich Frauen in einen geschützten Kreis begeben. Das habe ich auch bei meinem Yoga-Retreat gemerkt, da waren noch drei Männer, aber überwiegend Frauen.«

»Ja, das stimmt, ich habe so etwas wahrhaftig noch nie erlebt und bin unendlich dankbar für diese Erfahrung. Und, Mama, übrigens: Alles ist Liebe.«

»Ja, meine Süße, das glaube ich auch, aber leider vergessen wir das oft.«

»Jetzt nicht mehr«, antwortet sie bestimmt.

Wir erreichen den Strand und laufen einmal die komplette Bucht entlang. Ich werde ein wenig wehmütig, weil ich das Gefühl habe, das ist das letzte Mal, dass ich dieses Meer sehe. Dann springen wir in die Wellen und lassen uns ein wenig von ihnen schaukeln.

»Na, und was machen wir, nachdem wir in Schleswig bei der Baby-Shower waren?«, fragt sie. Denn da sie nun noch frei hat, bis sie im Februar nach Ibiza geht, haben wir beschlossen, die Zeit gemeinsam zu verbringen.

»Ja, weißt du, darüber habe ich auch schon nachgedacht. Aber es ist alles noch irgendwie nicht ganz klar, ich habe zwei Ideen, entweder gehen wir nach Bonaire oder Tulum.«

»Aha, und warum nach Bonaire?«, fragt sie.

»Ich hatte heute so einen Traum von einem Niederländer, der mir etwas im kristallklaren Wasser zeigen will.«

Sie schaut mich etwas skeptisch an, aber sagt nichts.

»Das Problem ist«, rede ich weiter, »dass Bonaire nicht so leicht zu erreichen ist, und es ist kostspielig. Wir könnten auch nach Tulum, aber das ist, glaube ich, auch nicht viel günstiger. Aber ich habe von Anke, der Yogalehrerin, gehört, dass es dort sehr schön ist. Außerdem folge ich auch noch so einem tollen Hotel, dem Holistika in Tulum, und die bieten tolle Workshops an.«

»Also, da ist eine große spirituelle Szene, das würde dich doch interessieren«, erwidert sie.

»Ja, das stimmt. Ich habe jetzt immer deutlicher das Gefühl, dass ich mich selbst noch besser kennenlernen möchte, und da bieten sich spirituelle Kurse wie Yoga oder Energiearbeit an. Wir können später genauer recherchieren«, füge ich mit einem Augenzwinkern hinzu, denn Annabelle liebt Recherche, das ist noch ein Überbleibsel von ihrem International Baccalaureate, einem weltweiten Schulabschluss.

Der Tag endet sehr entspannt und nachdem wir wieder alles umgebaut haben und ich in meinem Bett liege, sage ich noch: »Ich freue mich so, dass wir morgen fast die ganze Familie von Alex zum Frühstück treffen.«

»Ja«, sagt Annabelle, »das ist spannend, gute Nacht und weck mich.«

»Na, das bleibt ja nicht aus, spätestens wenn ich aufstehe und auf dein Bett trete beim Runterklettern.«

»Stimmt«, sagt sie und wir müssen lachen.

Am nächsten Morgen sind wir doch ein wenig spät unterwegs, aber wir schaffen es dennoch, nur fünf Minuten zu spät zu sein, und Alex und Co. sind noch nicht eingetroffen. Hier in diesem Café sind sie und ihre Familie allerdings bestens bekannt, denn hier waren sie immer mal wieder, als sie in Portugal gelebt haben. Nach ein paar Minuten ist Alex da und es gibt ein großes Hallo. Es dauert etwas, bis wir uns alle wieder setzen.

»So«, sagt Attila, ihr Mann, »erzähl mal, was machst du denn hiernach?«

»Also, ich bin ja jetzt zu dem Entschluss gekommen, dass ich ein Buch schreiben möchte, und dafür benötige ich einen warmen Ort mit spiritueller Energie. Ich dachte da an Bonaire.«

»What?«, fragt Alex entgeistert. »Da ist wenig Spiritualität und es ist offen gesagt auch nicht besonders schön.«

»Na, die Alternative wäre Tulum«, erläutere ich meine zweite Option.

»Ja«, sagt sie, »das ergibt Sinn. Mexiko ist voll und ganz fantastisch und gar nicht so teuer.«

»Nun«, antworte ich, »im Vergleich zu Kalifornien ist wahrscheinlich alles günstig.«

»Das stimmt allerdings.« Alex und Attila lachen.

»Ja, aber wie spannend«, nimmt Attila den Faden wieder auf. »Hat Alex dir schon gesagt, dass wir jemanden brauchen, der unsere Biografie schreibt? Das kannst du doch machen, du kennst uns doch schon jahrelang.«

»Alex hat es in einem Nebensatz erwähnt, aber ich wollte zunächst mal mein Buch schreiben«, erwidere ich.

»Das ist doch kein Problem, wann bist du denn damit fertig?«, fragt er.

»Keine Ahnung«, erwidere ich lachend, »ich weiß nicht, wie lange das dauert. Aber ich habe mir überlegt, dass ich euch im Frühjahr besuchen komme.«

»Na perfekt«, erwidert er, »dann kannst du uns doch interviewen und dann anfangen, zu schreiben. Komm, Hand drauf, du schreibst unsere Biografie.«

»Äh«, murmele ich, aber er streckt mir schon seine Hand entgegen und ich schlage verrückterweise ein.

»Super«, freut sich Attila, »du kannst dann bei uns wohnen und alle Retreats mitmachen.«

Seine Euphorie ist absolut ansteckend und somit habe ich jetzt einen Folgeauftrag und komme aus dem Grinsen gar nicht mehr raus. Als die Besitzerin des Ladens an den Tisch kommt, um ein wenig mit uns zu plauschen, erzählt Attila gleich begeistert, dass sie nun jemanden für ihre Biografie gefunden haben, und ich muss herzhaft lachen. Alex ist auch ganz begeistert und mein Herz hüpft vor Vorfreude. Gut, beschließe ich innerlich, dann geht es jetzt erst nach Tulum, dann nach Schleswig zu meinem Enkelsohn und dann nach Kalifornien – der Plan könnte schlechter sein.

Wir haben eine wunderbare Zeit zusammen und Rebecca erzählt noch, dass sie jetzt eine Ausbildung zur Begleitung von Schwangerschaften machen möchte.

»Wie schade, dass du nicht jetzt schon fertig bist und Emely begleiten kannst, du wärst genau die Richtige«, sage ich.

Sie lacht und sagt: »Ich fange ja jetzt an, vielleicht beim nächsten Kind.«

Wir vergessen ein wenig die Zeit, aber dann fällt Alex ein, dass sie noch zu ihrem Vater möchte. »Aber wir sind morgen Abend in Lissabon, also wenn ihr da auch seid, dann könnten wir uns zum Abendessen treffen.«

»Au ja«, sagen Annabelle und ich fast gleichzeitig.

Als wir wieder im Van auf dem Weg zum Campingplatz sitzen, schauen wir beide das Wetter an und dann uns. »Wenn es hier heute bedeckt ist, könnten wir auch jetzt packen und heute schon nach Lissabon fahren. Dann hätten wir morgen den Tag da und können Alex und Familie dann entspannt zum Dinner treffen«, schlage ich vor.

»Ich bin sowieso ganz gespannt, wie Lissabon so ist«, sagt sie.

»Wir gehen dort aber in ein Hotel, denn der Campingplatz war einfach zu weit weg.«

An unserem Platz angekommen, bezahle ich die Rechnung. Erstaunlicherweise war ich fast vierzehn Tage hier und habe es gar nicht bemerkt. Dann wird gepackt, ich versuche, es entspannt zu tun, und so ein wenig klappt es. Ein Hotel ist auch schnell online gebucht, Hauptsache mittendrin und mit Parkplatz, das sind die Kriterien. Und schon sind wir auf dem Weg.

»Das ist jetzt unsere erste Strecke auf dem Weg nach Hause«, sage ich zu Annabelle.

Kurz vor Lissabon fängt es an zu regnen und die Brücke über den Tejo ist diesmal kaum wahrzunehmen, da es so wolkenverhangen ist. »Das macht das Fahren in Lissabon nicht besser«, sage ich etwas missmutig.

»Du musst hier vorne rechts«, sagt Annabelle plötzlich aufgeregt.

Ich ziehe ziemlich ruckartig nach rechts. »Eine

Erleichterung, dass du mich vor Umwegen bewahren kannst.«

»Ja, konzentrier du dich lieber auf den Verkehr und ich leite dich. Perfekter Beifahrer eben«, erwidert sie lachend.

Auf allen Straßen ist Stau und ehe wir das Hotel erreichen, hat es sich so richtig eingeregnet. Dementsprechend werden wir auf dem kurzen Weg – vom perfekten Parkplatz direkt vor dem Hotel bis zur Rezeption – richtig schön nass. Aber dann ist der Empfang sehr herzlich und wir bekommen ein schönes Zimmer. Zum Dinner haben wir auch Empfehlungen bekommen und nachdem wir ausgepackt haben, machen wir uns gleich auf den Weg zum Essen. Der Regen hat aufgehört und es gibt endlich auch Essen für Veganer. Zufrieden kuscheln wir uns dann abends in die Betten. »Auch mal wieder schön, ohne Umbauen einfach schlafen zu gehen«, murmele ich noch.

»Weißt du«, sage ich am nächsten Morgen zu Annabelle, »es ist eindeutig etwas vollkommen anderes, im Hotel zu sein, ich genieße jetzt die Tatsache, dass ich meine Kulturtasche auspacken kann und nicht so viel räumen muss. Auf der anderen Seite gibt es im Hotel immer bestimmte Zeiten, zu denen man beim Frühstück sein muss. Aber so ein Frühstücksbuffet ist auch mal wieder prächtig.«

Da wir eigentlich mitten im Zentrum von Lissabon sind, beschließen wir, zu Fuß loszulaufen. Aber es stellt sich heraus, dass es nicht so einfach ist. Lissabon hat ziemlich viele Hügel und irgendwie sieht alles gleich aus und nach ein paar Stunden sind wir beide kein Stück mehr von der Stadt überzeugt. Es ist voll und vieles beschädigt und die touristischen Plätze sind eben touristisch. Total ermattet kommen wir wieder beim Hotel an.

»Ich bin jetzt ziemlich fertig«, gesteht Annabelle, als wir uns kurz im Zimmer ausruhen.

»Ja, ich auch«, sage ich, »aber ich habe mich noch mit Anke verabredet und bezüglich deines neuen Business wäre es vielleicht ganz gut, wenn du mitkommst. Lissabon war ja bisher nicht so prickelnd, aber ich bin sicher, dass Anke in einem ganz netten Stadtteil wohnt«, überzeuge ich sie. Annabelles neues Business sind personalisierte, selbst produzierte Soundtracks, auf denen sie Affirmationen singt. Diese Soundtracks sind dann in deinem täglichen Leben einbaubar. Entweder nur fünf Minuten als kleine individuelle Soundheilung oder als längere Version für Heilung während deiner Yogapraxis. Das Ganze bietet sie online an oder es wäre eben auch eine tolle Ergänzung in Retreats.

Auf Google Maps werden mir zehn Minuten zu Fuß angezeigt, aber wie das in Lissabon so ist, geht es bergauf und wir sind ganz schön aus der Puste, als wir ankommen. Aber es ist tatsächlich ganz anders hier. Viele kleine nette Geschäfte und gar nicht so viele Touristen und da kommt Anke auch schon um die Ecke.

»Na, du«, begrüße ich sie.

»Wie schön, dass wir uns hier treffen«, sagt sie. »Komm, wir trinken hier irgendwo einen Espresso.«

»In dem Viertel hier sieht es auch netter aus«, sage ich, als wir ein gemütliches Café betreten, und ich erzähle ihr zunächst von unserem ersten Lissabon-Eindruck.

»Also hier ist es total nett«, sagt sie, »und es gibt hier in Bairro Alto superviele kleine Geschäfte und auch sehr leckere Restaurants. Ich zeige euch gleich noch ein wenig.

Aber zunächst erzähl mal, wie es dir so gegangen ist und was als Nächstes ansteht.«

Ich erzähle ihr, dass wir nun nach Tulum gehen. Da war sie auch schon öfter und sie hat noch ein paar gute Tipps für uns. Innerlich ist damit nun endlich alles klar und ich werde noch heute die Flüge buchen, denn in einer Woche wollen wir schon los.

»Und wie ist das Leben in Lissabon so?«, frage ich sie und nippe an meinem Cappuccino mit Hafermilch, der sehr gut ist. Annabelle hat sich einen Smoothie bestellt und wirkt ebenfalls zufrieden.

»Wenn ich ehrlich bin, habe ich so meine Startschwierigkeiten, ich mag dieses Viertel, die Leute sind alle sympathisch und ich habe auch ein schönes Yogastudio gefunden. Aber es ist auch alles ziemlich teuer und das Airbnb, das wir gemietet haben, ist auch nicht ganz so, wie wir dachten. Außerdem ist das Zusammenleben mit einem Typen auch gewöhnungsbedürftig.«

»Das kann ich bestätigen«, sage ich, »das habe ich nur knapp zwei Wochen ausgehalten. Aber weißt du, nun startet ihr ja beide in einem neuen Land in einer relativ frischen Beziehung, da ist es auch normal, dass es etwas holprig ist.«

»Ja, vielleicht, wir schauen einfach mal.«

»Ganz genau und ansonsten kommst du einfach nach Tulum«, sage ich, um sie aufzuheitern. Sie zeigt uns dann noch ein paar schöne Ecken und dann wird es für uns auch schon wieder Zeit, zum Hotel zurückzugehen, da wir uns ja noch mit Alex und Familie zum Essen verabredet haben. Wir umarmen uns, nachdem wir noch die besten Natas der Stadt gekauft haben.

»Viel Glück«, sage ich zu ihr und sie wünscht uns weiterhin eine gute Reise.

»Hm«, fällt mir auf dem Weg zurück zum Hotel auf, »so ein Neustart ist auch nicht so einfach.«

»Nein, das scheint schwierig zu sein, aber trotz der schönen Ecke bin ich auch weiterhin nicht so ganz von Lissabon überzeugt«, sagt Annabelle.

»Na, da wollen wir mal sehen, ob das Dinner deine Meinung noch ändert«, erwidere ich.

Wir treffen uns in einem Restaurant bei unserem Hotel um die Ecke und es wird noch ein richtig schöner Abend. Annabelle erzählt von ihrem Retreat und ansonsten haben wir einfach eine Menge Spaß zusammen. Viel zu schnell ist es dann so weit.

»Wie traurig, jetzt müssen wir uns voneinander verabschieden«, murmele ich Alex ins Ohr, als wir uns umarmen.

»Ja, aber das Gute ist, dass du jetzt ein Ziel hast und zu uns kommst.«

»Ja, das mache ich, es war so schön, euch zu sehen«, sage ich und umarme auch Attila und Rebecca.

Ein wenig wehmütig gehe ich an diesem Abend ins Bett, aber für uns geht es ja morgen weiter. So grob ist die Richtung klar: Nordspanien heißt das Ziel.

Fazit: *Wie die Auszeit weitergeht, scheint sich bei mir, seit ich auf Reisen bin, ganz spontan zu entwickeln, genauso wie der Mut, in ferne Länder zu gehen.*

Tipp: *Wage einfach mal etwas Neues, fahre einen anderen Weg oder stehe mit dem anderen Fuß auf. Es muss nicht groß sein, aber unser Geist benötigt gelegentlich Neues, um sich mutiger und abenteuerlustiger zu fühlen.*

DIE ERINNERUNGEN

Job: Abenteurerin
Tage bis zum Ende der Auszeit: 288
Van: einer

Nach dem Frühstück geht es los und so ganz klar, wo wir übernachten, sind wir uns noch nicht, aber inzwischen vertraue ich darauf, dass wir etwas finden. Mehr als viereinhalb Stunden am Stück habe ich auch keine Lust zu fahren und wir landen in einem kleinen Ort, Torredesillas. Leider ist hier ein Feiertag und nur der Campingplatz selbst hat noch ein kleines Restaurant, in dem wir dann Pizza essen.

»Also mit der Ernährung ist es total schwierig«, nehme ich nicht zum ersten Mal wahr.

»Morgen sind wir doch in Frankreich, oder?«, fragt Annabelle, »da ist es sicher besser.«

»Ja, vielleicht«, seufze ich hoffnungsvoll.

Am nächsten Tag schaffen wir es bis Biarritz und hier gibt es viel mehr Auswahl. Die Fahrt vergeht wie im Fluge, denn wir haben ein spannendes Hörbuch von Claudia empfohlen bekommen und das ist superinteressant. Es heißt »Das Luftzeitalter« und beschäftigt sich ausführlich mit der neuen Zeit, in der wir leben, unter Berücksichtigung der astrologischen Einflüsse.

Wir entscheiden uns, zwei Nächte zu bleiben, dann kann

ich auch den Van wieder etwas mit dem Extrazelt entladen. Das Umbauen abends ist sonst immer sehr aufwendig. Nach einigen gemeinsamen Handgriffen ist alles wieder etwas leerer im Van. »Dann lass uns schauen, wo wir etwas zu essen bekommen«, schlage ich vor und nach kurzer Zeit sitzen wir in einem Restaurant. »Sehr viele junge Leute hier«, sage ich zu Annabelle.

»Ja, erstaunlich«, erwidert sie.

Der Eindruck zieht sich am nächsten Tag weiter durch. Neben mondänen Häusern gibt es viele schicke Boutiquen und zahlreiche junge Surfer und Surferinnen laufen im Wetsuit durch die Stadt, was dem Ganzen ein sehr chilliges Flair verleiht. Im Gegensatz zu Spanisch und Portugiesisch hatte ich Französisch in der Schule und kann mich etwas einfacher verständigen.

»Es ist richtig schön hier«, sage ich zu Annabelle, als wir in einer Crêperie direkt am Strand sitzen.

»Ja«, sagt sie lachend, »und lecker.«

»Definitiv, und erstaunlich, dass ich diesen Ort noch gar nicht kannte.«

»Dafür ist ja so ein Roadtrip da.«

Wir genießen die restliche Zeit und am nächsten Tag nach dem Frühstück geht es weiter. Nun bin ich auf den Spuren meiner Jugend, denn der nächste Stopp ist La Rochelle. Dort habe ich nach dem Abitur drei Monate auf einer Touristikschule verbracht. Aber am meisten hat mich damals die Insel vor La Rochelle beeindruckt, sie heißt Île de Ré und in meiner Erinnerung besteht sie nur aus Strand.

»Wie war denn La Rochelle?«, fragt mich Annabelle auf dem Weg dorthin.

»Es ist eine ziemlich kleine Stadt, etwas verschlafen und ich habe alles zu Fuß erreicht.«

»Aha«, sagt Annabelle, als wir La Rochelle erreichen, »sieht mir eher aus, als ob die Stadt ziemlich groß ist und vor allem voll.«

»Ja«, stimme ich verwundert zu, »ich erkenne gar nichts wieder, alle Gebäude haben die gleiche weiß-graue Farbe und es regnet. Die Gebäude sind aber alle alt, hier wurde nichts Neues gebaut. Seltsam, was das Gehirn so als Erinnerung abspeichert und was dann ganz anders ist. Ich meine, ich war ja nicht drei oder vier Jahre alt, sondern achtzehn Jahre. Das ist überraschend.«

Dazu fällt Annabelle nicht so viel ein, außer dass wir nichts Richtiges finden. Alle Restaurants sind sehr überfüllt und es ist weiterhin regnerisch und kalt.

»Ich glaube, das Beste ist, wir fahren jetzt einfach auf die Île de Ré«, schlage ich vor. Dort buchen wir uns schließlich ein Hotel, denn nach dem Campingplatz in Biarritz ist es offensichtlich, dass es abends überaus kühl wird, und Regen und Waschräume im Süden sind irgendwie schwierig. Außerdem habe ich beim Zusammenpacken fast auch schon eine große Spinne eingepackt. Da werde ich leider schnell zum Mörder, aber Annabelle hat die Spinne und mich gerettet.

Die Île de Ré ist dann auch viel größer als gedacht und es dauert etwas, bis wir beim Hotel ankommen. Beim Aussteigen schlüpfe ich in meine Jacke, die im Van lag, und prompt springt eine Riesenspinne aus dem Ärmel in den Van.

»Oh, mein Gott!«, rufe ich zutiefst erschrocken. Selbst Annabelle springt zur Seite. »Die ist jetzt im Auto«, sage ich gestresst.

»Ja, ich versuche, sie zu fangen«, erwidert Annabelle sehr mutig. »Check du ein, die Frau wartet schon.«

»Okay«, sage ich und verlasse schnell den Tatort. Ich checke ein und die Dame von der Rezeption zeigt mir das Zimmer. Als ich zurückkomme, hat Annabelle die Spinne gefangen und wieder freigelassen. »Ich danke dir, das wäre jetzt aber ernsthaft sehr schwierig für mich geworden.«

»War auch nicht einfach, ich musste der Spinne gut zureden.«

Nachdem wir am nächsten Tag gefrühstückt haben, gehen wir an den Strand, der keine fünfzig Meter vom Hotel entfernt ist. Der Strand ist traumhaft und es gibt auch hier sehr viele Surfer, die Sonne scheint und einen kleinen Moment stelle ich mir das Leben an so einem Ort vor. Immer den Strand vor der Tür und jeden Tag die Möglichkeit zu surfen. Fühlt sich sehr entspannt an!

Nach dem Strandspaziergang geht es wieder in den Van. Heute fahren wir nach St. Malo, auch hier habe ich als Teenie mal vier Wochen gemeinsam mit Carla verbracht, um unser Französisch zu verbessern. Als wir ankommen, ist auch hier viel los und es wird eine ganze Menge für die große Regatta Route du Rhum aufgebaut, die von hier aus startet und an der viele berühmte Segler teilnehmen. Aber das Spektakel ist erst in einer Woche.

»Und wie ist es jetzt mit den Erinnerungen?«, fragt Annabelle.

»Tja, also ein wenig kann ich mich erinnern. Es ist nicht ganz so unübersichtlich wie La Rochelle, obwohl es auch noch mal länger her ist.«

Wir landen in einem winzigen Hotel mit einem sehr freundlichen Hotelbesitzer, der uns noch ein wenig über die Geschichte von St. Malo erzählt. Unter anderem, dass in diesem Hotel früher die Frauen darauf warteten, dass berühmte Segler kommen, um sie zu heiraten.

»Gruselig«, sagt Annabelle, »lass mal das Zimmer räuchern«, und ich muss lächeln. Ohne Frage hat St. Malo viele kleine nette Geschäfte und wir kaufen das teuerste Karamell überhaupt. Besonders ist natürlich der Meerwasserpool direkt hinter den Mauern der Altstadt. Hier haben Carla und ich viele lustige Stunden verbracht und ich schicke ihr ein Foto. Da sie meine Route aber nicht kennt, erkennt sie St. Malo auch nicht auf Anhieb. Beruhigend, dass es nicht nur für mich trotz eines so signifikanten Bauwerks schwer zu erkennen ist.

Fazit: *Alte Erinnerungen sehen in der Realität oft ganz anders aus.*

Tipp: *Überlege, ob du Orten oder Ereignissen in deiner Vergangenheit nicht zu viel Wert und Kraft schenkst. Lebe bewusster im Jetzt!*

DIE GEFÜHLE

Job: Abenteurerin und Tochter
Tage bis zum Ende der Auszeit: 285
Van: ein weißer VW-Van

Das Wetter ist heute schon richtig herbstlich und wir machen uns weiter auf die Reise. »Heute geht es nach Honfleur«, informiere ich Annabelle, »das ist in der Nähe von Le Havre und das war definitiv die netteste Stadt während der Kreuzfahrt mit Oma.«

»Wie meinst du das?«, fragt sie nach.

»Also die Menschen dort waren supernett, in jedem Geschäft und in dem Restaurant, in dem ich mit Mama war. Richtig hübsch war die Stadt aber nicht, deshalb möchte ich gerne nach Honfleur, das ist anscheinend klein und niedlich.«

Während der Fahrt hören wir wie vorher das Hörbuch »Das astrologische Luftzeitalter« und wir sind weiterhin sehr fasziniert, denn es passt so zu unserem Verständnis der Welt im Moment.

»Es verspricht ohne Zweifel, eine bessere Zeit zu werden, weg vom Materialismus, hin zum Zusammensein«, sage ich zu Annabelle bei einem Raststopp.

»Auch interessant, dass er die Soundheilung anspricht«, erwidert sie.

»Ich bin der Überzeugung, dass sich unser Verständnis der Heilung ändern wird. Am Ende ist unser Körper doch ein Ausdruck unserer Seele und dadurch, dass er durch über

50 Prozent Wasseranteil sehr empfänglich für Sound ist,
bist du ja genau auf dem richtigen Weg«, sage ich.

Nach dem Einchecken laden wir zunächst das Gepäck aus,
da der Hotelparkplatz etwas weiter entfernt ist. Ich hatte
das Hotel gebucht, weil es hier ein schönes Restaurant gibt,
aber ich erfahre, dass dieses heute geschlossen ist. »Der
Rezeptionist hat uns aber Plätze in einem anderen Restaurant reserviert«, informiere ich Annabelle auf dem Weg zu
unserem Zimmer.

»Das ist doch super«, erwidert sie, »dann packen wir
jetzt ein wenig aus und dann schauen wir uns die kleine
Stadt mal an.«

Eine halbe Stunde später schlendern wir durch die Stadt.
»Schau mal, hier sind überall Kunstgalerien«, sagt Annabelle.

»Das macht einen sehr kreativen Eindruck«, stimme ich
zu.

Kurze Zeit später ist Annabelle in einem Laden und
hat ein sehr freundliches Gespräch mit der Besitzerin, die
gerade von Bali wiedergekommen ist. In einem anderen
schönen Steine-Geschäft kommt der Besitzer von den Phi-
lippinen und im nächsten Laden kommt die Besitzerin aus
der Dominikanischen Republik. Alle sind total nett und
sehr offen.

»Wow«, sage ich zu Annabelle, »das ist total auffällig,
dass hier alle auch so vergnügt sind.«

»Ja, das fällt auch mir auf«, stimmt sie zu.

Am nächsten Morgen beim Frühstück fragt Annabelle:
»Was ist heute das Ziel? Ich hoffe, nicht noch mal Frankreich, ich habe jetzt eindeutig genug Croissants gegessen.«

»Das stimmt, es gibt hier so viele Teigwaren, genau wie in Spanien. Ich denke, wir sollten es heute bis nach Maastricht schaffen«, erwidere ich schmunzelnd.

Und eine Stunde später sind wir auf der Route Richtung Maastricht. Der Verkehr nimmt nun rapide zu. In Portugal und Spanien waren wenig Lkws unterwegs, aber seit Frankreich hat sich das Bild auf den Straßen gewandelt. Zum Glück haben wir Navigationshilfe und werden umgeleitet, als sich ein großer Stau vor uns aufbaut. So fahren wir noch ein wenig durch Dörfer, bis wir ein Hotel außerhalb von Maastricht im Grünen erreichen.

»Sieh mal«, ruft Annabelle ganz begeistert, »hier stehen ganz viele Alpakas!«

»Na, das wäre etwas für Oma«, erwidere ich, »die liebt Alpakas. Die sind aber auch süß.«

Das Hotel ist ein ehemaliges Herrenhaus, das zu einem Tagungshotel umgebaut wurde, dementsprechend ist hier auch sehr viel los. Nach unserem Spaziergang durch den Park und zu den Alpakas ergattern wir aber noch einen schönen Tisch und das Essen ist auch gut.

»Nur noch eine Nacht«, sage ich zu Annabelle, »morgen sind wir schon in Bremen und dann wieder in Schleswig. Seltsam, wie schnell das jetzt doch alles ging, und irgendwie habe ich wenig Lust, wieder in Deutschland zu sein. Auch das Treffen mit meiner Mutter steht bevor und ich bin noch nicht sehr stabil, was meine Grenzen angeht.«

»Das verstehe ich«, sagt Annabelle, »aber ich bin ja dabei. Außerdem ist es nur kurz und wir gehen auf den Freimarkt, da sind dann alle abgelenkt.«

»Ja, stimmt, dann schauen wir einfach mal.«

Erstaunlicherweise ist nun wahrhaftig Freimarkt, was

für mich als gebürtige Bremerin die fünfte Jahreszeit ist. Der Freimarkt ist ein großes Volksfest, das etwas kleinere Oktoberfest des Nordens. Meist war in den vergangenen Jahren immer sehr viel Alkohol im Spiel, eine Menge Spaß und auch ziemlicher Mist. Wie gut, dass ich nicht mehr trinke, denke ich, da kann nichts mehr schiefgehen. Aber auch da sitze ich noch nicht so fest im Sattel. Zwar habe ich schon öfter Zeiten gehabt, in denen ich keinen Alkohol getrunken habe, aber meistens war ich da in einer Beziehung oder gar nicht sozial unterwegs. Es fällt mir schwer, meine Rolle zu finden, wenn ich nicht trinke. Alkohol reißt bei mir sämtliche Dämme nieder und ich bin gut Freund mit jedem und habe dann das größte Selbstvertrauen. Ohne Alkohol rede ich offen gesagt nicht so gern und fühle mich unsicher. Verrückt, denke ich während der Fahrt, als ob ich lernen muss, ich selbst zu sein.

Wir haben meiner Mutter die Ankunftszeit laut Navi mitgeteilt und kaum parken wir das Auto, ist sie auch schon da.

»Ich konnte es jetzt aber auch nicht mehr aushalten«, begrüßt sie uns freudig und wir umarmen uns.

»Mama, schön dich zu sehen«, sage ich und meine es auch von ganzem Herzen.

Es gibt zunächst Kaffee und Kuchen und nach nur ein paar Sätzen wird klar, dass Mama gerade in einer sehr negativen Phase ist, alles ist schwer und es gibt so gar nichts Positives in ihrem Leben. Ich beobachte, wie diese Negativität langsam auf Annabelle übergeht und auch mir sehr nahekommt. »Wollen wir dann mal auf den Freimarkt?«, frage ich, um die Stimmung zu ändern, und beide sind dazu bereit.

Der Freimarkt ist wie immer spaßig, bunt, laut und lecker und wir spielen uns durch alle Spiele, die wir eben immer machen. Fröscheklopfen, Bowlen und Kamelrennen sind ein Muss. Auch hier ist die Negativität von Mama spürbar, denn egal, was wir machen, es heißt immer: »Na, das wird auf keinen Fall erfolgreich.« Schon sehr auffällig, denke ich im Taxi auf dem Weg nach Hause. Aber ich fühlte mich alkoholfrei überhaupt nicht komisch und das ist ein gutes Gefühl.

Zu Hause bei Mama ist es dann auch langsam Zeit, ins Bett zu gehen. Da die Matratze in meinem Zimmer sehr hart ist und ich auch nicht im Keller schlafen möchte, schlafe ich das erste Mal nach fast zwei Jahren in dem Zimmer, in dem mein Vater gestorben ist. Mein Bruder schläft hier immer, aber ich habe das noch nie getan. Meinem Vater habe ich genau hier die Hand gehalten, als er für immer einschlief.

Als ich die Tür zumache und mich in das Bett lege, was ein anderes ist als das, in dem er gestorben ist, muss ich sehr weinen. Mein Vater ist in mir, seitdem er gestorben ist, eine ganz sichere starke Kraft, aber in diesem Zimmer ist es in diesem Moment, als ob er gerade stirbt. Nach ein paar Momenten versuche ich, das Gefühl zu akzeptieren, und als ich es zulasse, merke ich, dass es kleiner wird, so klein, dass ich sogar einschlafen kann.

Fazit: *Es ist wichtig, sich auch den schwierigen Gefühlen zu stellen, sie sind da, um uns wachsen zu lassen.*

Tipp: *Manchmal hilft es, die Gefühle zu fühlen, um sie zu akzeptieren, und die Liebe macht alles viel einfacher!*

DIE BABY-SHOWER

Job: Abenteurerin und Mutter
Tage bis zum Ende der Auszeit: 283
Van: einer

Am nächsten Morgen hole ich Brötchen und die weltweit besten Schaumküsse. In der Zeit, als Papa so krank war, war ich viel in Bremen und falls mein Bruder nicht auch da war, bin ich immer morgens Brötchen holen gegangen. Ein Moment für mich und mein Bremen.

Beim Frühstücken versuche ich, Mama ein wenig positiver zu stimmen, und da Annabelle dieses Thema selbst gut kennt, können wir zusammen einen kleinen Samen säen.

»Weißt du, Mama, du hast ja immer das Gefühl, du musst vor dir selbst flüchten und kannst nur schwer allein sein, vielleicht würde es helfen, wenn du versuchst, dieses Gefühl der Leere zu akzeptieren. Denn solange du dagegen ankämpfst, wird es immer kraftvoller und schwerer.«

Annabelle hat dann noch das Beispiel von ihrer anderen Oma parat. »Oma Gerda hat auch die ersten zwei Jahre sehr gelitten, aber dann eines Tages hat sie es akzeptiert und schau sie dir jetzt an, wie sie lebt«, sagt Annabelle.

»Ja«, erwidert Mama, »das ist großartig mit Gerda, die kennt jeden in Eckernförde und ist immer unterwegs.«

»Genau«, bestätigt Annabelle, »aber das war nach dem Tod von Opa Hans auch nicht sofort so. Sie musste erst umziehen und alles Alte hinter sich lassen, um das Neue zu akzeptieren. Vielleicht hilft es dir ja, wenn du mindestens zwei bis drei Sachen am Tag aufschreibst, für die du dankbar bist«, schlägt Annabelle vor.

»Ich schreibe regelmäßig Tagebuch«, sagt Mama, »damit könnte ich das ja verbinden.«

»Das ist zwar nur ein kleiner Schritt, aber der ist nach vorn. Im Moment stehst du auf der Stelle und das fühlt sich immer schwierig an.«

Mama scheint von der Idee ganz angetan und ich denke, es ist noch ein langer Weg, aber es gibt einen kleinen Hoffnungsschimmer.

Nach dem Mittagessen wollen wir uns langsam nach Schleswig aufmachen, denn dort warten Emely und das Auspacken auf mich, genauer gesagt uns.

»Mama, Annika kommt um vier in Hamburg am Flughafen aus London an, dann könnten wir sie mitnehmen«, informiert mich Annabelle.

»Das ist gut, dann mache ich jetzt noch einen kleinen Mittagsschlaf.«

Frisch ausgeruht geht es dann eine Stunde später los, aber wie es immer so ist, zieht sich alles hin. Annika hat zwei Stunden Verspätung und am Ende sind wir erst um 20.00 Uhr in Schleswig. Emely kommt zum Hotel gekugelt und wir drehen fast durch vor Freude. Der Bauch ist schon riesig und sie hat einen gesunden Glow im Gesicht. Natürlich hat sie auch Hunger und wir essen im Restaurant des Hotels. Denn wie es sich zeigt, kann ich nicht in meinem Haus schlafen, da es jetzt Kevin und Emely bewohnen. Klar könnte ich in einem anderen Zimmer schlafen, aber da bin ich anscheinend eigen. So sind wir im Hotel um die Ecke und auch nicht in meinem ehemaligen Bed & Breakfast, da wäre zu viel Neugier.

Am nächsten Tag kaufen wir ein und treffen noch ein paar Vorbereitungen für die Baby-Shower. Außerdem muss ich den Van entladen. Doch ich muss ihn erst am Montag abgeben, das gibt mir etwas Luft und es bleibt sogar noch Zeit, mit Emely einen großen Spaziergang zu machen. Sie erzählt mir, was für eine wahnsinnige Umstellung es gerade ist, vor allem auch, weil sie auf den sozialen Medien ein anderes Leben führt als in Wirklichkeit, denn sie darf ihren Zustand nicht veröffentlichen, bevor die Show ausgestrahlt wird. Die Reality Show, in der es darum geht, seine wahre Liebe zu finden, wird aber erst in ein paar Monaten ausgestrahlt. Bis dahin sind Emely und Kevin inkognito unterwegs. Besonders auch deswegen, weil sie die Show gewonnen haben und das Ergebnis, schwanger und noch zusammen, nicht vorher herauskommen soll. Das ist sehr mühsam und die Ungewissheit, wie solch eine Geburt denn jetzt im realen Leben ist, kommt noch dazu. Da kann ich ihr auch gar nichts sagen, denn ich hatte drei Kaiserschnitte.

»Mäuschen«, sage ich, als wir wieder in unsere Straße einbiegen, »ich habe das Gefühl, dass du alles super managen wirst, das wird alles gut werden und wir sind alle dabei, denn nach Tulum bleibe ich, bis dein Sohn das Licht der Welt erblickt und ich sichergehen kann, dass er mich auch ein wenig kennt.«

Die Baby-Shower ist wunderschön. Emely hat alles superchic dekoriert. Das ganze Wohnzimmer hat hübsche blaue Girlanden, der Tisch hat eine blaue Tischdecke und blauweiße Servietten liegen auf dem weißen Geschirr. Außerdem gibt es einen wunderschönen Kuchen, der den Namen

»Ocean« aufgestempelt hat und mit Muscheln und Kraken dekoriert ist.

Ihr Vater und seine drei Töchter sind auch da. Die Töchter sind zwischen fünf und zehn Jahre alt und freuen sich richtig, dass es so viel zu tun gibt. Denn es wird gemalt und es werden Marshmallows über das Feuer draußen im Garten gehalten, Kevin hat es in unserer Feuerschale angezündet. Ein richtig schöner Nachmittag mit Oma Gerda und der Mutter von Kevin, sodass sich alle auch entspannt kennenlernen können. Das Hauptthema für Emely sind Fotos und es wird jeder kleine Moment festgehalten. Während ich die Teller wegräume, denke ich an unsere Familienfeste, die vielleicht höchstens ein bis zwei brauchbare Fotos hatten. Dieses Fest hat über hundert, es ist eben eine neue Zeit.

»Das war schön,« sage ich, während ich mir meinen Mantel anziehe, um zurück zu meiner Ferienwohnung zu gehen. Alle anderen sind schon vorher gegangen.

»Ich bin auch froh, dass alles so gut geklappt hat. Und ich bin erleichtert, dass meine kleinen Schwestern da waren und Spaß hatten.« Das war schon immer so, für all meine Töchter war immer klar, dass sie ihre neuen Halbgeschwister über alles lieben. Das hätte sich anders entwickeln können, denn die Geburt der ersten Halbschwester war nur neun Monate nach der Trennung und da war noch sehr viel Unruhe im Alltag. Aber dass alles sehr liebevoll ist, zeigt sich bei den leider seltenen Treffen immer wieder.

»Na, meine Süße, dann erhol dich gut von der Party und wir sehen uns morgen.« Ich umarme sie und das Baby noch einmal und genieße dann den Weg zu Fuß nach Hause.

Am nächsten Tag packen Annabelle und ich für Tulum und Annika packt für London. Der Abschied von Emely fällt mir dann doch ziemlich schwer. Es ist, als ob die Zeit zurückgedreht wird und die eigenen Schwangerschaften wieder lebendig werden, wenn ich die eigene Tochter mit Baby im Bauch sehe. Unser Verhältnis wurde seit der Trennung von ihrem Vater wesentlich enger und wir telefonieren regelmäßig, um uns auf dem Laufenden zu halten. Nun ist es noch intensiver, weil sie auch bald Mutter wird, das verbindet. Wir verabreden beim Abschied, einmal pro Tag zu telefonieren oder Sprachnachrichten zu senden. Ich bin froh, dass sie nicht allein ist, sondern Kevin auf sie aufpasst. Wir winken alle etwas traurig, als wir von der Ausfahrt rollen.

Fazit: *Es gibt neue Feste und wesentlich mehr Abschiede durch all die Möglichkeiten, die wir haben.*

Tipp: *Neue Länder und neue Bräuche öffnen deine Perspektive und lassen die Welt bunter werden. Feier doch einfach mal deinen Namenstag oder mach eine Reise oder einen Ausflug in deinem Wohnort zu einem Ort, an dem du noch nie warst.*

DIE NEUE UMGEBUNG

Job: Abenteurerin
Tage bis zum Ende der Auszeit: 281
Van: keiner, dafür ein sehr klappriger Mietwagen

Der Weg nach Hamburg verläuft ohne Probleme.

»Ein wenig schlechte Laune habe ich ja«, verkünde ich Annabelle und Annika.

»Warum denn?«, fragt Annika.

»Na, weil ich eine Beule im Van habe und nicht sicher bin, was da kostenmäßig auf mich zukommt.«

»Ja, das ist aber auch sehr ärgerlich«, erwidert sie. »Meinst du, das ist auf dem Parkplatz beim Hotel passiert?«

»Ja, denn vorher ist mir die Beule nicht aufgefallen.«

»Wie es auch sei, jetzt können wir nur abwarten, was die bei der Vermietung dazu sagen«, versucht sie, mich zu beruhigen. Und sie liegt richtig, denke ich, jetzt kann ich sowieso nichts mehr machen.

»Moin«, begrüßt mich der Typ von der Vermietung. »Hattest du eine schöne Zeit?«

»Ja, danke«, erwidere ich, »aber stell dir vor, auf den letzten Metern ist das passiert«, sage ich und zeige ihm die Beule.

»Das ist ja ärgerlich«, sagt er, »das lassen wir in unserer

Werkstatt prüfen und du hast doch eine Versicherung, das wird sicher nicht so kostspielig.«

»Das beruhigt mich sehr«, sage ich erleichtert.

Der Rest geht zügig und schon sitzen wir im Taxi auf dem Weg zum Flughafen. Etwas traurig bin ich schon, denn das war ein schöner Abschnitt meiner Reise. Aber die Traurigkeit hält nicht lange an, denn Tulum ruft. Annika fliegt schon heute nach London und wir verabschieden uns in der Abflughalle.

»Ich wünsche euch ganz viel Spaß und wir telefonieren auch jeden Tag, damit ich weiß, wie es euch so ergeht«, sagt sie, während wir uns umarmen.

»Na klar, wir facetimen ganz oft«, stimme ich zu und dann ist sie auch schon im Sicherheitsbereich. Wir bleiben noch so lange, bis sie durch die Sicherheitskontrolle durch ist, und dann gehen Annabelle und ich zum Flughafenhotel, denn wir fliegen erst am nächsten Morgen.

Diesmal war die Aufregung vor der Reise nicht ganz so extrem wie vor Dubai mit dem positiven PCR-Test. Aber gestern Abend kam die Nachricht, dass unser Flug nach Frankfurt storniert wurde und wir auf einen späteren umgebucht wurden, mit dem wir unseren Anschlussflug nicht erreichen. Nun gut, das hat zur Konsequenz, dass wir nun um 4.00 Uhr morgens hier am Flughafen in Hamburg stehen, aber die nette Dame am Schalter hat mir gerade erläutert, dass sie uns erst um 5.00 Uhr umbuchen kann.

Eine Stunde später sind wir umgebucht und steigen in die Maschine. Da wir durch den früheren Flug noch viel Zeit in Frankfurt hatten, haben wir auch noch einen Adapter und ein Ladekabel für unsere Computer kaufen können.

Das wäre sehr ungünstig gewesen, beide haben wir unsere kreativen Projekte am Start und beide hatten wir kein Ladekabel mit. Da hatte die Warterei also doch noch was Gutes.

Wir nehmen unsere Sitze ein, die Flugzeit beträgt elf Stunden. Ich bin bei Langstreckenflügen leider immer wach; zwar kann ich die Augen schließen und ruhen, aber ich schlafe nie ein. Scherzhaft beschreibe ich diesen Zustand so: Ich passe auf, dass der Pilot alles richtig macht. Was natürlich Quatsch ist, denn am Ende bin ich sicher, dass meine Anspannung viel mit meinem Kontrollbewusstsein zu tun hat. Ich übe zwar das Vertrauen, aber es ist noch wie ein scheues Reh und bei der kleinsten Turbulenz bin ich auf Hab-Acht-Stellung. Ich bin mir darüber im Klaren, dass das etwas selbstüberschätzend ist, denn seien wir mal ehrlich, sollte tatsächlich etwas passieren, hätte ich ja nicht den leisesten Schimmer, was zu tun wäre, aber trotzdem. Annabelle hingegen erklärt mir, dass für sie Fliegen so ein vertrautes Gefühl erzeugt, fast wie zu Hause sein. Das liegt wahrscheinlich daran, dass meine Mädels schon sehr früh an lange Reisen gewöhnt wurden, und da gab es immer Fernsehen bis zum Abwinken. So etwas prägt scheinbar das System und ist bei ihr als positiv verankert.

Ich überstehe den Flug gut und konnte sogar ein wenig die Augen zumachen. Und nun sitzen wir, nachdem wir sehr lange auf unsere Koffer warten mussten, im Taxi auf dem Weg nach Tulum. Die Fahrt dauert noch mal zwei Stunden, aber verfahren kann man sich scheinbar nicht, denn es geht über zwei Stunden nur geradeaus. Ich bin froh, dass es noch hell ist, da können wir noch etwas erkennen. Allerdings fallen mir die Augen permanent zu. Erst als wir von der Hauptstraße abbiegen, werden wir wieder munterer, es wackelt aufgrund riesiger Schlaglöcher und sehr vieler Baustellen.

»Hoffentlich wohnen wir nicht genau neben einer Baustelle. Wobei, hier ist auch sehr viel Dschungel«, sage ich und bin mir nicht sicher, was jetzt herausfordernder ist.

»Wir haben das Apartment doch extra gebucht, weil es mitten im Dschungel liegt«, weist mich Annabelle noch mal auf meine Logik hin.

»Stimmt, aber auf den Fotos sah das alles anders aus.«

Unser Taxifahrer stöhnt ein wenig auf, als er durch ein weiteres Schlagloch muss, aber dann ruft Annabelle: »Schau! Da ist unser rundes Apartment!« Und ich bin heilfroh.

Der Vermieter empfängt uns und erklärt uns alles. Vor allem weist er uns darauf hin, geschlossene Schuhe zu tragen, besonders in der Dämmerung. Aha, denke ich etwas mulmig und sehe auch in Annabelles Augen Schrecken.

In meinem vermeintlichen Schlafzimmer lauert dann auch gleich ein Gecko. Gut, ich gebe zu, die tun nichts, aber nach fast vierundzwanzig Stunden auf den Beinen tausche ich einfach das Zimmer mit Annabelle, die hat da eine größere Toleranz.

Am nächsten Morgen sieht alles schon viel freundlicher aus und mir wird klar: Ohne Mietauto werden wir hier nicht zurechtkommen. Also mieten wir ein Auto und erkunden alles Nötige sowie den Supermarkt und vor allem den Strand. Der Vermieter hat uns noch eine Liste mit ein paar Restaurants geschickt, so sind wir in den ersten Tagen zunächst beschäftigt. Außerdem, und das ist ja der Sinn des Aufenthalts, sind wir beide viel am Computer. Ich schreibe und Annabelle startet ihr Business. Nach ein paar Tagen pendeln wir uns in eine gewisse Routine ein. Besonders morgens benötigen wir beide viel Zeit, ich übe Yoga und meditiere und dann schreibe ich auch noch jeden Tag Tagebuch. Im Grunde macht Annabelle es ähnlich, das heißt, ehe wir dann alles für das Frühstück vorbereitet haben, ist es meistens schon 10.00 Uhr. Dann machen wir ein bis zwei Ausflüge am Tag und ich verbringe zwei Stunden am Tag am Computer.

»Was meinst du, sollen wir uns das Hotel Holistika bei uns um die Ecke mal anschauen?«, schlage ich auf dem Heimweg vom Strand vor.

»Gute Idee«, stimmt sie zu und ich biege rechts ab. Das Hotel bietet neben einem veganen Restaurant auch sehr viele Workshops, spirituelle Erfahrungen und Yoga an.

»Wow«, sage ich zu Annabelle, als wir im Eingangsbereich vor der großen Tafel stehen, auf der alle möglichen Aktivitäten geschrieben stehen. Sie ist ein wenig abgelenkt, da es hier sehr viele Katzenbabys gibt, aber im Augenwinkel scannt sie die Tafel.

»Ach, schau mal«, sagt sie, »da gibt es Soundheilung mit Reiki, das würde ich gerne machen.«

Reiki habe ich schon als Jugendliche kennengelernt, denn meine Tante und meine Cousine haben damals eine Ausbildung gemacht und ich durfte eine Behandlung genießen. Es ist eine sehr alte Heilmethode, in der durch Handauflegen Energie übertragen wird.

»Ja, das klingt gut«, sage ich, »und das passt auch in dein Research als Soundheilerin.«

»Eben«, sagt sie und ich buche uns in den Kurs ein. Dann schauen wir uns noch weiter um. Alles ist hier mit dem Dschungel entstanden, es ist sehr grün und irgendwie

magisch, allein schon durch die mir unbekannte Pflanzenwelt. Die Natur zeigt sich hier in allen Schattierungen vom
Grün der Bäume und den bunten Blumen. Alles ist eng
bewachsen, dass ich gar nicht merke oder sehe, dass wir in
einem Hotel sind. Gleichzeitig gibt es aber auch Möglichkeiten, im Restaurant oder an der Smoothie-Bar draußen
perfekt mit der Natur integriert zu sitzen. Wir trinken noch
einen veganen Mango-Lassi und gehen dann zurück.

Ich freue mich schon auf morgen, denke ich dann später
in meinem Bett.

Fazit: *Eine neue Umgebung wirkt am Anfang immer etwas
ungemütlich, wir befinden uns dann außerhalb unserer
Komfortzone. Gib dir ein bis zwei Tage, um anzukommen.*

Tipp: *Ein offener Geist hilft, die neuen Erfahrungen neugierig zu betrachten.*

DIE SOUNDHEILUNG

J ob: Testerin
Tage bis zum Ende der Auszeit: 278
Mietwagen: einer

Nun ist es so weit und wir stehen vor der Tür zu unserer neuen Erfahrung. Mit uns sind noch ein paar andere hier versammelt. Als sich die Tür öffnet, begrüßen uns die Reiki-Meisterin und der Soundheiler und bevor wir eintreten, werden wir mit Copal, einem hier typischen Baumharz, gereinigt. Copal benutzen Annabelle und ich jeden Morgen für unser Tagebuchschreiben auf dem Balkon. Wir lieben den Geruch und der Harz steht für die Klärung des Geistes und er hilft, sich auf das Wesentliche zu konzentrieren. Beim Eintreten erwartet uns so etwas wie ein Dom, ein toller Raum mit Spiegelornamenten und einer eindrucksvollen Akustik. Der Soundheiler hat vor sich eine Vielzahl von Instrumenten aufgebaut, einige davon habe ich noch nie gesehen und ich bin ganz gespannt, was für Töne mich erwarten. Nachdem sich jeder einen Platz gesucht hat, dürfen wir uns nach ein paar erklärenden Worten zu der Zeremonie hinlegen. Ich mache es mir mit der angebotenen Decke und einer Augenmaske auf meinem Rücken liegend gemütlich. Die Matten sind kreisförmig angeordnet, das erzeugt ein Gemeinschaftsgefühl mit den anderen zehn

Teilnehmern und ich bin voller Freude, als die ersten Klänge durch den Raum schwingen. Meine letzte Reiki-Erfahrung ist bestimmt fast dreißig Jahre her, denke ich, während ich durch die Musik schon entspannter und tiefer in die Matte sinke. Während der nächsten neunzig Minuten gibt es alle möglichen Geräusche von angenehm bis unangenehm. Meine Augen sind zwar geschlossen, aber ich spüre, dass die Reiki-Meisterin von Person zu Person geht und mit ihren Händen Energie auf uns überträgt. Sie legt auch mir die Hände auf meine Schultern und auf meinen Kopf. Dann geht sie zu der nächsten Person und ich lausche weiter den Klängen. Nach einer Weile bekomme ich wahnsinnige Rückenschmerzen und muss mich auf die Seite drehen. Die Töne des Sounds sind in dem Moment gerade sehr anstrengend für das Ohr. Viele schräge Töne, die nicht zusammenpassen, und auch Töne, die ich nicht zuordnen kann. Wahrscheinlich von den unbekannten Instrumenten, überlege ich und bin froh, dass es nach einer Weile wieder harmonischer wird. Im Raum höre ich ein Weinen und merke, dass auch ich den Tränen nahe bin. Erstaunlich, was Sound und eine andere Schwingung im Körper ausmachen. Theoretisch ist das bei über 50 Prozent Wasseranteil in unserem Körper klar, aber es tatsächlich zu spüren, ist eine sehr eindrucksvolle Erfahrung. Durch langsame Töne kündigt sich das Ende der Session an und ich kann wieder kurz auf dem Rücken liegen.

Nach der Session ist es ganz still, alle sind sehr bewegt und auch ich habe kein Bedürfnis, irgendetwas zu sagen. Der Soundmeister erwähnt noch, dass insgesamt drei Reiki-Meister anwesend waren und es deshalb besonders intensiv war.

»Ich habe ein ganz komisches leichtes Gefühl gerade«, teile ich Annabelle auf dem Fußweg nach Hause mit.

»Ja«, sagt sie, »ich auch, fühlt sich aber irgendwie gut an, oder?«

»Ja«, bestätige ich, »wie war denn die Soundheilung für dich?«, frage ich sie.

»Ohne Frage anders, als ich es kenne, aber er hat ja erklärt, dass diese unangenehmen Geräusche in dir etwas auslösen, was dann durch Reiki transformiert werden kann. Außerdem hat er gesagt, dass hier gerade sehr hohe Energien sind, und das noch vier bis fünf Tage lang.«

»Stimmt, ich erinnere mich. Ich bin jetzt übrigens sehr müde«, füge ich hinzu.

»Ja, ich auch, wie gut, dass wir gleich ins Bett können.«

In der Nacht bekomme ich so wahnsinnige Rückenschmerzen, dass ich überhaupt nicht schlafen kann, das passt ganz gut, denn die Nachbarn feiern eine enorm laute Party mit viel Geschrei. Später kann ich es einfach nicht mehr im Bett aushalten und so stehe ich sehr früh in der Küche und mache mir Tee.

Im Stehen ist der Schmerz nicht so schlimm und sitzen geht auch noch. Eine Stunde später ist Annabelle auch schon wach. »Na, hast du auch nicht gut geschlafen?«, fragt sie mich.

»Nein, gar nicht, ich habe unheimliche Rückenschmerzen.«

»Ah, na das ist deine Schwachstelle, die wurde dir jetzt noch mal durch das Reiki gezeigt wie das letzte Mal, nachdem du nach Ayahuasca einen Bandscheibenvorfall hattest.« Ayahuasca ist ein halluzinogener Trank aus Südamerika und hilft dabei, das Bewusstsein zu erweitern. Eine

Reise kann bis zu fünf Stunden dauern. Meine Erfahrung habe ich bei Alex in Portugal gemacht und neben dem langen Liegen hatte ich damals das Bedürfnis, die Zeremonie zu verlassen, es zeigte sich die Angst, loszulassen. Unter dem Einfluss von Ayahuasca sind Bewegungen nicht ganz so schnell und ein langer Teil der Reise bestand für mich darin, über den Fußboden zu robben. Es ist sehr wichtig, diese sehr einschneidende Erfahrung mit erfahrenen, vertrauenswürdigen Leitern zu machen. Alex und ihr Mann Attila haben mir damals liebevoll geholfen, meine Angst zu überwinden.

»Hm, war das in der Tat direkt danach, das wäre ja ziemlich krass, wenn ich bei intensiven spirituellen Erfahrungen Rückenschmerzen bekomme. Interessant, jetzt diesen Zusammenhang zu sehen, bisher habe ich das bei Ayahuasca auf das stundenlange Liegen und Robben über den Fußboden geschoben und beim Reiki dachte ich jetzt auch eher daran, dass wir ja fast anderthalb Stunden lagen.«

»Die Energien sind hier ja im Moment scheinbar sehr hoch, deshalb kann es sein, dass es damit zusammenhängt«, fügt Annabelle noch hinzu.

»Ja, das könnte natürlich sein. Im Stehen und beim Laufen tut es zum Glück gar nicht weh, also können wir heute noch an den Strand«, sage ich zu ihr, »aber vorher schaue ich noch mal, was ich unterstützend für mein unteres Energiezentrum machen kann.«

Am Ende hatte ich die Rückenschmerzen tatsächlich genau fünf Tage, so lange, wie die hohen Energien präsent waren. Danach war es, als wäre nichts gewesen. Das Gute war, dass ich mich dadurch viel mit meinem Körper und mir beschäftigt und versucht habe, den Schmerz als vorübergehende Erscheinung zu akzeptieren. Aber ganz ehrlich: Mal sehen, ob ich noch mal zum Reiki gehe.

Fazit: *Manchmal sind Energien deutlicher spürbar und somit auch alles, was an Tönen und Heilungsströmen entsteht.*

Tipp: *Oft merken wir die Energien im Alltag nicht. Um sie mehr zu spüren, probiere doch mal eine Soundheilung. Gibt es kostenlos bei YouTube.*

DIE SCHWITZHÜTTE UND DAS EIS

Job: Abenteurerin
Tage bis zum Ende der Auszeit: 272
Mietwagen: einer

Nun ist Vollmond und das Tolle an unserem Apartment ist ja die Nähe zum Hotel mit all den spirituellen Angeboten. Heute haben wir also ein Vollmond-Ritual mit Temazkal und nur für Frauen.

Die Dame von der Rezeption bringt uns an den Platz, an dem das Temazkal stattfindet. Zwei Frauen in weißen Kleidern stehen vor uns und ein riesengroßes Feuer prasselt neben uns und verströmt sehr viel Wärme. Alles sieht irgendwie sehr ursprünglich aus, denke ich und mache ein paar Fotos. Das Temazkal ist ein fester Bestandteil der mexikanischen Kultur, vergleichbar mit der Saunakultur in Finnland.

»Fotos dürfen jetzt noch gemacht werden und wer noch auf die Toilette möchte, sollte jetzt gehen, danach geht es nicht mehr«, sagt die eine Schamanin. Ach, du meine Güte, denke ich, und wir gehen mit einigen Teilnehmerinnen zur Toilette. In der Schlange, während wir warten, frage ich eine Teilnehmerin: »Weißt du, wie das abläuft?«

»Nein, nicht genau«, erwidert sie, »aber ich habe gehört, wir sitzen für zwei Stunden im Dunkeln in der Hitze.«

»Was?«, frage ich erschrocken nach und Annabelle schaut mich mit weit aufgerissenen Augen an.

»Ja, ich glaube, so ist es«, sagt die Teilnehmerin nun auch ziemlich erschrocken.

Verschreckt laufen wir wieder zurück zum Feuer.

Die Schamanin erklärt uns den Ablauf und ich muss gestehen, ich habe etwas Zweifel, ob ich das aushalte, und so richtig Lust habe ich auch nicht. Ich glaube, Annabelle geht es ähnlich, aber gut, jetzt geht es los und wir werden außerhalb der Hütte mit Copal sowie einem sehr beeindruckenden Muschelton gereinigt. Dann geht es in die Hütte, ich bin die Nummer drei von insgesamt neun Teilnehmerinnen und denke noch, wie strategisch ungünstig es ist, als eine der Ersten schon in der Hitze zu sitzen, bevor alle da sind. Aber im Leben kommt ja immer alles anders, als man denkt, und erstaunlicherweise ist die Hütte noch gar nicht heiß. Erst als sich alle drinnen einen Platz gesucht haben, werden die glühenden Lavasteine, das Symbol für die Energie der Ahnen, einzeln begrüßt. Dann geht tatsächlich die Tür zu und es ist dunkel. Auch die Steine geben absolut kein Licht von sich. Es macht keinen Unterschied, ob ich die Augen schließe oder offenlasse, es ist einfach nur schwarz.

Die Stimme der Schamanin trägt einen durch die Dunkelheit. Sie begrüßt alle vier Elemente und die Ahnen und all ihre Helfer in der geistigen Welt. Irgendwie ist es so emotional, dass ich nach fünf Minuten anfangen muss, zu weinen. Und wenn ich es richtig höre, müssen alle anderen ebenfalls weinen. Viele Worte, die die Schamanin sagt, verstehe ich gar nicht richtig, aber die Stimme ist so entspannend und sie klingt so weise, dass ich mich sehr sicher fühle. Nach etwa einer halben Stunde geht die Tür wieder auf und neue Steine werden hereingebracht. So geht es insgesamt viermal weiter, aber die Zeit ist relativ und da ich auch nicht weiß, wie lange es dauern soll, bin ich irgendwann vollkommen in dieser Erfahrung. Bei der nächsten Öffnung bekommt jede Teilnehmerin mithilfe eines langen Holzspatels einen eigenen Stein, den wir ins Feuer legen und danach mit Copal segnen sollen. Dann bittet die Schamanin uns darum, dass wir uns umdrehen und den Rücken zu den heißen Steinen drehen. Da wird mir auf einmal sehr übel und nach einer Weile kann ich es nicht mehr aushalten und drehe mich wieder um. Das ist besser, denke ich, und dann geht die Tür auf und die Zeremonie ist vorbei. Wir stehen zusammen und jede einzelne Frau ist vollkommen beeindruckt von der Erfahrung, alle hatten am meisten mit der letzten Aufgabe, den Rücken zu den Steinen zu drehen, zu tun. Das liegt daran, dass wir Frauen sind, und in der letzten Sequenz ging es um das Element Feuer, also die männliche Energie. Wir haben als Frauen vielfach schlechte Erfahrungen mit männlicher Energie gemacht, deshalb fällt es uns schwer, den Rücken vertrauensvoll dem Feuer zuzuwenden.

Das ergibt sehr viel Sinn, denke ich, kein Wunder, dass ich mich lieber wieder umgedreht habe, um vermeintlich zu sehen, was passiert. Auf dem Nachhauseweg sprechen Annabelle und ich nicht über unsere jeweilige Erfahrung und da es schon spät ist, gehen wir auch sofort ins Bett.

Geschlafen habe ich wie ein Stein und als ich erwache, denke ich, wie machtvoll es doch ist, in einer Gruppe zu weinen, ohne dass sich jemand verpflichtet fühlt, den anderen zu trösten, so dass man den Tränen freien Lauf lassen kann. Wahrscheinlich auch, weil es dunkel war. Für mich ist das fürwahr eine Wahnsinnserfahrung gewesen, so mit meinen Gefühlen in Kontakt zu sein. Ich konnte alles, was in der letzten Zeit passiert war, einfach mal entspannt beweinen. Das war ein gutes Gefühl.

»Mama, jedes Mal, wenn die Tür aufging, haben wir uns auf ein anderes Element fokussiert«, erklärt mir Annabelle, nachdem ich ihr erzählt habe, dass ich gar nicht genau mitbekommen habe, wie oft die Tür aufging.

»Ah, das ergibt natürlich Sinn«, sage ich und wir müssen ein wenig lachen. Für Annabelle war es auch sehr intensiv und wir sind beide noch ganz beseelt von der Erfahrung.

»Ich habe das Gefühl, gerade für uns Frauen ist solch eine Gemeinschaft untereinander irgendwie befreiend«, sage ich zu Annabelle.

»Für mich absolut«, sagt sie, »ich glaube, es wäre nicht so intensiv gewesen, wenn wir mit Männern gemischt gewesen wären, so hatte die Schamanin auch ausreichend Zeit, sich auf die weibliche Energie einzulassen.«

Da Annabelle bei der Zeremonie, wo wir die Steine segnen sollten, den ganzen Stein in Brand gesetzt hat, hat die Schamanin uns erklärt, dass das für ein Ungleichgewicht des Feu-erelements steht.

»Und wenn ich das im Internet recherchiere, würde ich sagen, ich habe da auch ein Ausgleichsbedürfnis, denn zu viel Feuer steht auch dafür, dass man sich auf andere fokussiert, also mehr im Außen ist als bei sich selbst«, erläutert mir Annabelle

»Was meinst du, sollen wir heute schwimmen gehen?«,

frage ich sie. »Ja, das ist eine gute Idee, das Wasser kühlt das Feuer«, erwidert sie lächelnd.

Inzwischen ist es schon überaus voll in Tulum geworden, wobei unser Vermieter immer noch sagt, es sei noch Nebensaison, aber der Verkehr ist ziemlich stark.

Wir haben jetzt eigentlich unseren Lieblingsstrand gefunden, ein wenig weiter weg von den großen Hotels, die alle so gebaut wurden, dass sie sich super in die Natur einbetten. Dennoch haben viele Hotels auch viele Kunden.

Das Wasser hat heute Wellen, wahrscheinlich aufgeladen durch den Vollmond, und wir baden ausführlich, um all diese Erfahrungen zu integrieren.

»Herrlich, dieses Wasser, oder?«, fragt Annabelle lachend.

»Ja, einfach traumhaft«, sage ich und tauche unter einer Welle hindurch. Nun haben wir schon zwei unglaubliche Erfahrungen gemacht und ich frage mich, als wir wieder ziemlich erschossen vom Strand und Einkaufen zurückkommen, was wir denn noch so machen könnten, um unser starkes Feuerelement etwas zu balancieren. Tja, und da sehe ich auf dem Wochenplan des Hotels Holistika eine Eismeditation nach Wim Hof. Das klingt doch super.

»Annabelle, möchtest du auch eine Eismeditation mitmachen?«

Sie schaut mich etwas skeptisch an. »Na, ich weiß nicht, heißt das, dass wir in ein Eisbad müssen?«

»So ganz klar wird das aus der Beschreibung nicht, aber wir lernen scheinbar eine Atemtechnik und dann folgt eine Eismeditation.«

»Na gut, dann probieren wir das aus.«

So stehen wir am nächsten Tag wieder vor dem Dom und

eine weitere Teilnehmerin kommt noch mit dazu. Susanne aus London, die gerade für zwei Wochen ihren Sohn hier besucht und uns gleich erzählt, dass wir jetzt anderthalb Stunden Atemtechnik machen.

»Schon wieder so eine Überraschung, wieso denn so lange atmen?«, frage ich erschrocken und habe gar keine Lust darauf. Annabelle geht es ähnlich, aber da kommt der Lehrer schon hoch motiviert um die Ecke und es gibt kein Zurück mehr. Wahrscheinlich spürt er unsere Zurückhaltung, denn fast der erste Satz ist, dass wir uns diese Erfahrung jetzt ausgesucht haben und wir mit unserem gesamten Sein auch für die Erfahrung, die wir erleben, verantwortlich sind. Gut, da hilft es jetzt wenig, in den Widerstand zu gehen, und ich fange brav an, zu atmen. Erstaunlicherweise geht die Zeit schnell vorüber und nach den Atemübungen kommt eine Meditation. Ich glaube, ich war noch nie so entspannt bei einer Meditation, und irgendwie fühlt sich das sehr machtvoll an, denn ich habe diesen Zustand selbst über den Atem herbeigeführt. Das letzte Mal in diesem Dom hatte ich danach wahnsinnige Rückenschmerzen, jetzt war ich so entspannt wie fast noch nie. Eine wahre Wonne!

In diesem noch etwas beseelten Zustand gehen wir nun nach draußen. Und irgendwie hatte ich gedacht, es ist vielleicht so eine geschlossene Eissauna, in die wir jetzt gehen, aber nein, es ist einfach eine Art Brunnen, der ein wenig Wasser hat, und daneben stehen mindestens zwanzig große Eisbeutel. Diese ganzen Beutel sollen wir nun in den Brunnen füllen, was wir auch machen.

»Gut«, sagt Emanuel, unser Lehrer, »jetzt nehmt euch jeder mal zwei Eiswürfel in die Hände und wir stellen uns in den Kreis.«

Oh, mein Gott, denke ich, die Eiswürfel tun so in den Händen weh, ich hätte große Lust, sie wegzuschmeißen. Emanuel sagt, wir sollen die Augen schließen und tief atmen, dann werden wir merken, dass wir den Schmerz aushalten können. Ich merke das nicht so richtig und bin plötzlich sehr skeptisch, was das Eisbad angeht. Am besten mache ich es sofort, denke ich. Als er dann fragt, wer als Erstes möchte, melde ich mich gleichzeitig mit meiner Tochter, die anscheinend den gleichen Impuls hatte. Ein Blick in ihre Augen zeigt mir, dass es bei ihr noch dringender ist, weil sie sonst wahrscheinlich gehen würde. Susanne und ich schauen voller Ehrfurcht zu, wie Annabelle, als wenn nichts wäre, in das Eiswasser steigt. Als sie drin ist, merkt man allerdings schon den Schock, aber nur kurz, danach sitzt sie drinnen wie in einer normalen Badewanne, fast fünf Minuten hält sie durch, dann darf sie wieder raus und zittert richtig. Aber jetzt kommt eine weitere Atemtechnik, die ich von Wim Hof kenne, die sie wieder aufwärmt. Und schon bin ich an der Reihe. Ich bin komplett aufgeregt, als Emanuel sagt, ich solle tief atmen, dann die Luft anhalten und in das Wasser steigen. Das klappt erstaunlich schnell, aber der Schock ist doch riesig und ich bekomme Panik, da ich auch gar nicht richtig atmen kann.

»Es ist alles in Ordnung«, sagt Emanuel, »spanne jetzt all deine Muskeln an, halte das und lass wieder los. Entspanne dich.«

Und tatsächlich, ich kann mich ein wenig entspannen und spüre nach einer Weile auch meinen Körper irgendwie innerlich, denn da ist er warm. Dann fange ich an zu zittern und ich muss noch mal alle Muskeln anspannen, dann ist das Zittern wieder besser. Dann merke ich, wie mein

Rücken anfängt zu piksen, und habe keine Lust mehr und möchte eigentlich raus, aber Emanuel fragt: »Kämpfst du dagegen an?« Ich öffne die Augen und sage: »Nein.« Innerlich weiß ich aber, dass ich genau das gerade gemacht habe. Durch die Frage kann ich die Situation wieder akzeptieren und dann ist meine Zeit vorbei und ich kann raus. Der Körper fühlt sich an wie ein Eisklotz und es dauert ziemlich lange, bis wir wieder warm sind. Auch Susanne meistert die Herausforderung und danach liegen wir uns in den Armen.

»Frauenpower«, sage ich zu ihr. »Ja, total«, sagt sie und auch Emanuel stimmt uns zu.

»Na, ich würde sagen, unser Feuer ist jetzt wieder ziemlich ausbalanciert oder was meinst du, Annabelle?«

»Ja, das stimmt, ich fühle mich aber irgendwie ziemlich kaputt.«

Mir geht es ähnlich, weshalb wir zurück ins Apartment fahren und uns den Rest des Tages ausruhen.

Am nächsten Morgen während meiner Meditation fällt mir ein, dass Emanuel gesagt hat, dass die Ausnahmesituation vom Eisbad uns zeigt, wie wir im Leben mit Krisensituationen umgehen. Hm, denke ich nach der Meditation weiter, wenn ich also in einer Krisensituation das Angebot nach Ehrlichkeit und infolgedessen Hilfe verleugne, was sagt das dann über mich aus? Ganz ehrlich, so langsam wird mir diese ganze Selbstentwicklung etwas zu viel, denke ich lächelnd, ist ja direkt anstrengend. Aber was kann ich nicht alles über mich lernen, denn dass ich in Krisensituationen nicht kommuniziere und keine Hilfe zulasse, ist schon etwas ausgeprägt, war mir aber bisher gar nicht so bewusst. Spannend, denn ich erinnere mich noch, wie es mich getriggert hat, als Hans gesagt hat, dass ich diese Reise mache, um mich selbst zu finden. Aus einem unbekannten Grund war ich damals sehr sauer, auch weil er das irgendwie so herablassend gesagt hat. Wenn ich mein Leben jetzt im Moment so betrachte, würde ich sagen: Ja, genau, das mache ich und verrückt, was ich alles klar erkenne, was sich bisher so nebulös und unterbewusst gezeigt hat. Diese Erfahrung teile ich später noch mit Johanna, meiner Therapeutin, die noch immer im Van unterwegs ist. Und es stellt sich heraus, dass Ehrlichkeit für mich essenziell ist, es mich aber nicht daran hindert, in Situationen, in denen es um meine Gefühle und Emotionen geht, reflexmäßig zu lügen. Unbestritten sehr spannend, was sich hier alles so zeigt.

Fazit: *Manchmal kommen wir nur in Extremsituationen an unsere unterbewussten Muster heran.*

Tipp: *Dusche doch mal kalt, schon das ändert dein Bewusstsein.*

DER MANN

Job: Frau
Tage bis zum Ende der Auszeit: 260
Mietwagen: einer

»Es ist einfach so schön hier«, sage ich zu Annabelle. Wir treiben gerade im Meer. »Dieses Wasser ist kristallklar und irgendwie so sanft.« Sie stimmt zu und macht erst einmal einen Handstand. Na warte, denke ich und mache ihn auch, aber das klappt leider nicht ganz so gut und ich komme etwas außer Atem wieder hoch. Nach einer Stunde im Wasser bekomme ich Schwimmhäute an den Händen und schlage vor, mal wieder rauszugehen. Der Strand ist gut besucht und es gibt einige Verkäufer von Obst, Getränken und Schmuck, aber ansonsten kann ich hier hervorragend entspannen. Annabelle mag keine Beachclubs, deshalb liegen wir kostenfrei im Sand auf unseren Handtüchern. Ich frage mich, wann ich mal so viel Zeit hatte, Bücher zu lesen, denn ich merke, neben dem Schreiben ist das unbedingt meine absolute Lieblingsbeschäftigung. Ich habe einen E-Book-Reader und lade mir regelmäßig neue Bücher runter. Einen Buchladen habe ich hier in Tulum auch noch gar nicht entdeckt. In all den Läden, die es hier gibt, wird ein ähnlicher Stil von Kleidung verkauft, dann kommt noch Schmuck dazu, eventuell noch Räucherwerk, aber das ist meist das ganze Sortiment. Ansonsten besteht Tulum aus sehr vielen Hotels, Baustellen, Restaurants und Militär. Letzteres hat eine starke Präsenz und es ist normal, dass wir auf der Straße fahren und von mindestens vier Jeeps mit Militärbesatzung umzingelt sind. Die Jungs stehen mit dem Maschinengewehr im Anschlag auf dem Jeep und schauen grimmig. Da heißt es, nur schön geradeaus fahren und nicht starren.

»Es ist gut, dass sie da sind«, erklärt uns Antonio, unser Vermieter, »denn Mexiko hat ein großes Drogenproblem und dementsprechend gibt es viel Gewalt. Wenn das Militär sich zeigt, ist das Problem unter Kontrolle«, meint er.

Okay, ich versuche mal, das zu glauben. Antonio erweist sich als hilfsbereiter Gastgeber und hat sich angewöhnt, einmal pro Woche vorbeizukommen und uns frisch gepressten Saft zu bringen. Ich merke, dass ich ihn ein wenig gut finde, aber versuche, es nicht zu tun. Reicht ja jetzt auch mit Männern, sage ich zu mir.

Aber wie das immer so ist, heute ist Sonntag und Antonio ist bei uns im Apartmentkomplex. Ich höre ihn mit seinen Hausmeistern diskutieren, verstehe natürlich kein Wort und es ist mir heute auch egal.

»Pass auf«, sage ich zu Annabelle, »ich habe so schlechte Laune, das ist schon bemerkenswert, ich möchte auf keinen Fall eine soziale Interaktion«, und damit verschanze ich mich hinter meinem Laptop, um Serien zu schauen. Nach einer Weile kocht Annabelle, um meine Laune vielleicht ein wenig aufzumuntern. In mein Schlafzimmer zieht ein köstlicher Duft von Tomaten und da mein Bauch richtig grummelt, gehe ich in die Küche und genau dann steht Antonio vor der Tür. »Hey«, sagt er, »ich wollte sagen, dass wir ein Barbecue machen, und wollte euch dazu einladen.«

Ich bin mir nicht sicher, was ich sagen soll, und schaue nur stumpf auf meinen Teller, den ich gerade befülle.

»Danke«, fällt mir ein, aber nicke nur zu unseren Tellern und er versteht und geht wieder in den Garten.

»Na, wir hätten ihm schon sagen können, dass wir nicht kommen, oder?«, fragt Annabelle.

»Haben wir das nicht?«, frage ich.

»Nein, irgendwie nicht eindeutig.«

»Nun gut«, erwidere ich, »aber er konnte es sich doch denken bei den vollen Tellern, die wir gerade vor uns hatten. Außerdem habe ich heute keine Lust auf soziale Aktivität«, füge ich hinzu, »und er mit dem Hausmeister sind dann schon zwei zu viel.«

Eine Stunde später steht Antonio wieder vor der Tür. »Ich würde dir sehr gerne meine Freundin Carolyn vorstellen«, sagt er, »die kennt sich bestens in der spirituellen Szene von Tulum aus.«

»Danke dir, ich bin heute irgendwie unsozial, aber ich komme gleich mal runter.«

»Sag nicht, dass du unsozial bist«, erwidert er, »das bist du gar nicht.«

Heute schon, denke ich. Aber gut, ich fasse mir ein Herz und gehe hinunter in den Garten.

Carolyn ist Anfang sechzig und kommt eigentlich aus Texas, sie hat jahrelang bei einer Bank gearbeitet und irgendwann den Sinn des Lebens gesucht. Hier in Tulum hat sie ihn gefunden. Sie ist wahnsinnig gut vernetzt und kennt alle spirituellen Lehrer. Sie gibt mir gleich den Zugang zu einer WhatsApp-Gruppe, in der alle Workshops hier in Tulum geteilt werden. Außerdem hat sie auch noch mehr Empfehlungen, unter anderem interessante Ausflüge für uns.

»Wie schön, dass wir uns kennengelernt haben. Vielen

Dank, Antonio, das war sehr freundlich«, sage ich nach einer Stunde, denn dann müssen die beiden weiter und ich habe wesentlich bessere Laune.

»Wie gut, dass ich mich doch aufgerafft habe«, sage ich zu Annabelle. »Zu all den spirituellen Themen, die ich noch so anfassen wollte, konnte sie mir Hinweise geben und hier schau mal, diese WhatsApp-Gruppe, die ist doch auch etwas für dich, oder?«

»Ich schaue mir das mal an«, sagt Annabelle und nach einer Weile bestätigt sie: »Ja, das ist richtig super und sieh mal, die Gruppe gibt es auch auf Ibiza und in London. Da kann Annika auch beitreten und sich spirituelle Workshops raussuchen. Und sieh mal hier, es gibt sogar eine Gruppe für Langzeitmiete auf Ibiza.«

»Wow«, stimme ich zu, »das ist sehr cool! Da bin ich mal gespannt, was da alles möglich ist.«

»Okay, ich werde mal einen Post für meine Sound-Healing-Angebote entwerfen und in die Gruppe schreiben. Perfekt, dass du die Frau getroffen hast«, sagt sie und ich stimme ihr zu. »Wie findest du eigentlich Antonio?«, fragt Annabelle dann noch.

»Also der erste Eindruck ist ganz gut«, erwidere ich, »aber ich kenne ihn eigentlich nicht.«

»Das habe ich mir irgendwie schon gedacht«, sagt Annabelle.

Erstaunlich, denke ich später beim Einschlafen, denn wenn man voll im Widerstand ist und nichts erwartet, passiert sehr viel.

Heute ist es genau eine Woche nach dem Barbecue und ich bin etwas verwirrt, da Antonio gerade hier im Komplex war und an mir vorbeigegangen ist, ohne mich zu begrüßen. Seltsam, denke ich, was ist denn jetzt passiert? Ein paar Stunden denke ich darauf herum und frage dann Annabelle. »Sag mal, was denkst du, was jetzt vorgefallen ist?«

»Keine Ahnung, aber eins weiß ich genau, für dich ist es jetzt wichtig, die Ablehnung zu akzeptieren und zu begreifen, dass du keine Männer benötigst, um glücklich zu sein«, sagt sie streng.

»Na, das sind ja harte Worte.«

»Ja, Mama, sonst steigerst du dich da wieder so rein und das ist so ein Muster, das dir nicht guttut.«

So ist es, wenn man weise Kinder hat, denke ich, die erkennen viel bei anderen und nehmen auch kein Blatt vor den Mund. Ich neige tatsächlich dazu, den Mann, der sich an meinem Horizont zeigt, gleich gedanklich in den Himmel zu heben. Schon wieder eine unangenehme Entdeckung. Auf der anderen Seite auch nicht vollends unangenehm, denn endlich kann ich meine Schattenseiten mal ganz klar erkennen. Oder wie in diesem Falle, ich bekomme sie ganz klar vorgespielt.

»Ich merke, dass ich da unbedingt Hilfe benötige«, sage ich zu Annabelle.

»Na, da passt es doch, dass heute Nachmittag die Schamanin Monika kommt, die wird dabei sicher helfen.«

Fazit: *Nicht jeder Mann am Horizont ist ein Ritter auf einem weißen Pferd.*

Tipp: *Wichtig ist, sich selbst zu kennen, da helfen Meditation, eine schlaue Tochter und eine große Portion Selbstliebe, dann kannst du die vermeintliche Leere selbst füllen.*

DIE HEILUNGSZEREMONIE UND TAROT

Job: Selbstheilerin
Tage bis zum Ende der Auszeit: 256
Mietwagen: einer

Monika ist die Schamanin, die das Temazkal-Ritual mit uns gemacht hat, und sie hat uns vorgeschlagen, eine Heilungssitzung bei uns im Apartment durchzuführen. Ein paar Stunden später ist es auch schon so weit und Monika steht vor der Tür. Zu dem Ritual gehört auch wieder eine komplette Reinigung, sowohl die Wohnung als auch wir, mit dem Räucherharz Copal. Dann kommt erst Annabelle an die Reihe, ich verschwinde so lange auf die Terrasse vor unserem Schlafzimmer, sodass die beiden ganz ungestört arbeiten können. Nach etwa einer Stunde holt mich Annabelle und nun bin ich an der Reihe. Ein etwas seltsames Gefühl, wenig bekleidet auf dem Wohnzimmerteppich zu liegen. Monika verbindet sich mit meiner Energie und dann hilft sie mir, die für mich nicht mehr förderlichen Energien loszulassen. Dazu massiert sie meine Arme und Beine und nach einiger Zeit werde ich ganz emotional und muss weinen. Danach fängt mein Kiefer an zu zittern und ich mache zischende Geräusche, fast wie eine Schlange. Sehr seltsam, so ein Geräusch habe ich noch nie gemacht. Als die Zeit vorbei ist, erklärt Monika mir, dass sich in mir einige schlechte Energien angesammelt hatten, die wir jetzt befreien konnten, das war das zischende Geräusch. Außerdem rät sie mir, meine Gefühle zu beschützen und Grenzen zu ziehen. Die Ahnen haben ihr gesagt, dass meine Stimme gehört werden soll. Ich bin ganz erfüllt von der Session und fühle mich auch freier. Wir bedanken uns herzlichst bei Monika und da es bei uns hier im Dschungel um unser Apartment herum kein Taxi gibt, bringe ich sie noch zur etwas weiter entfernten Taxistation. Auf dem Weg erzählt sie von ihrer Arbeit, die total faszinierend ist. Ihre gesamte Familie ist eine Heiler-Familie und für sie ist es selbstverständlich, ihre Arbeit für alle anzubieten. Sie erklärt mir noch, dass sie Öl und Honig zur Massage verwendet hat und Honig das einzige Produkt ist, welches nie schlecht wird, auch nicht in Tausenden Jahren, so rein und pur wie die heilende Energie ist er. Nun ernähre ich mich ja vegan und habe deshalb Honig, so gut es geht, vermieden, aber über diese Eigenschaft habe ich noch nie nachgedacht. Vollkommen faszinierend. Monika erzählt noch, dass dieser Teil von Tulum vor drei Jahren noch gar nicht existiert hat und sich die Stadt immer mehr ausweitet. Sie sieht das mit gemischten Gefühlen, einerseits ist es natürlich gut für die Jobs, aber andererseits verschwindet immer mehr Dschungel. Ich winke ihr noch einmal herzlich zu und fahre zurück zum Apartment. Annabelle meint, dass Monika bei ihr die Verbindung zu einem früheren Leben aufgenommen und sie als Heilerin mit einem Mammut gesehen hat. Spannend, sie ist davon sehr inspiriert und malt dann über die nächsten Tage ein faszinierendes Bild dazu.

»Es ist alles superaufregend hier und es gibt so viele Möglichkeiten«, registriere ich. Mich fasziniert, dass sich auch ein paar Traumata aus vorherigen Generationen bei uns zeigen können, und als ich das mit Alex per WhatsApp teilte, hatte sie gleich eine Empfehlung für mich. Callee, die Therapeutin, bietet auch Heilungen über Zoom. Da habe ich eine Stunde in der nächsten Woche gebucht.

»Ich benötige jetzt mal eine Pause«, gesteht Annabelle.

»Ja, ich auch, das Einzige, was wir jetzt noch machen sollten, ist Spanischunterricht«, erwidere ich.

»Ja, das wäre sehr hilfreich, zumal ich doch bald auf Ibiza wohnen werde.«

Mit Carolyns Hilfe organisiere ich für dienstags und donnerstags Spanischunterricht für uns. Dank meiner Sprach-App habe ich schon ein paar Vokabeln gelernt, aber die Grammatik ist ein Buch mit sieben Siegeln.

Heute ist unsere erste Stunde und wir können zu Fuß hinlaufen. Frida, meine Lehrerin, ist sehr fröhlich und hilft mir, das Lernen etwas humorvoll anzugehen. Annabelle ist schon weiter und hat eine andere Lehrerin. Das heißt, wir kommen richtig voran. Das Gute ist, dass der Unterricht in einer Straße stattfindet, die wir noch nicht kennen und die sehr schön ist, so gar nicht touristisch, und wir fühlen uns wie Einheimische.

Zwei Tage später habe ich eine Tarot-Lesung gebucht. Es stellt sich heraus, dass die Tarot-Legerin an einem Ort ist, an dem Annabelle und ich schon einmal waren. Ich sehe das als ein gutes Zeichen an und freue mich, als mir kurze Zeit später eine junge Frau die Tür öffnet. »Ich bin Magdalena«, sagt sie und umarmt mich. Das wirkt sehr beruhigend auf mich und ich fühle mich sofort wohl. Das

Reading selbst verläuft dann ebenfalls sehr herzlich und sie deckt alle meine Fragen komplett ab. Netterweise lässt sie mich die Session aufnehmen, sodass ich mir später alles noch mal anhören kann. Im Großen und Ganzen sagt sie, dass ich lernen muss, meine Gefühle zu fühlen und darauf zu vertrauen, und dass es wichtig ist, Grenzen zu ziehen, und dass meine Stimme gehört werden will.

»Wahnsinn«, sage ich zu Magdalena, »das ist genau dasselbe, was gerade eine Heilerin zu mir gesagt hat.«

»Na dann mal los«, erwidert sie lächelnd. Ich sage ihr noch, dass sie sich unbedingt bei der WhatsApp-Gruppe in Tulum registrieren muss, damit sie dort ihre Dienste anbieten kann, und verspreche, ihr den Link zu schicken. Wir verabschieden uns herzlich und sie sagt, sie wird dann gerne mein Buch lesen, wenn es fertig ist. Ganz beflügelt fahre ich zu unserem Apartment zurück und erzähle Annabelle alles über meine Erfahrung.

»Wie gut, dass du es jetzt noch mal gehört hast, ich bin auch davon überzeugt, dass es an der Zeit für dich ist, deine Wahrheit zu leben und zu sprechen«, kommentiert sie die Erfahrung.

Wir machen uns noch einmal auf zum Einkaufen, eine unserer Hauptbeschäftigungen hier. Wir haben einen sehr schicken Biomarkt direkt um die Ecke, der ist allerdings relativ teuer, und dann gibt es noch einen riesigen Markt, in dem es von A bis Z alles gibt und der günstiger ist. Nur mit Bio haben sie es da nicht so, dafür wird der Einkauf von älteren Mexikanern in die mitgebrachten Stofftaschen eingepackt. Dafür erwarten sie ein paar Pesos. Ich empfinde es als sehr angenehm, dass man den Einkauf nicht sechsmal in der Hand hat, vom Regal in den Einkaufswagen, vom

Einkaufswagen auf das Band an der Kasse, vom Band in den Einkaufswagen, dann ins Auto, dann aus dem Auto und dann in den Kühlschrank oder Schrank. Es ist nur ein Abschnitt, den die Herren für mich erledigen, aber das fühlt sich sehr angenehm an.

Fazit: *Wenn dir eine Frau einen guten Tipp gibt, der dir weiterhilft, dann gib diesen unbedingt weiter.*

Tipp: *Ein Netzwerk erweitert sich durch aktives Teilen. Also sei nicht nur stille Beobachterin, sondern mach mit!*

DIE KUNST UND DER YOGAUNTERRICHT

J ob: Schülerin
Tage bis zum Ende der Auszeit: 255
Mietwagen: einer

Es ist Sonntag und wir frühstücken gerade. »Also, Annabelle«, sage ich, »dein mexikanisches Frühstück ist unbestritten das Beste bis jetzt.« Sie lacht. »Ich meine das ernst«, sage ich.

»Ich mag das auch am liebsten«, sagt sie und wir schauen beide etwas ehrfürchtig auf die letzte halbe Tortilla mit Tomatensoße, Bohnen, Avocado und Ei. Nicht zu vergessen die Chipotle Mayonnaise. »Ja, schade, dass das immer so schnell alle ist. Das Zubereiten ist aufwendiger als das Aufessen!«, stellt sie fest. »Heute haben wir noch unseren Töpferkurs, oder?«, fragt Annabelle kurze Zeit später.

»Stimmt, den haben wir ja heute«, erwidere ich, während ich mich um den Abwasch kümmere, »na dann lass uns mal alles, was wir noch so machen wollten, vorher machen.«

Ich nehme einen Podcast auf und schreibe weiter an meinem Buch und Annabelle beschäftigt sich mit Marketing.

Dann geht es los, wir entscheiden uns, lieber mit dem Auto zum Hotel Holistika zu fahren, da es ziemlich nach Regen und Gewitter aussieht.

Die Töpferwerkstatt mitten im Hotel ist sehr schön, da der Platz klein, aber durch die vielen Fenster sehr hell ist. Es ist fast dunkel draußen, da sich die Wolken weiter zusammenbrauen und mit der angenehmen Beleuchtung an unseren Arbeitsplätzen, drei Katzen und zwei Lehrern, jungen Männern aus Argentinien, haben wir es richtig gemütlich. Eine weitere Spanierin ist ebenfalls Teilnehmerin. Sehr geduldig erklären die Lehrer uns, wie der Prozess verläuft, und schon bald fangen wir an, den Ton zu bearbeiten. Hm, denke ich, das ist ja alles sehr langwierig, denn um eine Tasse zu machen, muss der Ton in kleine Schlangen geformt werden und diese werden dann aufeinandergestapelt. Annabelle ist voll in ihrem Element, stelle ich fest, als ich zu ihr rüberschaue. Mir macht es mäßig Spaß, denn es fällt mir schwer, mit dreckigen Händen zu arbeiten, die fühlen sich dann schnell so trocken an und das macht mich unruhig. Also stehe ich öfter auf und wasche mir die Hände. Dazu kommt, dass ich, je länger ich meine Tasse anschaue, immer mehr Unregelmäßigkeiten entdecke. Maria, die weitere Teilnehmerin, versucht sich an einer Vase, das erscheint mir noch komplizierter. Maria kommt schon seit sechs Jahren jeden Winter nach Tulum, sie hat hier vier Wohnungen, die sie vermietet. Allerdings ist sie überwiegend damit beschäftigt, über den starken Verkehr zu schimpfen. Ansonsten ist sie sehr freundlich und aufgeschlossen. Nach einer Weile sind Annabelle und ich fertig, aber zeitgleich hat ein heftiger Regen angefangen und nachdem wir uns von unseren Lehrern verabschiedet haben, kommen wir nur bis zum Hotelrestaurant wenige Schritte weiter. »Das ist doch super«, sage ich zu Annabelle, »dann können wir hier noch etwas essen.«

»Schade, dass wir nun so lange warten müssen, ehe wir die Tassen anmalen können«, sagt Annabelle, als wir uns gesetzt haben. Insgesamt dauert es zehn Tage, bis der Ton gebrannt wird, und erst dann können wir die Tassen anmalen. Anschließend werden die Tassen noch einmal gebrannt. Also müssen wir eine Menge Geduld aufbringen, ehe wir sie fertigbekommen.

Nach dem Essen ist der Regen wieder verschwunden, das geht in Tulum schnell. Auf dem Weg zu unserem Apartment muss ich allerdings ziemlich auf die Pfützen aufpassen, die sich nun in den ganzen Schlaglöchern gebildet haben.

»Also für mich war das Töpfern schwierig«, sage ich zu Annabelle, als wir uns später nachtfertig machen. »Ich konnte irgendwann nur noch die Unregelmäßigkeiten sehen und das waren so viele, dass ich keine Lust mehr hatte.«

»Na, Mama, das ist doch gerade der künstlerische Aspekt und außerdem geht es ja mehr um den Prozess und nicht so sehr um das Ergebnis.«

»Was für ein Glück, dass ich so eine weise Tochter habe.«

Zwei Tage später sind wir auf dem Weg zum Yoga. Anke, die mir netterweise viele Tipps zu Tulum gegeben hat, da sie schon öfter da war, hat mir die Lehrerin Itzel empfohlen und ich bin ganz gespannt, wie der Unterricht wohl wird. Es stellt sich heraus, dass es eine besondere Klasse ist, weil sie nebenbei noch die gesamte Yogaphilosophie erklärt. Also nicht nur die Asanas ansagt, sondern gleichzeitig noch den Bogen zu den verschiedenen Aspekten der Yogalehre spannt. Ich bin beeindruckt und hinterher völlig erledigt, denn die Stunde war eher für fortgeschrittene Yogis. Annabelle hatte da auch so ihre Kämpfe zu bestehen und ich bin froh, dass Itzel noch ein paar ermunternde Worte für sie findet, die ihr klarmachen, dass jeder unterschiedlich ist und regelmäßige Praxis hilft.

»Ich mag Yoga lieber langsam und bewusst, nicht so gehetzt«, gesteht Annabelle mir auf dem Nachhauseweg.

»Ja, ich fand die Stunde auch ziemlich herausfordernd, aber sie sagt ja, wir sollen das nächste Mal abends kommen, da ist die Stunde langsamer.«

»Vielleicht«, sagt Annabelle skeptisch und fährt dann fort, »was wollen wir eigentlich mit Maria unternehmen? Sie kommt schon morgen früh an. Ich dachte mir, wir könnten an den Strand gehen, oder was meinst du?«

»Gute Idee, wir könnten schon am Strand frühstücken und dann den Tag dort verbringen, außerdem wollte ich noch zu diesem Fluss, in dem man sich treiben lassen kann.«

»Ein guter Plan. Ich freue mich so, dass sie sich von Mexiko City zu uns aufmacht.«

»Ich freue mich auch, wann hast du sie das letzte Mal gesehen?«

»So ungefähr vor zwei Jahren.«

Maria ist Mexikanerin und mit Annabelle zusammen zur Schule gegangen. Sie hat Annabelle mit mexikanischen Süßigkeiten und dem Essen bekannt gemacht und die hat es dann zu ihrer Lieblingsküche auserkoren.

»Hervorragend, wenn sie da ist, können wir endlich alles verstehen«, sage ich.

»Also, unser Spanisch wird doch schon viel besser, seitdem wir zweimal die Woche Unterricht haben.«

»Ja, aber verstehen kann ich meistens trotzdem nichts«, gebe ich zu.

Fazit: *Der Weg ist der künstlerische Aspekt und nicht das Resultat.*

Tipp: *Lass mal fünf gerade sein, es muss nicht alles perfekt sein.*

DER BESUCH UND DAS PORTAL

Job: Mutter und Abenteurerin
Tage bis zum Ende der Auszeit: 248
Mietwagen: einer

»Du, Maria, das ist das erste Mal, dass wir abends unterwegs sind«, erkläre ich ihr, nachdem wir uns nach unserem Strandtag noch einmal aufgebrezelt haben und gerade mit dem Auto auf dem Weg zu einem Restaurant sind.

»Warum?«, fragt sie verwundert.

»Genau kann ich dir das gar nicht sagen, irgendwie hatten wir keine Lust und jetzt schau auch mal bitte, wie dunkel es hier ist«, antworte ich. Das Restaurant ist nicht weit von unserem Apartment entfernt, aber der Weg dahin ist sehr dunkel, denn es gibt keinerlei Beleuchtung. Da wir unser Apartment im Dschungel gemietet haben, schluckt dieser auch das bisschen Sternenlicht den ersten Teil der Strecke. Im zweiten Teil fahren wir auf geteerten Straßen mit einigen Wohnhäusern und die haben mehr Licht.

Als wir in unser ausgewähltes Restaurant eintreten und zu unserem Tisch geführt werden, bin ich erstaunt. »Es ist ja gar nichts los.«

»Von wegen, ab jetzt ist Hochsaison. Das scheint sich nur auf tagsüber zu beziehen. Sei es, wie es sei, vielleicht ist es auch dieser Part von Tulum«, sagt Annabelle.

Später auf dem Rückweg schleiche ich mit dem Auto etwas vor mich hin, bis ich die Straße erkenne, die zu uns führt. »Na, ich weiß nicht, hier sind wir, glaube ich, falsch«, sagt Maria von der Rückbank.

»Nein, nein«, antworte ich, »das ist unsere Straße, aber was ist das denn da vorn für ein Idiot, der blendet mich ja komplett mit seinem Riesenauto und den Scheinwerfern.« Mit Mühe fahre ich näher ran, dann ertönt die Polizeisirene und ein Arm schnellt aus dem Auto. »Auweia«, murmele ich, »das ist die Polizei. Oh nein, ich fahre ja auf der Gegenfahrbahn.« Ganz erschrocken kurbele ich das Fenster runter und sage: »Das ist falsch hier« auf Deutsch. Dann auf Englisch: »Sorry, I need to turn, right?«

Der Polizist ist ausgestiegen und schaut grimmig. »Ja«, antwortet er auch auf Englisch und dann: »Woher kommen Sie?«

»Aus Deutschland«, sage ich diesmal gleich auf Englisch.

»Gut, dann wenden Sie bitte«, sagt er und lässt mich weiterfahren.

Ich höre die Mädels hinten ausatmen. Maria bemerkt trocken: »Ich glaube, das war nicht der richtige Moment, um Spanisch zu sprechen.«

»Das denke ich auch«, sage ich.

»Da haben wir aber wahrhaft Glück gehabt«, sagt Maria weiter, »normalerweise wollen die dann gern ein wenig Geld.«

»Das habe ich auch schon gehört, dann wollen wir mal schnell zum Apartment, damit wir von der Straße runterkommen«, sage ich erleichtert.

»Seid ihr sicher, dass es hier keine Tiere gibt?«, fragt Maria am nächsten Tag etwas unsicher.

»Na klar«, antworte ich, »sonst würden die hier doch keine Touristen ins Wasser lassen.« Wir sind auf einem Ausflug im Naturschutzgebiet Sian Ka'an und nach einer zwanzigminütigen Bootstour hat uns unser Guide nun mit Schwimmwesten in den Fluss gelassen und wir treiben mit der Strömung durch die Mangroven.

»Na, das hoffe ich«, sagt Maria lachend.

»Sieh mal, da hinten treiben noch mehr Touristen im Wasser«, sage ich und lache mit.

»Das macht Spaß«, kommt es von Annabelle, »und es ist Süßwasser.«

»Und glasklar«, füge ich hinzu.

»Wie lange treiben wir hier denn so herum?«, fragt Annabelle.

»Ich weiß es nicht, aber es soll ungefähr ein Kilometer sein. Wie gut, dass die Sonne nicht so stark scheint«, sage ich, denn wir durften hier im Naturschutzgebiet keine Sonnencreme benutzen. Wir versuchen, lachend gegen die Strömung anzuschwimmen, und obwohl wir eindeutig nur ganz sanft vorwärtstreiben, ist es fast nicht möglich, dagegen anzuschwimmen.

»Versuch mal, stehen zu bleiben«, sagt Annabelle und fällt bei dem Versuch sofort um. Ich versuche es ebenfalls, aber keine Chance. Erstaunlich, dabei sieht es gar nicht so kraftvoll aus.

Am Ende des Flusses wartet unser Guide mit unseren Schuhen und nun müssen wir den ganzen Weg zu Fuß zurücklaufen. Das ist nicht ganz so lustig, zumal er uns auch ermahnt, in der Mitte des Holzsteges zu bleiben. Und richtig, denn rechts und links davon sieht es sehr sumpfig aus. Aber wir schaffen es heil wieder zurück auf das Boot.

Später im Auto sagt Annabelle: »Jetzt müssen wir aber noch dringend mit Maria zum Supermarkt, damit sie mir noch die richtigen mexikanischen Süßigkeiten zeigt.«

Zwei Stunden später sitzen die beiden am Esstisch in unserem Apartment und Annabelle muss sagen, welche Süßigkeit sie am besten findet.

»Ich bin raus«, sage ich, nachdem ich etwas mit Tamarinde probiert habe. Annabelle findet einiges lecker und vor allem ist fast alles scharf.

Abends fahren wir zur Beachroad und auch hier ist nicht viel los. Das Dinner ist typisch mexikanisch, aber das Besondere ist, dass zwischen den Gängen ein Tarotkartenleger zu uns an den Tisch kommt. Erst legt er drei Karten für mich und nach dem Essen legt er noch jeweils drei Karten für Maria und Annabelle. Wir sind alle ganz ergriffen von der Erfahrung. Das Restaurant wurde mit einer Holzplattform über die Bäume des Dschungels gebaut und ist insofern tatsächlich etwas Besonderes, dann kamen noch die Tarotkarten dazu. Das war ein wahrer Höhepunkt.

»Es war so passend«, sagt Maria, »irgendwie habe ich ja im Moment genau mit den Themen zu tun, die er angesprochen hat, und ich finde seinen Rat, mich mit der männlichen und weiblichen Energie zu verbinden, einleuchtend. Und außerdem könnte es auch heißen, dass ich bald einen Partner finde.«

»Ja, spannend«, erwidere ich, »bei mir bin ich noch nicht ganz sicher, was die große Veränderung sein soll. Vielleicht mein Verhalten gegenüber bestimmten Situationen oder eine andere Veränderung.«

»Jedenfalls ist es wichtig, dass du mit dem Flow gehst, und du kannst ja anscheinend nichts daran machen, dass sich etwas grundlegend ändert«, fasst Annabelle meine Karten zusammen. Auch bei ihr stimmte das Thema, denn bei ihr ging es um Gerechtigkeit und damit hat sie im Moment viel zu tun.

Am nächsten Morgen reist Maria wieder ab, ihr Taxi kommt schon um 5.00 Uhr und Annabelle und ich gehen danach noch mal ins Bett.

Wir verbringen den Tag dann ganz in Ruhe und gehen abends noch mal zum Yoga. Nach einer halben Stunde schaue ich Annabelle an, denn ich weiß genau, was sie denkt. Schon wieder so schnell und gar nicht mehr Dehnübungen, aber ich sehe, dass ihr Widerstand zwar da ist, sie aber einfach mitmacht, wie sie es will, und darum geht es ja beim Yoga. Nach weiteren zwanzig Minuten geht es tatsächlich in den Dehnungsteil und ich bin dafür sehr dankbar, auch wenn wir überwiegend Vorbeugen machen, die ich nicht so gerne mag. Danach fühle ich mich körperlich richtig wohl, ruhig und gehe sofort ins Bett, als wir wieder im Apartment sind.

Die Tage sind gefüllt mit sozialen Medien und Kontakten am Morgen, denn sonst ist der Zeitunterschied zu Deutschland schwierig. Dann machen wir uns entweder auf den Weg zum Strand oder ich schreibe auf unserer schönen Terrasse, die immer geschützt von der Sonne und ein wenig im Wind ist und somit den ganzen Tag nutzbar.

»Okay«, sage ich zu Annabelle, »heute habe ich eine Light Portal-Zeremonie im Holistika gebucht.«

»Und was ist das?«, fragt sie.

»Tja, so richtig habe ich es nicht verstanden, aber anscheinend ist da viel Sound dabei und eine Menge therapeutische Unterstützung.« Als wir ankommen, gehen wir wieder zum Dom.

Dieses Gebäude kennen wir schon vom Reiki und der Wim Hof-Eismeditation.

»Heute sind ja richtig viele Leute dabei«, fällt mir auf.

Ein Schamane fängt an, alle Teilnehmer mit Copal zu räuchern, dann suchen wir uns jeder eine der ausgelegten Matten aus. Im Dom sind sechs weitere Therapeuten, das fühlt sich so an, als ob wir gut betreut sind. Insgesamt sind wir zwölf Personen inklusive drei Paaren. Als alle gereinigt sind und einen Platz haben, werden wir von der Heilerin noch mal etwas umgesetzt, sodass ich nicht mehr neben Annabelle sitze. Das ist wahrscheinlich besser so, denke ich. Dann wird uns das Prozedere erklärt und neben viel Atmen geht es darum, den Prozess zuzulassen. Die Heilerin öffnet ein Portal. Ein Portal ist ein Tor zu besonderen kosmischen Energien und an Portaltagen, die öfter im Jahr stattfinden und auch heute, können ausgebildete Heiler durch ihre Energiearbeit einen Zugang herstellen. Das Portal, das sie öffnet, entfernt alle Dinge, die wir nicht mehr benötigen, und erfüllt uns mit neuer Energie. Das Ganze wird intuitiv musikalisch unterstützt und die Therapeuten gehen herum und lösen mit bestimmten Handgriffen Blockaden. Nach einer Weile intensiven Atmens merke ich, dass ich mich ein wenig wie in Trance fühle, und fange unbewusst an, zu summen, erst ziemlich leise, dann auf einmal sehr laut. Die Töne fließen einfach so aus mir heraus. Nach einer Weile kommt ein Therapeut vorbei und drückt an meinen Schultern und meinem Kiefer, was so schmerzhaft ist, dass ich weinen und sogar schreien muss. Ich bin nicht allein mit meinen Wahnsinnsgeräuschen, um mich herum ist eine hohe Geräuschkulisse. Einige Frauen sind ebenfalls sehr laut und die Musik ist wild, mit Trommeln und Gesang.

Das Ganze geht insgesamt über zwei Stunden, die ich immer mal wieder leise vor mich hin brummend und dann wieder weinend und schreiend mit Unterstützung der Therapeuten verbringe. Der absolute Wahnsinn, so etwas habe ich noch nie erlebt.

Bei einer Berührung muss ich würgen und auch damit bin ich nicht allein, denn ein Teilnehmer muss sich sogar übergeben. Das ist das schlimmste Geräusch für Annabelle, denke ich. Nach zwei Stunden wird es ruhiger und wir werden langsam wieder in die Gegenwart zurückgeholt und dann wird das Portal wieder geschlossen.

Als ich langsam die Augen öffne, geht mein erster Blick zu Annabelle, die ist nicht erfreut, das sehe ich gleich. Ich bedanke mich bei den Therapeuten und dann gehen Annabelle und ich nach draußen.

»Wollen wir hier noch etwas essen?«, frage ich zögerlich, da mir auch etwas übel ist. Aber Annabelle sagt: »Können wir machen. Es war übrigens schrecklich.«

»Das hatte ich mir bei dem Geräusch genau gedacht«, erwidere ich.

»Bis dahin ging eigentlich alles und ich hatte ziemlich viele Visionen, aber als das Geräusch kam, war ich raus.«

»Ich habe dich auch gar nicht gehört«, sage ich. »Taten dir die Berührungen der Therapeuten nicht weh?«

»Doch, ziemlich, aber ich wollte denen nicht ins Gesicht schreien.«

»Hm, darüber habe ich überhaupt nicht nachgedacht, sondern hab einfach alles rausgebrüllt.«

»Das ist doch gut«, sagt Annabelle, »das wolltest du doch unbedingt machen.«

»Was meinst du?«

»Na, du wolltest doch mal so richtig gerne schreien.«

»Ja, das stimmt«, sage ich und muss lachen.

»Mama, die nächsten Rituale buche ich, okay?«

»Einverstanden.«

Auf dem Nachhauseweg ist es stockdunkel und etwas unheimlich. Denn auf den ganzen Baustellen schlafen auch immer die Arbeiter. So gesehen ist es nicht ungewöhnlich, auf einmal Menschen im Dunklen sitzen zu sehen.

Fazit: *Manchmal sind die Überraschungen im Leben das, was uns dankbar werden lässt. Sei es nun ein netter Polizist oder eine befreiende Zeremonie.*

Tipp: *Schrei doch mal mit deiner ganzen Kraft. Falls du in einer Wohnung wohnst oder neugierige Nachbarn hast, nimm ein Kissen vor den Mund.*

DER STRAND-
SPAZIERGANG

J ob: Tochter und Abenteurerin
Tage bis zum Ende der Auszeit: 240
Mietwagen: einer

»Wollen wir mal los?«, frage ich Annabelle zwei Tage später nach dem Frühstück. Wir möchten heute an den Strand in das Natur-Reservat Sian Ka'an. »Ich habe allerdings miserable Laune«, warne ich Annabelle, »denn die Party von unseren Nachbarn ging heute bis 7.30 Uhr am Morgen.«

»Habe ich gar nicht gehört«, sagt sie und ich denke nur: Unglaublich, denn trotz Ohrstöpsel war es ziemlich laut. »Aber, Mama, ist doch okay, du kannst auch einfach schlechte Laune haben.«

Im Auto merke ich langsam, dass ich eigentlich keine schlechte Laune habe, sondern sehr traurig bin. »Heute ist der Todestag meines Papas«, sage ich.

»Na, dann ist doch klar, warum du schlechte Laune hast.«

»Ich merke gerade, dass ich keine schlechte Laune habe, sondern traurig bin«, sage ich und muss anfangen zu weinen. »Aus einem bestimmten Grund vermisse ich gerade sehr seine physische Präsenz«, gestehe ich und erinnere mich daran, wie er gestorben ist. »Es war ja alles ganz friedlich, aber kurz bevor er endgültig gestorben ist, hat er

Nein gesagt und ich habe einfach ›Doch‹ gesagt, ›es ist alles gut‹, dabei habe ich doch gar keine Ahnung«, erzähle ich Annabelle schluchzend. Die kennt die Geschichte schon, aber hört mir noch mal zu meiner Beruhigung zu.

»Aber es ist doch vollkommen klar, dass man im letzten Moment, auch wenn man damit in Ordnung ist, zu gehen, so wie Opa es ja war, doch noch mal ganz kurz Skrupel bekommt. Und es ist doch wichtig und gut, dass du da warst.«

»Wahrscheinlich«, schniefe ich, aber jetzt komme ich richtig ins Weinen. »Er hatte mir vorher auch gesagt, dass ich immer lustig bin und für gute Stimmung sorge und dass das gut ist«, schluchze ich jetzt in voller Lautstärke.

»Das ist doch gut«, sagt Annabelle ein wenig lächelnd.

»Ja, schon, aber irgendwie ist das auch mein Ventil bei schwierigen Situationen und wenn ich unter Druck komme und sowieso bei all den Traumata, die so passiert sind. Seitdem mein Papa das gesagt hat, fällt es mir schwer, lustig zu sein, denn während ich es bin, denke ich gleichzeitig, dass mit mir gewaltig was nicht stimmt.«

»Meiner Meinung nach ist das etwas, was du gelernt hast schon in jungen Jahren, und du kannst das eben. Jetzt brauchst du es aber nicht mehr für eine Problembewältigung, sondern du kannst es anwenden, wenn es dir Spaß macht.«

Die Trauerattacke ebbt langsam ab und ich fühle mich zwar immer noch ein wenig wie unter einer Glocke, aber schon wesentlich leichter. »Danke, Annabelle«, sage ich, »das musste anscheinend mal alles an die Luft. Es erscheint mir jetzt, wo es draußen ist, als Kleinigkeit, aber in mir war es riesengroß.«

Ein paar Minuten später sind wir im Naturreservat und

zahlen Eintritt, nach weiteren fünf Minuten erreichen wir einen Zugang zum Strand. »Komm, wir gehen spazieren«, sagt Annabelle. Ich schaue mich etwas skeptisch um, der Strand ist kilometerlang, einsam, aber leider komplett voller Plastikmüll.

»Richtig«, erinnere ich mich, »hier war doch auch die Müllsammelaktion, die wir an ihrem Treffpunkt im Dorf gesehen hatten. Das waren ja mindestens fünfzig Leute, aber wenn ich mir das hier so ansehe, könnte man wohl jeden Tag Müll sammeln. Das ist wahrhaftig ziemlich schlimm, was wir Menschen hier machen.«

»So war das in Costa Rica auch«, sagt Annabelle, »deshalb haben wir da auch jeden Tag gesammelt.«

»Nanu, sieh mal, da ist ein leuchtend gelber Vogel in den Sträuchern direkt am Strand.« Wir machen uns auf den Weg und das Kuriose ist, dass nach ein paar Metern der Anblick von Müll nicht mehr so stört und wir trotzdem den Strand und auch die Einsamkeit genießen können.

»Das Wasser sieht irgendwie ziemlich unruhig aus«, stelle ich fest. »Nicht ganz so einladend, oder?«

»Nein, im Moment nicht, aber es ist auch keine Sonne da.«

Plötzlich schießt ein großer schwarzer Hund aus dem Gebüsch und bellt uns an. Wir bleiben ganz ruhig und der Hund beruhigt sich. »Ein Segen«, schnaufen wir beide.

»Er hatte ja ein Halsband um und wahrscheinlich hat er nur die Hütte da oben beschützt«, meint Annabelle.

Wir laufen weiter und urplötzlich kommen zwei große graue Hunde aus dem Gebüsch gestürmt, wir bleiben weiter entspannt und auch die beiden scheinen nur ihr Land zu beschützen. »Gut, dass die alle freundlich sind«, bemerkt Annabelle.

Im Augenwinkel habe ich beobachtet, dass der gelbe Vogel ununterbrochen mit uns fliegt, und freue mich. »Schau mal, hier sieht das Wasser auch wieder ruhiger aus«, sage ich und deute auf eine Stelle, wo das Wasser ganz türkisfarben glitzert, was wohl auch an der Sonne liegt, die gerade durch die Wolken hervorgekommen ist. »Lass uns doch einfach mal hineinspringen.«

Nach einem ausgiebigen Bad machen wir uns wieder auf den Rückweg zum Auto. »Okay, gleich kommt die Stelle, wo die beiden Hunde waren«, warne ich Annabelle vor.

»Nein«, sagt sie, »die sind jetzt beim Essen.« Und das stimmt, es ist kein Hund zu sehen. Nach ein paar Metern hören wir allerdings dumpfes Hundegrollen in mehrfacher Ausführung. Ein Blick über die Schulter zeigt drei weitere Hunde auf dem Weg zu uns. Allerdings haben sie, ein Segen, kein Interesse an uns, sondern spielen miteinander und begleiten uns dann ein gutes Stück am Strand entlang.

»Das ist, als wenn wir ein Rudel hätten«, sage ich zu Annabelle.

»Wunderbar«, erwidert sie. Nach einer Weile haben die drei Hunde genug und kehren um. »Wir sind aber auch sehr weit gelaufen«, sage ich, »allerdings, schau mal, da ist immer noch der gelbe Vogel, der hat uns jetzt immerzu begleitet.«

Kurz bevor wir den Übergang zu unserem Auto erreichen, verabschiede ich mich von dem Vogel und prompt dreht er um und fliegt davon. Erstaunt schaue ich Annabelle an.

»Das war wahrscheinlich dein Papa«, sagt sie.

Ich hatte auch das Gefühl, denn seit dem Tod meines Vaters hat es sich bei uns in der Familie so eingebürgert, dass immer, wenn wir ein Rotkehlchen sehen, wir an meinen

Vater denken. Das Rotkehlchen zeigt sich auch immer in besonderen Momenten. So ist es überhaupt dazu gekommen. Zum Beispiel, wenn wir alle zusammen sind an Geburtstagen oder wenn jemand besonders meinen Vater vermisst.

»Hier in Mexiko gibt es keine Rotkehlchen, also hat er kurz die Farbe gewechselt«, sage ich lachend. Seltsam, denn das tröstet mich tatsächlich. »Wollen wir noch einen späten Lunch-Stopp im Hotel Nomade machen?«, frage ich Annabelle und merke, dass meine gute Laune wieder da ist.

»Au ja«, erwidert sie und kurze Zeit später sitzen wir beim Essen. Hier ist es außergewöhnlich schön, wir sitzen direkt im Sand am Strand, um uns herum sind Palmen, es gibt Livemusik und das Essen ist köstlich. Zufrieden schaue ich auf das Meer und lebe voll in diesem Moment.

Fazit: *Wenn wir unsere Gefühle ignorieren, werden sie größer; sie schrumpfen, wenn wir sie zulassen.*

Tipp: *Gib dir Zeit für deine gerade anstehenden Gefühle. Fühle sie und nimm sie an.*

DIE RÜCKREISE

Job: Reiseleiterin und Abenteurerin
Tage bis zum Ende der Auszeit: 228
Mietwagen: keiner, dafür ein Taxi

Die Zeit vergeht wie im Fluge und obwohl wir uns beide auf Deutschland und auch auf Weihnachten freuen, ist es doch ein seltsames Gefühl, die Koffer zu packen.

»So richtig will ich gar nicht weg«, sagt Annabelle.

»Ja, geht mir genauso. Irgendwie war es jetzt auch ganz einfach, sich die Zeit für sich selbst zu nehmen, denn schon aufgrund des Zeitunterschieds zu Deutschland war nur begrenzt Kontakt zu meinem Leben dort möglich.«

»Das kann aber nicht die Lösung sein, dass, wenn du nicht sicher bist, wie du mit Situationen umgehen sollst, du dich in eine andere Zeitzone flüchtest.«

»Nein«, sage ich und rolle meine Kleidung in den Koffer, »natürlich nicht für immer, aber diese Auszeit war absolut traumhaft. Ich werde das sehr vermissen.«

»Na klar, ich auch. Sag mal, das Rollen der Klamotten hast du dir doch von mir abgeguckt, oder?«

»Gar nicht«, erwidere ich, »das mache ich aus Platzmangel. Warum haben wir eigentlich so viel mehr Zeug als vorher?«

»Na, wegen der ganzen Weihnachtsgeschenke.«

»Richtig«, murmele ich vor mich hin und quetsche noch die Kleider in eine Ecke.

Die nächste Stunde, bevor unser Taxi kommt, laufen wir

noch ordentlich hin und her, um auch alles in den Koffer zu bekommen und nichts zu vergessen.

»Jetzt sollte das Taxi eigentlich da sein«, erkenne ich, »aber es ist weit und breit nicht zu sehen.«

»Wo hast du denn gebucht?«, fragt Annabelle nach.

»Auf so einer Buchungsplattform, lass uns mal noch zehn Minuten warten, sonst schicke ich ihm eine Nachricht. Schau, in der Mail ist eine Telefonnummer vom Fahrer angegeben.«

Zehn Minuten später versuche ich, die Nummer anzurufen, aber es geht direkt zur Voicemail.

»Hm«, sagt Annabelle, »was jetzt?«

»Ich schreibe ihm eine Nachricht«, sage ich, »und dann warten wir ab.«

Gesagt, getan und ein paar Minuten später meldet sich der Fahrer auch, er wurde von einer Polizeikontrolle aufgehalten, sei aber gleich da.

»Gut, dass ich so viel Zeit eingeplant habe«, sage ich zu Annabelle.

Zwanzig Minuten später sitzen wir im Taxi und die zweistündige Fahrt zum Flughafen kann losgehen.

»Ups«, sagt Annabelle nach zwei Stunden Fahrt, »hier ist aber viel los.« Wir stehen im Stau und schleichen Meter für Meter voran.

Ich lehne mich vor zum Fahrer: »Wie lange dauert es noch?«, frage ich.

»Das ist die einzige Straße zum Flughafen und das Navi sagt, noch eine Stunde, bis wir da sind.«

»Ach du je«, erwidere ich und bekomme leichte Panik, das wird noch spannend.

Der Fahrer bemerkt meine Betroffenheit und fragt, wann

der Flug geht. »Tja, also der geht in zweieinhalb Stunden, das könnte knapp werden.«

»Kein Problem«, sagt er mit mexikanischer Gelassenheit, aber ich bin nervös und mein Gedankenkarussell beginnt, sich zu drehen. Was machen wir, wenn wir nicht mit auf diesen Flug kommen? Es ist kurz vor Weihnachten und alle wollen nach Hause, sicher gibt es keine Plätze mehr auf den nächsten Flügen.

Annabelle schaut mich an und sagt: »Stopp, Mama, gib da keine Energie rein, wir schaffen das schon irgendwie.«

Tja, das ist leichter gesagt als getan, aber ich bemühe mich, ruhig zu bleiben. Plötzlich biegt der Taxifahrer ab und scheint eine Abkürzung zu kennen und wir sind tatsächlich eineinhalb Stunden vor Abflug am Flughafen. Ich bin unendlich dankbar und der Fahrer ist auch ganz begeistert, dass wir es geschafft haben. Beim Einchecken stellt sich heraus, dass wir von Frankfurt nicht nach Hamburg fliegen, sondern nach Brüssel und von dort weiter nach Hamburg. Anscheinend ist der direkte Flug gestrichen und der Herr hier am Schalter kann uns auch nicht anders buchen.

»Na, das wird lang«, sage ich zu Annabelle. »Da müssen wir vielleicht doch noch eine Nacht in Hamburg schlafen, mit dem Jetlag und späten Ankommen.«

Und genau so kommt es. Zwar gibt es noch eine Verzögerung in Frankfurt, weil dort das gesamte Personal streikt, aber wie durch ein Wunder erreichen wir dennoch unseren Flug nach Brüssel. Von dort aus ist es nur noch ein kurzer Flug nach Hamburg. Jetzt stehen wir am Gepäckband und haben schon einmal alle informiert, dass wir sicher in Hamburg gelandet sind, allerdings kommen die Koffer nicht. Es stellt sich raus, dass gerade das WM-Finale ist und alle, auch das Personal für das Gepäck, vor dem Bildschirm hängen. Zum Glück habe ich nun auch endlich wieder Internet und somit können auch wir wie alle anderen Reisenden das Ergebnis abwarten. Kaum ist es vollbracht und Messi ist Weltmeister, fangen auch unsere Koffer an zu rollen.

Jetzt sind wir schon ein paar Tage wieder in Deutschland und nicht nur, dass es ziemlich kalt ist, die Wohnung ist auch gut gefüllt. Meine Mama ist angereist, um Weihnachten mit uns zu verbringen, und Annika und Annabelle sind ebenfalls hier. Ich bin froh, dass wir alle zusammen mit Emely und Kevin Weihnachten feiern, auch wenn mir gar nicht weihnachtlich zumute ist. Die Stimmung wollte in Mexiko nicht aufkommen und hier hatte ich auch zu wenig Zeit, um in Stimmung zu kommen. Außerdem fällt mir die Zeitumstellung schwer und auch, nun wieder für alle Ansprechpartner zu sein. Mir fällt auf, dass meine Mama kein Bedürfnis nach Ruhe hat, im Gegensatz zu mir. Aber heute ist Heiligabend und wir machen das Weihnachtskaffeetrinken in der Ferienwohnung, die ich für die Zeit gemietet habe, und das Abendessen in meinem Haus, das jetzt Emely und Kevin voll übernommen haben. Dort gibt es auch einen Weihnachtsbaum. Wie immer haben wir uns alle hübsch gemacht und Emely hat eine prächtige Kugel dabei. »Da sind wir ja gespannt, irgendwie sieht dein Bauch schon ziemlich weit nach unten gerutscht aus«, sage ich zu ihr.

»Ja«, erwidert sie, »er liegt jetzt auch genau richtig, also eigentlich ist alles bereit.«

»Ui, das ist alles so aufregend«, sage ich.

»Frag mich mal«, erwidert sie.

Die Mutter von Kevin hat ganz viele selbstgebackene Kekse geschickt, sodass das Kaffeetrinken richtig weihnachtlich ist.

Zum Abendessen und zur Bescherung wechseln wir den Ort und es ist ziemlich feierlich. Da ich mich ja immer noch über eine alkoholfreie Zeit freue, bin ich dieses Jahr viel präsenter dabei, was mir richtig gut gefällt. Annika freut sich auch sehr darüber und das bestärkt mich doch sehr, weiterhin abstinent zu bleiben. Meine Mama bekommt nach einer Zeit nicht mehr so viel mit, was ich schade finde, aber mich bestärkt, einen anderen Weg einzuschlagen.

Die Tage vergehen und wir warten alle gespannt auf das Baby. Inzwischen ist Mama wieder abgereist und Silvester, das wir mit Raclette und Spielen in meinem Haus verbracht haben, ist vorbei.

Nun ist mein Geburtstag und obwohl ich es mich eigentlich nicht getraut habe, weil es weiter von Schleswig und somit von Emely entfernt ist, habe ich Annabelle, Annika und mich im James in Flensburg eingebucht. Gestern sind wir angereist und Emely kommt gleich zum Frühstück dazu. »Ein fabelhafter Start in den feierlichen Tag«, sagt sie, als sie sich an den Tisch setzt, und ich freue mich sehr, dass sie pünktlich ist und es geschafft hat, hier zu sein. Die letzte Zeit in einer Schwangerschaft ist beschwerlich und da sind auch kleine Ausflüge nicht so leicht. Am Buffet gibt es sogar alkoholfreien Sekt und ich werde so richtig von den Mädels verwöhnt, sie holen mir alles vom Buffet, was ich möchte.

»Wie schön«, murmele ich, »und jetzt gehen wir gleich in den Wellnessbereich und machen einfach, außer in der Sauna sein und herumliegen, nichts.«

»Fantastisch«, erwidern die Mädels alle gleichzeitig.

Nach dem Frühstück geht Emely als Erstes in den Pool. »Großartig, obwohl es kalt ist, aber es ist alles viel leichter.« Das kann ich in ihrem Zustand gut verstehen.

Der Tag vergeht ganz entspannt und ich habe auch noch eine Massage, bevor wir uns zum Abendessen mit Kevin im Restaurant treffen.

»Mit euch feiere ich am liebsten«, gestehe ich beim Anstoßen. »Irgendwie ist das die erholsamste Art, seinen Geburtstag zu feiern, auch wenn ich irgendwie gar nicht glauben kann, dass ich jetzt schon 51 Jahre alt bin. So im Herzen bin ich oft viel jünger unterwegs, aber manchmal fühle ich mich auch verdammt nah an der Sechzig.«

»Das ist doch Quatsch, Mama«, protestiert Annabelle, »konzentriere dich einfach auf das jüngere Gefühl.«

Das sagt sie so leicht in ihrem jugendlichen Wahn, halte ich abends im Bett noch mal eine Rückschau. Wenn ich meine jetzige Situation so anschaue, dann ist irgendwie so gar nichts klar. Es ist schon seltsam, wie unsicher sich alles anfühlt. Ich habe zwar gemerkt, dass ich eigentlich nicht in das Angestelltenleben zurück möchte, aber wie ich jetzt genau Geld verdienen kann, erschließt sich mir noch nicht. Zeitweise dachte ich ja, ich verdiene Geld mit dem Schreiben, aber bevor das alles so weit ist, wird es knapp, wenn ich so weiterlebe. Also berufliche Unsicherheit, finanzielle Unsicherheit und was beziehungstechnisch noch passiert, ist ebenfalls unsicher. Dann noch die Show von Emely und Kevin und somit ist deren berufliche Zukunft ebenfalls unsicher. Und wie das alles mit der Geburt und dem Baby wird, ist auch sehr aufregend. Ich denke noch ein wenig vor mich hin, merke aber, dass es wohl am besten ist, mit dem Flow zu gehen, denn Hand aufs Herz: Bisher hat noch immer alles geklappt. Für heute reicht das Grübeln und ich schlafe nach einer Weile tatsächlich ein.

Fazit: *Der Alltag mit all seinen Themen ist in der gewohnten Umgebung auch nach einer längeren Auszeit schnell wieder spürbar.*

Tipp: *Gönne dir ab und zu bewusste Auszeiten vom Alltag. (Und feiere deinen Geburtstag genau so, wie du es möchtest.)*

DIE GEBURT

ob: Mutter und Großmutter
Tage bis zum Ende der Auszeit: 193
Auto: mein eigenes

Endlich kommt der Anruf von Emely, dass die Wehen losgegangen sind. Wir haben seit meinem Geburtstag jeden Tag damit gerechnet und ich bin sehr erleichtert, dass es nun endlich losgeht.

»Benötigst du Hilfe?«, frage ich aufgeregt am Telefon.

»Nein, bis jetzt ist alles okay.« Dann kommt eine Wehe und sie atmet lange und laut ein und aus.

»Großartig«, sage ich, als der Schmerz wieder abebbt, »du bist ja voll im Flow.«

»Ja, es geht. Gleich kommt auch die Hebamme.«

»Okay, haltet uns auf dem Laufenden«, bitte ich sie.

Nach einer gefühlten Ewigkeit kommt endlich die erlösende Nachricht, dass es Emely und Ocean den Umständen entsprechend gut geht. Die Erleichterung ist immens und wir staunen alle über das kleine Wunder – Ocean –, das Emely und Kevin erschaffen haben. Ein paar Tage dürfen sie noch im Krankenhaus ihre kleine Familie genießen und trotz Covid können wir sie einer nach dem anderen besuchen. Alles ist sehr aufregend und auch Kevins Mutter reist an, um ihren ebenfalls ersten Enkelsohn zu besuchen. Genauso wie Emelys Vater, der nun nach sechs Töchtern einen Enkelsohn bestaunen kann. Das Geburtsereignis schweißt Emely und Kevin noch mal mehr zusammen und auch die Hebamme hebt hervor, dass sie es selten erlebt hat, dass solch eine Einheit zwischen einem Paar während der Geburt herrscht. Ich bin sehr dankbar, dass Kevin in der Nähe meiner Tochter bleiben konnte. Und Ocean ist natürlich das niedlichste, hübscheste und entspannteste Baby der Welt.

Die Tage im Krankenhaus helfen den beiden, dieses neue Wesen in ihrem Leben kennenzulernen. Jede kleinste Frage kann sofort von einer der Krankenschwestern beantwortet werden. Und es gibt eine Menge Fragen. Das Stillen klappt absolut einwandfrei und irgendwann kommt dann die Nachricht, dass sie herauskommen. Sofort verfallen Annabelle, Annika und ich in emsige Betriebsamkeit, damit wir alles vorbereiten können.

Annabelle und Annika schmücken das Zuhause und wir kaufen ein, damit die kleine Familie am Anfang nicht aus dem Haus muss. Und jetzt stehe ich vor dem Krankenhaus, um sie nach Hause zu fahren. Da kommen sie und ich öffne schnell die Autotür, damit sich das Baby nicht erkältet.

»Hm, wie geht das denn mit dem Kindersitz?«, murmelt Kevin.

Ocean dauert das zu lange und kaum ist der Sitz richtig montiert, fängt er an zu schreien.

»Ich muss ihn noch mal stillen«, sagt Emely, »damit er nicht immerzu schreit.«

»Alles klar«, sage ich und fahre nach zwanzig Metern wieder auf einen Parkplatz. »Wir wollen ja nicht, dass er die erste Autofahrt gleich schreiend machen muss. Es ist ja so wundervoll, dass du stillen kannst«, sage ich mit einem Blick in den Rückspiegel.

»Ja, das ist super und auch ziemlich praktisch.«

Nach einer Weile ist der kleine Mann satt und wir können weiterfahren. Zu Hause ist das Hallo groß, alle haben Tränen in den Augen. Annika hat die weltweit besten Cupcakes gebacken, alles ist aufgeräumt und geschmückt und richtig gemütlich.

»Ach«, sagt Emely, »ich hatte ja ein wenig Angst, nach Hause zu kommen, aber ihr habt alles so schön dekoriert, es ist einfach nur wunderbar.«

Ein großes Glücksgefühl breitet sich in uns aus und wir lächeln uns alle an, außer Ocean, der schlummert selig vor sich hin. Selbst Fendi, der kleine Zwergpudel meiner Tochter, freut sich richtig, dass alle wieder vereint sind, und beschnuppert neugierig den Autositz mit Baby drinnen.

Die nächsten Tage sind sehr besonders und die kleine Familie lernt sich mit jedem Tag besser kennen. Ich übernehme ein wenig das Kochen, auch damit ich einen Grund habe, immer mal wieder vorbeizukommen. Schon bald machen die drei ihren ersten Ausflug mit dem Kinderwagen und alles ist aufregend und neu. Ohne Frage ist meine Tochter ein Naturtalent als Mutter und auch Kevin ist sehr entspannt und liebevoll. Wir schätzen diese ruhigen Tage alle sehr und erfreuen uns an unseren neuen Rollen als Mutter, Vater, Tanten und Oma.

Fazit: *Manche Ereignisse sind so prägend, dass es die ganze Familie neu aufstellt. Ich bin jetzt eine Oma!*

Tipp: *Um durch alle Zeiten zu kommen, ist es wichtig, sich die guten Zeiten ganz bewusst zu machen.*

DER WEITERE DURCHBRUCH

Job: Tochter und Heilende
Tage bis zum Ende der Auszeit: 180
Auto: mein eigenes

Nach drei Wochen kommen endlich meine Mutter und mein Bruder Markus zu Besuch. Ich bin richtig froh, die beiden zu sehen, es ist ja einiges passiert.

»Wie schön, dass ihr da seid«, begrüße ich sie und wir gehen schnell rein, denn es gießt in Strömen.

Inzwischen sind wir in ein anderes Ferienhaus gezogen, in meiner alten Heimat in Brodersby. Das Haus hat einen spektakulären Blick auf die Schlei. »Wow, das ist ja toll!«, rufen beide fast gleichzeitig.

»Ja, selbst bei Regen ein toller Anblick«, sage ich. »Sowieso gefällt mir das Leben mit der Natur hier viel besser als das Stadtleben, wenn auch nur Kleinstadtleben in Schleswig.«

»Das kann ich verstehen«, sagt Markus.

»Also für mich wäre das nichts, viel zu einsam, hier ist doch keiner weit und breit«, erwidert meine Mutter.

»Das stimmt, aber im Sommer wird es voll und dann wäre es mir wieder zu trubelig«, sage ich und lache. »Setzt euch doch, ich habe eine Suppe gemacht und ich hoffe, sie schmeckt euch.«

»Na, das ist mal was«, sagt meine Mutter nach den ersten Löffeln, »normalerweise mag ich keine Esskastanien, aber diese Suppe ist erstaunlich lecker.«

»Ja«, stimmen meine Töchter zu, »die hat Mama schon für Emely und Kevin gemacht und da durften wir die nicht essen.«

»Jetzt genießt ihr sie dann richtig«, sage ich und erkläre weiter: »Emely und Kevin waren noch zu aufgeregt, um zu kochen, deshalb haben wir das abwechselnd übernommen.«

»Wie gut, dass ihr noch so lange hiergeblieben seid«, sagt meine Mutter.

»Weißt du, Oma«, sagt Annika, »wir konnten letzten Freitag wegen des Streiks am Flughafen nicht nach London fliegen, deshalb haben wir jetzt umbuchen können und sind dann bei der Release-Party der Show in Berlin mit dabei.« Annika muss wieder zurück nach London, um ihr Studium weiterzumachen, und Annabelle fliegt nach Ibiza, um ihr Leben dort neu zu starten.

»Wie das dann alles immer so zusammenpasst, ist doch unglaublich«, stelle ich fest. Mein Bruder schaut etwas verwundert durch die Gegend. »Na, du erinnerst dich doch, dass Emely bei dieser Show letztes Jahr mitgemacht hat«, erkläre ich ihm, »und nun wird die endlich veröffentlicht und dafür findet eine große Party in Berlin statt. Da muss sie dabei sein, das gehört mit zu den Verpflichtungen, die sie unterschrieben hat.«

»Wie gut, dass ihr jetzt alle dabei seid«, meint Mama, »das ist ja bestimmt ziemlich stressig.«

»Ja, ich bin auch froh, dass wir alle zusammen da sind«, stimme ich zu. »Aber genug davon, erzähl mal, Markus, was macht das Segeln und wollen wir mal hinausgehen, denn schau mal, da kommt doch glatt die Sonne durch die Wolken?«

Draußen erzählt mir Markus das Neueste von seiner Familie, der Katze und seinen Hobbys und es ist einfach schön, zusammen in dieser uns so vertrauten Gegend zu sein. Durch den starken Wind gestern ist viel mehr Strand als sonst sichtbar und da wir alle Sammler sind, haben wir unsere Augen fest auf den Boden gerichtet und was sehe ich da: Es schimmert leuchtend orange. »Sieh mal, Mama«, rufe ich erfreut, »ich habe einen Bernstein gefunden!«

»Ist nicht möglich«, erwidert sie und nimmt ihn prüfend in die Hand. »Ja, da stimme ich dir zu, das ist eindeutig ein Bernstein.«

»Wow, so etwas habe ich noch nie gefunden«, sage ich.

Markus macht mit seiner neuen Kamera noch ein paar Bilder und mir fällt auf, dass Fotografie viel mit Achtsamkeit zu tun hat. »Das gefällt mir irgendwie«, sage ich zu Markus, »man ist dann genau im Moment und nimmt die Details wahr.«

»Ja, stimmt«, erwidert er und macht gleich noch ein paar mehr Aufnahmen.

Nachdem wir dann später noch in dem einzigen Restaurant im Ort zu Abend gegessen haben, sitzen wir nun noch alle gemeinsam im Wohnzimmer. Eine schwierige Situation für mich, denn es kommt, wie es kommen muss, und nach einer Weile fängt Mama an, mir Vorwürfe zu machen und möchte über Themen reden, bei denen ich weiß, dass sie keine andere Meinung zulässt. Mit anderen Worten, sie fängt an, kein gutes Haar an mir zu lassen. Die ersten zwei Themen kann ich noch vehement abwehren.

»Nein, Mama«, erkläre ich ihr, »darüber werde ich jetzt

nicht mit dir reden, nachdem du schon eine Flasche Wein getrunken hast.« Aber dann kommen doch noch die Vorwürfe, dass ich mich nicht um sie kümmere und sie allein lasse und dass man ja zusammenrücken sollte. In meinem Kopf geht es drunter und drüber. Geahnt hatte ich, dass sie so denkt, aber gehofft habe ich etwas anderes. Mir fällt nichts ein, was ich dazu sagen könnte, und mein Bruder ist da auch gar keine Hilfe.

»Wir haben doch alle auf die Geburt gewartet, was erwartest du von mir?«, frage ich irgendwann empört. Daraufhin herrscht betretendes Schweigen.

»Ja, stimmt«, erwidert sie schließlich, »das war besonders, aber ich meine nur allgemein, nicht ausschließlich in den vergangenen Wochen.«

Daraufhin schalte ich einfach ab, mein Überlebensinstinkt tritt in Kraft und der ist Resignation. Ich tue einfach so, als ob alles okay ist.

»Schaut mal, es ist schon ziemlich spät, wollen wir dann mal ins Bett gehen? Ich habe dir oben mein Schlafzimmer frei gemacht und ich schlafe bei den Kindern und, Markus, du kannst hier unten auf dem Sofa schlafen.« Und dann gehen wir alle ins Bett.

Am nächsten Morgen ist alles so wie immer. »Na, Mama, hast du ausgeschlafen?«, frage ich, als ich runter in die Küche komme.

»Ja, das habe ich, Markus ist schon beim Bäcker und holt Brötchen.«

»Super«, erwidere ich und gehe ins Bad.

Später beim Frühstück schlage ich vor, nach Eckernförde zu fahren. Annabelle und Annika klinken sich sofort aus, aber Markus und Mama stimmen zu. Es wird ein himmlischer Tag, die Sonne scheint und wir haben ein sehr leckeres Mittagessen im besten Fischrestaurant der Stadt. Den späten Nachmittag und Abend verbringen wir wieder im Ferienhaus und beim Abendessen geht es lebhaft hin und her.

»Letztens habe ich mich mal wieder beim Bäcker versprochen, als ich Schokoküsse bestellen wollte und aus Versehen das N-Wort gesagt habe«, erzählt Mama.

»Gut, dass es dir aufgefallen ist«, sagt Annabelle, die auf solche Themen sofort anspringt.

»Wieso?«, fragt Markus nach. »Letztens habe ich einen Film gesehen, in dem immerzu das N-Wort gesagt wurde.« (Und er spricht es aus.)

»Ja, aber das kannst du nicht sagen!«, empört sich Annabelle mit lauter Stimme.

»Verstehe ich nicht«, erwidert Markus und wiederholt das Wort provokativ noch mal. Meine Töchter erheben sich und sagen, sie können das nicht verstehen und wollen jetzt auch nicht am Tisch sitzen bleiben. Mein Überlebensinstinkt, der schon läuft, schaltet mehrere Gänge hoch und ich sage so wenig wie möglich dazu. Stattdessen wechsle ich das Thema. Ab dem Moment ist die Stimmung angespannt. Ich verstehe auf der einen Seite meine Kinder, weiß aber auch, dass Markus nur provozieren wollte. Aber ich habe einfach keine Kraft für Streitgespräche.

Die weiteren Tage verlaufen weiter angespannt. Ich tue so, als ob nichts wäre, doch meine Kinder sind äußerst miserabel gelaunt. Und das ärgert mich zusätzlich. Als meine Mama und Markus schließlich wieder abreisen, schlage ich meinen Töchtern vor, spazieren zu gehen.

»Nun«, sagt Annika, »meinst du nicht, wir sollten mal über die Situation reden?«

»Wahrscheinlich schon«, erwidere ich und merke, dass mein Überlebensinstinkt im Dauerlauf ist und auf gar keinen Fall anhalten möchte, »aber ich habe keine Lust zu sprechen.«

Die Kinder lassen mich da aber nicht raus und irgendwann wird mir die Diskussion zu viel und ich laufe allein aus dem Haus, um mich zu beruhigen. Nach einer guten Stunde bin ich aber immer noch der Meinung, dass es besser ist, so zu tun, als ob alles gut ist, und es dauert extrem lange, bis ich verstehe, was vorgefallen ist.

»Oh, mein Gott, das ist ja unglaublich, so real habe ich das noch nie gefühlt«, gestehe ich dann irgendwann schockiert. Ich hatte permanent Scheuklappen auf und wollte mich nicht positionieren und hatte Angst, dass meine Gefühle so schwerwiegend sind, weil sie sich so massiv in meinem Innersten anfühlten, dass ich keine Entscheidung für meine Kinder treffen wollte. Denn die Angst, damit meinen Bruder und meine Mutter zu verlieren, war zu groß. Der Überlebensinstinkt hält erschöpft inne. »Was passiert denn jetzt?«, frage ich erstaunt. »Ich habe ja jetzt genau das gemacht, was ich bei meiner Mutter komplett verurteile. Sie wirft mich auch gefühlt unter den Bus, also sie versteht meinen Standpunkt nicht und schließt sich dann irgendjemand anderem an. Und nun habe ich dasselbe mit euch gemacht«, erkenne ich mit Tränen in den Augen.

»Ja, Mama, aber es ist doch gut, dass du das jetzt realisierst«, trösten mich die beiden auch vollkommen erschöpft, weil es total schwere Arbeit war, zu mir durchzudringen. »Und das nach all der spirituellen Arbeit, die ich schon gemacht habe, um diese Muster aufzulösen«, sage ich etwas verzweifelt.

»Aber wahrscheinlich lässt sich nur endgültig etwas auflösen, wenn man es durchfühlt«, sagt Annabelle und wir nehmen uns alle in die Arme. Ich fühle mich wie ein verwundetes Reh und benötige eine lange Weile, bis ich das alles verinnerlicht habe.

Jetzt liege ich im Bett und realisiere auch noch, dass mein Männerbild etwas seltsam ist. Einerseits kämpfe ich mein ganzes Leben lang gegen dieses Gefühl an, dass mein Bruder wichtiger ist als ich, und andererseits mache ich ihn auch selbst immer wichtiger. Alles, was er macht, wird auch von mir in den Himmel gelobt und wenn ich mir das mal allgemein bezogen auf die Männer in meinem Leben anschaue, dann ist das zweifellos etwas, was ich konsequent durchziehe. Egal ob im Job oder in einer Beziehung oder, wie sich jetzt gezeigt hat, in der Familie. Es ist ein weiteres Muster, das ich schon seit Jahren anwende, um die Kontrolle zu behalten und bloß nicht zu genau hinzuschauen, denn dann müsste ich womöglich reagieren. Diese Glaubenssätze, dass ich nicht gut genug bin und dass die Männer grundsätzlich wichtiger sind, verfolgen mich also schon mein ganzes Leben. Wahnsinn, denke ich vor mich hin, da ist jetzt aber wieder viel passiert und dann fallen mir vor Erschöpfung die Augen zu.

Fazit: *Wenn du denkst, du bist erleuchtet, verbringe einfach Zeit mit der Familie – du wirst erstaunt sein.*

Tipp: *Alte Verhaltensmuster lassen sich perfekt mit der Familie sichtbar machen! Atme tief durch, denn nur wenn sie dir bewusst sind, kannst du sie ändern!*

DIE SHOW

Job: Oma
 Tage bis zum Ende der Auszeit: 153
 Auto: mein eigenes und ein Mietwagen

Wir alle, außer Ocean, sind in den nächsten Tagen viel mit Planungen und Packen beschäftigt und nun ist es tatsächlich so weit, wir sind in Berlin angekommen. Der Sender bezahlt auch mein Zimmer, sodass ich in Ruhe auf Ocean aufpassen kann. Emely und Kevin sind bei diversen Interviews und Annabelle und Annika sind bei mir.

»Das ist aber auch alles aufregend«, sagt Emely, als sie wieder da ist und sofort ihren Sohn füttert.

»Erzähl!«, drängen wir sie ganz aufgeregt.

»Die wollte wissen, wie es mir bei der Show gefallen hat. Am besten war das Interview mit der ›Glamour‹, denen durften wir schon erzählen, dass ich noch mit Kevin zusammen bin.«

»Das wird aber mal Zeit«, sage ich, »diese Heimlichtuerei über ein ganzes Jahr kann jetzt endgültig mal zu Ende sein.«

»Ja, da bin ich auch froh drüber«, gesteht sie.

»Und wie ist nun morgen der Ablaufplan?«, frage ich nach.

»Tja, also wir sollen schon um 17.00 Uhr alle fertig sein und dann geht es zu der Location. Dort finden dann noch weitere Interviews statt und dann ist ab 22.00 Uhr der spaßige Teil und das Ganze geht bis 1.00 Uhr.«

»Das klingt gut«, sage ich, »aber das schafft Ocean natürlich nicht mit nur einer abgepumpten Flasche.«

»Aber du kannst mitkommen, da gibt es einen Raum, wo du dich aufhalten kannst, und ich kann dann immer zum Füttern hochkommen.«

»Okay, das klingt gut«, erwidere ich.

Am nächsten Tag ist die Aufregung groß, alle machen sich fertig, auch Annabelle und Annika können mit auf die Party und eine gewisse Unruhe springt auch auf Ocean über, was ja völlig verständlich ist.

»Okay«, drängt Kevin, »die warten alle auf uns, wir müssen los.«

Da Ocean quengelt, versucht Emely, ihn noch mal zu stillen, aber das klappt leider nicht.

»Wenn du ihn trägst und läufst, wird er sicher ruhig«, ermuntere ich sie.

Dann gibt ein großes Hallo mit dem gesamten Cast, alle wollen das Baby sehen und dann steigen wir auch schon in die Autos. Sechs schwarze Vans fahren in Kolonne durch Berlin, das ist schon mega cool. Ungünstigerweise findet Ocean das überhaupt nicht cool und schreit wie am Spieß. Nichts kann ihn beruhigen. Da wir nun auch noch im Stau stehen, versucht es Emely noch mal mit der Brust, aber auch das klappt nicht. Schweißgebadet kommen wir endlich an und jetzt ist Ocean wie durch ein Wunder ruhig. Emely und Kevin steigen aus dem Auto und müssen sofort Interviews geben und ich husche mit Ocean in den Spezialraum. Was für ein Stress für Emely, denke ich mir. Schreiendes Kind und dann Presse, ich hoffe, sie kann sich jetzt auf ihre Aufgabe konzentrieren.

Ocean und ich schauen uns um, aber nach einer halben Stunde scheint jetzt doch der Hunger massiv zu werden und ich muss Emely holen lassen. Sowie Ocean ihre Stimme hört, ist er ruhig und dann freut er sich richtig über eine große Portion Milch.

»Hast du gesehen, wie es unten aussieht?«, fragt sie mich, während sie sich etwas erschöpft zurücklehnt.

»Ja«, sage ich, »aber nur so beim Vorbeihuschen. Wie laufen die Interviews?«

»Soweit ganz gut«, erwidert sie, »aber das war schon ziemlich stressig.«

»Ja, ehrlich Süße, das glaube ich dir, aber schau, jetzt schläft Ocean ein und ist zunächst zufrieden, dann kannst du wieder in Ruhe runtergehen.«

Nun ist nur eine halbe Stunde vergangen und Ocean ist schon wieder hellwach, er hält nichts vom Schlafen auf Partys. Kevin hat auch schon nach ihm geschaut, aber er muss natürlich ebenfalls unten präsent sein. Ocean und ich wandern ein wenig durch den Raum und er wird müde und schläft noch mal ein und das gerade rechtzeitig. Plötzlich kommt die gesamte Besetzung der Show in den Raum, um sich einmal kurz zu sammeln, bevor die Gäste unten eingelassen werden. Alle würden gerne den Namen von Ocean wissen, aber Emely und Kevin wollen nicht, dass ich ihn sage. Ich bin sehr froh, dass ich im Moment keinen Alkohol trinke, denn sonst wäre mir der Name sicherlich herausgerutscht und ich hätte massive FOMO (Fear of missing out) entwickelt, weil ich nicht mit nach unten auf die Party könnte. Aber so bin ich sehr dankbar, dass ich mit Ocean hier oben bleiben darf.

Bald müssen alle wieder runter und sollen sich mit den

Influencern auf der Party vernetzen. »Zauberhaft«, murmele ich in Oceans Haare und atme tief seinen wundervollen Duft ein, »wir können ganz entspannt hierbleiben.«

Nach weiteren drei Stunden und zwei Fütterungen entschließe ich mich, ins Hotel zu fahren, dort habe ich ja noch eine abgepumpte Milch und dann ist die Party auch schon fast vorbei. Völlig beseelt kommt Emely dann etwas später ins Hotel.

»Wie gut, dass ich jetzt nicht noch weitermusste und hier so ein niedliches Baby habe. Die anderen sind noch weitergezogen.«

»Na, ich bin auch froh, dass ich jetzt schlafen kann, und Ocean sicherlich auch.«

»Danke, Mama«, sagt Emely noch, bevor sie die Tür zu meinem Zimmer hinter sich zuzieht.

»Love you«, rufe ich noch schnell hinterher.

»Love you too«, kommt zurück und ich fühle mich voll mit Glück.

Der Countdown läuft, die Serie soll in einer halben Stunde online gehen und Kevin, Emely, Ocean, Fendi und ich sitzen inzwischen in einem Apartment in der Nähe der Hackeschen Höfe auf dem Sofa und sind ganz aufgeregt. Die beiden anderen sind am Tag nach der Party abgereist. Annabelle ist jetzt in ihrer neuen Wohnung auf Ibiza, Annika ist in London und wir machen einen Facetime-Anruf, damit wir es alle gemeinsam schauen können. Es wird ein richtiger Marathon und wir schauen uns alle Folgen hintereinander an. Bei manchen Szenen werde ich hinausgeschickt, aber insgesamt bin ich tatsächlich überrascht.

»Ich dachte, es ist viel schlimmer«, gestehe ich den

beiden. »Etwas habe ich damit gerechnet, dass die Geschichten dramatisch erzählt werde, aber das war ja kaum so.«

»Ja, das stimmt, das haben sie alles gut geschnitten.«

Wir sind bei der letzten Folge und obwohl ich das Ende ja neben mir sitzen habe, bin ich irgendwie sehr gerührt von der Lovestory der beiden.

Dann schreien wir alle los, Annabelle auf Ibiza, Annika in London und wir drei auf dem Sofa. »Das hast du jetzt nicht gesagt!«, sage ich und schaue Emely halb erstaunt, halb entsetzt an.

Sie schaut genauso zurück und sagt: »Auweia, das habe ich anscheinend so richtig manifestiert.«

Auch Kevin schaut ganz irritiert. Wir spulen noch mal zurück und tatsächlich, da sagt sie es laut und deutlich: »Und in ein paar Monaten kommt dann das Kemsbaby!«

»Na, Wahnsinn«, sage ich lachend, »das hat ja genau geklappt.« Und dann beuge ich mich vor, um Ocean einen Kuss auf seinen bezaubernden Kopf zu hauchen.

Nach der Show ist vor der Show und der nächste Tag ist schon superaufregend für die beiden, denn nun bewegt sich endlich etwas bei Instagram und wir schmieden noch ein paar Ideen für die weiteren Wochen.

Fazit: *Es ist sehr erleichternd, wenn endlich die Wahrheit an das Licht kommt.*

Tipp: *Versuche, in deinem Leben mehr Ehrlichkeit einzuladen.*

DER NORDEN VON KALIFORNIEN

Job: Abenteurerin
Tage bis zum Ende der Auszeit: 139
Mietwagen: einer

»Mama, ich bin traurig, dass du nun so weit wegfliegst bis nach Kalifornien«, sagt Emely im Auto auf dem Weg von Berlin nach Hamburg. In Hamburg schlafe ich eine Nacht bei meiner Cousine, da ich morgens früh zum Flughafen muss. Die kleine Familie fährt weiter, zurück nach Schleswig. Das Auto ist so voll, dass sich keiner mehr richtig bewegen kann, also außer Ocean, der hat seinen eigenen Platz.

»Ja, Süße, das verstehe ich, aber ich glaube, das ist jetzt der richtige Schritt, und wer weiß, vielleicht muss ich ja in Kalifornien etwas für euch regeln«, versuche ich es mit einem Scherz. Aber das Herz ist mir auch überaus schwer. Als ich es gebucht hatte, war es irgendwie komplett okay, aber jetzt ist es wahrlich weit weg und insbesondere auch ganz schön lange.

»Im Mai, wenn du wiederkommst, ist Ocean schon fast vier Monate alt«, fügt sie noch hinzu.

»Ja, da verpasse ich schon ganz schön viel, aber wir müssen dann immer facetimen und du musst immer Fotos schicken, okay?«

»Mache ich, aber das ist nicht dasselbe.«

»Ich weiß, es fällt mir auch sehr schwer, aber ein wenig benötige ich jetzt nach all den ganzen Dingen, die passiert sind, auch die Zeit für mich.«

»Ja, das verstehe ich auch. Es ist ja noch dein Sabbatical, aber ich werde dich vermissen.«

»Wir verabschieden uns jetzt rasant und dann sehen wir uns auch schnell wieder«, sage ich, als der Abschied gekommen ist. Aber es fällt uns beiden schwer. »Pass auf die beiden auf«, sage ich zu Kevin, bevor ich ihn auch noch mal drücke, und küsse Ocean und dann steigen sie alle ins Auto und fahren traurig nach Hause. Ich drehe mich zu Claudia um, bei der ich schlafe, bevor ich morgen früh losfliege.

»Also ehrlich«, sagt sie, »am besten ist, ihr zieht alle zusammen in ein großes Haus, es ist ja nicht mit anzusehen, wie traurig ihr alle seid, wenn ihr euch trennen müsst.«

»Ja, das ist total schrecklich, es war auch komplett furchtbar, als Annabelle und Annika aus Berlin weggeflogen sind. Wir sind irgendwie so eng verbunden, da ist so eine Trennung richtig ätzend«, stimme ich ihr zu.

Da Claudi und ich uns nun lange nicht gesehen haben, merken wir gar nicht, wie die Zeit vergeht, und schon werde ich hundemüde. »Die letzten Tage habe ich den Baby-Alltag mitgelebt und da gibt es nicht so viel Schlaf. Alle gehen später ins Bett und die Tage waren auch irgendwie vollgefüllt. Ich glaube, deshalb bin ich so müde.«

»Dass du jetzt schlafen kannst, ist doch super, ich wäre die ganze Nacht wach wegen der Aufregung vor so einer langen Reise und würde gedanklich noch mal alles Wichtige durchgehen.«

»Komischerweise bin ich null aufgeregt, eher vollkommen müde«, erwidere ich.

Tatsächlich kann ich auch richtig erholsam schlafen und umarme Claudia am nächsten Morgen zum Abschied noch mal fest.

Hm, denke ich, da hätte ich doch vielleicht besser ein wenig mehr drüber nachdenken sollen. Gerade hat mich die Dame vom Check-in nicht eingecheckt, weil ich mal wieder meinen ESTA-Antrag vergessen habe. Verrückt, das passiert mir jetzt tatsächlich zum zweiten Mal. Es gelingt mir aber, ganz ruhig zu bleiben, und ich fülle das Formular online auf meinem Handy aus. Die Frau hinter dem Schalter hat gesagt, dass der Antrag zweiundsiebzig Stunden dauert, das glaube ich aber irgendwie nicht. Das letzte Mal musste ich das in Zürich machen und da hat es auch kurzfristig geklappt.

»Hallo«, ruft mich die Frau hinter dem Schalter gerade, als ich die Bestätigung erhalte, dass ich den Antrag bezahlt habe. »Ich kann Sie jetzt bis Kopenhagen einchecken, dann müssen Sie da wieder raus und neu für die USA einchecken, wenn Sie bis dahin das Okay haben.«

»Alles klar«, sage ich und sie checkt, ohne zu murren, meine drei Gepäckstücke ein. Die Schlangen für den Sicherheitscheck sind überschaubar und nach zehn Minuten bin ich durch. Auf meinem Handy leuchtet eine Nachricht auf und ich muss meinen Ausweis als PDF schicken. Nun ja, wie gut, dass das alles technisch geht und ich nicht wie sonst eine meiner Töchter anrufen muss.

In Kopenhagen habe ich fünf Stunden Aufenthalt. Nach der Landung checke ich meine Mails und mein ESTA ist da. Puh, denke ich, das hätte ich nicht so gerne erklärt, wenn ich nicht hätte fliegen können. Da hing ganz schön viel dran, das Airbnb, der Flug und Alex. Wäre ziemlich blöd gewesen, aber erstaunlich, wie entspannt ich geblieben bin. Ich hatte sogar schon überlegt, dass Kopenhagen auch eine tolle Stadt ist, die ich mir im Notfall einfach anschauen könnte. Während des Fluges von Hamburg nach Kopenhagen saß ich neben einem Priester, der auf dem Weg nach Finnland zu einem Gottesdienst war. Wir kamen ins Gespräch und ich habe ihn scherzeshalber gebeten, mit mir zu beten. Nun gut, rede ich im Kopf mit mir selbst, das hat ja anscheinend geklappt, nun kann ich den Flughafen von Kopenhagen in Ruhe erkunden.

Der weitere Flug nach San Francisco ist echt lang, aber ruhig und das ist für mich das Wichtigste. Nach ein paar Überlegungen, Mietwagen oder Taxi, entscheide ich mich für ein Uber. Es ist schon dunkel, die Fahrt lang und ich bin müde, aber auch sehr froh, jetzt hier zu sein.

»Hier ist es besonders schön«, sagt der Taxifahrer und deutet nach draußen, »aber jetzt können Sie das nicht so gut sehen.«

Nur schemenhaft lassen sich hügelige Landschaften erahnen und ich freue mich schon darauf, das alles im Hellen zu sehen. Für die ersten zwei Wochen habe ich mir ein kleines Cottage in Santa Cruz gemietet. Dies ist der Ort, an dem Alex drei Jahre gewohnt hat, und da er direkt am Meer liegt, hatte ich große Lust, hier das Leben in Kalifornien zu genießen. Santa Cruz ist berühmt bei Surfern, da hier tolle Wellen ankommen. Meine gemietete Unterkunft ist sehr nah am Küstenabschnitt Pleasure Point. Das Retreat-Center von Alex und ihrer Familie ist in der Nähe von Ukiah, einer kleinen Stadt nördlich von San Francisco. So gar nicht am Wasser, deshalb freue ich mich, jetzt erst die Küste kennenzulernen.

Schließlich erreichen wir das Cottage, das ich gebucht habe, und ich will einfach nur noch schlafen. Beim Betreten fällt mir allerdings gleich auf, dass es überaus kalt ist, und ich finde zunächst kein Licht. Mühsam bahne ich mir den Weg bis zur Küche und hier ist ein Lichtschalter. Ich öffne meinen Koffer und als Erstes fallen mir drei Sommerkleider in die Hände, na, die lasse ich wohl im Koffer, denke ich und packe nur die Pullover und Hosen aus.

Auf dem Bett liegen zum Glück zwei dicke Daunendecken und noch eine Decke an den Füßen, aber am Kopf ist mir eisig, merke ich, als ich im Bett liege. Ich versuche es erst so, aber nach ein paar Minuten hole ich mir meinen Schal und wickele ihn um meinen Kopf. Uh, das wäre ja ganz ätzend, denke ich, wenn es hier die ganze Zeit so kalt ist, während ich versuche, einzuschlafen. Ich wollte doch hier mein Buch weiterschreiben. Dann überkommt mich aber der Schlaf.

Am nächsten Morgen wache ich auf mit eiskalter Nase und traue mich nicht so richtig aus dem Bett. Aber irgendwann muss ich mich ja darum kümmern, denke ich mutig und gehe als Erstes unter die Dusche. Gott sei Dank kommt heißes Wasser heraus. Nachdem ich der Vermieterin geschrieben habe, löst sich das Problem auch in Wohlgefallen auf. Es gibt eine Heizung, die ich auch gleich voll aufdrehe, juhu.

Ich entschließe mich, zum Frühstück in einen Bio-Supermarkt zu gehen, der zu Fuß erreichbar ist. Traumhafter Sonnenschein erwartet mich draußen, allerdings ist es noch ziemlich kalt, aber das scheint hier niemanden zu stören, mindestens fünfzig Leute sind im Wasser und surfen. Erstaunlich, ich dachte, die Kalifornier sind alle so von der

Sonne verwöhnt, aber für diese Temperaturen muss man schon ziemlich abgehärtet sein. Ich könnte mir das jetzt nicht vorstellen, aber alle, die ich im Wetsuit treffe, sehen sehr glücklich aus. Vielleicht ist diese enge Verbundenheit mit der Natur das Rezept, um glücklich zu sein.

Auf dem Weg zum Supermarkt fällt mir auf, wie seltsam ich mich fühle, als ob ich hier gar nicht hingehöre und als ob alle eine Meinung von mir haben. Das ist ein komisches Gefühl, denke ich und esse meine Acai-Bowl im Restaurant des Supermarktes bewusster als normalerweise. Sind meine Sinne mehr geschärft oder was passiert hier?, frage ich mich. Während ich durch den Supermarkt gehe, komme ich auf andere Gedanken, denn so ein amerikanischer Supermarkt ist schon großartig. So viele Produkte, die ich nicht kenne, brillant, da dauert das Einkaufen fast eine Stunde, zumal ich nicht viel kaufen kann, denn der Weg zum Cottage ist länger als gedacht. Auf dem Weg zurück ist das Gefühl wieder da, als ob jeder meiner Schritte beurteilt wird. Später wird es mir dann schlagartig bewusst: Ich bin seit Monaten nicht mehr allein unterwegs gewesen. Entweder hat mich eine von den Mädels oder Fendi begleitet. Das Gefühl, beurteilt zu werden, ist einfach, das Außen viel stärker wahrzunehmen. Erstaunlich, denke ich, als ich wieder beim Cottage ankomme, das ist mir noch nie so bewusst aufgefallen. Ich sitze in der kleinen Küche mit meinem neu gekauften Tee und während ich den genüsslich trinke, wird mir klar, dass es der Umgebung herzlich egal ist, ob ich nun hier rumlaufe oder nicht. Ich entspanne mich, als mir klar wird, dass es nur meine eigenen Gedanken waren, die mich sich unsicher fühlen ließen.

Fazit: *Deine Umgebung kann dich unsicher machen, besonders, wenn es eine unbekannte Umgebung ist.*

Tipp: *Vertraue auf dein inneres Gefühl und um es wahrhaftig zu hören, werde still und du kannst wahrnehmen, dass die Unsicherheit aus dir selbst kommt. Da hilft dir Zeit zum Eingewöhnen!*

DIE ZEIT ALLEIN

Job: Abenteurerin
Tage bis zum Ende der Auszeit: 137
Mietwagen: einer

Einen Tag später war dieses Gefühl dann verschwunden und ich konnte die Natur und Umgebung entspannt wahrnehmen. Heute bin ich schon fast eine Woche in Santa Cruz und mich erreicht eine Sprachnachricht von Alex, dass ein Sturm über Santa Cruz kommt und einige Teile der Stadt evakuiert werden müssen. Hm, denke ich, als ich rausschaue, da ist überhaupt kein Sturm, noch nicht einmal ein wenig Wind, es regnet nur. Das spreche ich ihr auch auf die Mailbox und es stellt sich heraus, dass die Kalifornier mit Sturm Regen meinen. Und regnen soll es jetzt in den nächsten Tagen ohne Pause und besonders stark. Da muss ich mir wohl einen Regenschirm kaufen, denke ich, denn ansonsten wird es zu Fuß etwas schwierig. Alex verspricht, die Ohren aufzuhalten, falls ich doch noch evakuiert werden muss. Offen gestanden finde ich das nicht so schlimm. Als ich zu Fuß loslaufe, sind die Straßen in meiner Umgebung alle okay und nicht überschwemmt, aber ein wenig achte ich jetzt doch auf die Intensität des Regens. Einen Regenschirm in Kalifornien zu kaufen, ist schwerer als gedacht, aber nach ein paar Läden finde ich tatsächlich noch ein letztes Exemplar.

Zuvor hatte die Frau hier im Center noch ein Herz für mich, denn nachdem sie gehört hatte, dass ich zu Fuß unterwegs bin, hat sie mir ihren Schirm geschenkt. Eines der ersten für mich interessanten Dinge, die ich gesehen hatte, als ich beim Biosupermarkt gefrühstückt hatte, war ein Center für Vitamintropfe. Meine Neugier hat mich gleich einen Termin machen lassen und die Amerikanerin hat mich an den Tropf angeschlossen. Lauter aufgelöste Vitamine sind nun langsam direkt in meinen Blutkreislauf geflossen. Ich fühle mich sehr gewappnet, dem Sturm ins Auge zu sehen, als ich das Center verlasse. Den Schirm konnte ich ihr, nachdem ich mein Modell gefunden hatte, aber wieder zurückbringen. Ich habe das Gefühl, dass sie ihren Schirm noch benötigen wird, denn am Himmel sind nun doch ganz schön viele Regenwolken zu sehen. Im Grunde ist der Regen ja super für diese Gegend, aber es bringt mich auch zum Nachdenken, denn obwohl es so weit von zu Hause weg ist, fühlt es sich wettertechnisch an wie zu Hause, wo es auch oft regnet. Andererseits spielt sicher auch der Klimawandel eine Rolle und die Tatsache verbreitet Unruhe in mir. Sicherlich versuche ich schon, umweltbewusst zu handeln, aber der Flug hierher war wenig nachhaltig. Was mich verwundert, ist, dass die Amerikaner schon auch einiges für den Klimaschutz tun, aber es macht mülltechnisch keinen Unterschied, ob du im Café oder deinen Kaffee to go trinkst, in jedem Fall gibt es einen Pappbecher. Auweia, denke ich, als ich wieder in dem Cottage bin, ich werde hier schon zur Grüblerin. Es ist, als ob mein Kopf nach langer Zeit endlich die Muße hat, sich alles, was vorgefallen ist, noch mal genau anzuschauen, und dann noch gleich die Umwelt mit dazu nimmt.

Der Regen hält sich auch über die nächsten Tage ziemlich hartnäckig, der einzige Hinweis, dass ich mich in Kalifornien befinde, ist der Zitronenbaum im Garten des Cottage. Von dem pflücke ich mir jeden Morgen eine Zitrone, die ich dann ausgepresst trinke. Das ist eine Morgenroutine von mir, aber um wie viel schöner ist es, die Zitrone aus dem Garten zu holen. Ich nutze die Zeit, um mich mit der Umgebung weiter vertraut zu machen, und gehe mindestens einmal pro Tag auf eine große Entdeckungstour. Was bin ich froh, dass ich kein Auto für die Zeit gemietet habe, denn bei Regen und Kälte ist es irgendwie überall grau. Mit meinen Töchtern bin ich fast täglich in Kontakt und ich stelle fest, dass Annika im Moment nicht so genau weiß, wie ihr Leben weitergehen soll. Wir schmieden gemeinsam den Plan, dass sie mich hier in Kalifornien besuchen kommt, sowie ihr Studium in die Ferien geht, und buchen in vier Wochen einen Flug für sie nach San Francisco. Dann auf einmal blauer Himmel am Morgen und schon sieht alles wieder ganz anders aus. Nicht, dass die Surfer nicht auch bei Regen draußen waren, aber nun mit Sonnenschein wirkt das Ganze doch wesentlich freundlicher.

Auch meine Unternehmungslust nimmt etwas zu und da ich heute ohnehin einen Mietwagen gebucht habe, um damit dann in zwei Tagen zu Alex zu fahren, mache ich noch einen Ausflug zu den Redwoods. Auf der Fahrt gibt es viele Hinweisschilder, dass Straßen wegen Aufräumarbeiten gesperrt sind. Da hat der Regen in manchen Gebieten den Boden so aufgeweicht, dass die Wurzeln der Bäume keinen Halt mehr hatten und einfach umgefallen sind. Nach ein paar Umfahrungen erreiche ich mein Ziel. Wie so oft in Amerika ist auch diese Attraktion ziemlich durchorganisiert und ich werde als Erstes mit einigen anderen auf einen kleinen Rundgang geführt. Alles ist ordentlich abgezäunt, sodass sich niemand verlaufen kann. So ganz spüre ich den Wald dadurch nicht und entschließe mich dazu, einen weiteren, nicht ganz so organisierten Rundgang zu nehmen. Das ist viel besser und ich spüre die Kraft der riesig hohen Bäume. Ganz anders als in meinem Lieblingswald in Glücksburg an der Ostsee ist es hier schwierig, sich geborgen zu fühlen. Es ist eher so, als ob es zwei verschiedene Welten gibt und diese Bäume nur einen Teil von sich zeigen, was natürlich rein größenmäßig klar ist. So ganz warm werde ich mit dem Wald nicht und fahre zurück zu meinem Cottage.

So ein wenig steigt auch meine Vorfreude. Schon morgen sehe ich Alex und ihre Familie wieder. Ich habe geplant, auf dem Weg zu Alex noch bei Callee, der Therapeutin, anzuhalten. Sie begleitet mich nun auch schon seit Tulum. Sie kann die Verstrickungen und Verknüpfungen meiner vorherigen Generationen lösen. Zufälligerweise wohnt sie auf dem halben Weg zu Alex und ich freue mich sehr, dass ich sie live erleben kann. Gerade als ich den Koffer packe, erreicht mich eine Sprachnachricht von Alex: »Hallo, Süße, du, Dani zieht ja gerade aus dem Zimmer aus, in das du einziehst, um in ihrem Jurt zu leben. Aber so ganz hat das noch nicht geklappt und sie wäre dankbar, wenn sie dieses Wochenende noch entspannt räumen kann. Attila und ich haben ja ein Retreat und wir würden sowieso erst am Sonntag wieder ansprechbar sein. Also meine Frage wäre, ob du auch erst nach dem Wochenende kommen könntest?«

Ich überlege kurz und setze mich vor den Computer, um die Entfernungen einschätzen zu können. »Hallo, Alex«, schreibe ich nach einer Weile zurück, »gar kein Problem, dann schaue ich mir die Küste bei euch in der Nähe noch etwas genauer an. Ich habe schon mal bei Airbnb geschaut und es gibt da etwas Nettes in Fort Bragg.«

Prompt kommt ihre Nachricht zurück. »Super, das hilft Dani sehr und ich bin dann ganz für dich da, wenn wir uns am Montag sehen. Aber fahr bloß nicht nach Fort Bragg, da ist gar nichts, fahr nach Mendocino und ich schicke dir gleich mal den Link zu dem Inn, in dem wir immer sind.«

Zehn Minuten später habe ich das Inn gebucht und freue mich, noch mehr von Nordkalifornien zu entdecken. Alex' Schwester Dani arbeitet mit im Retreat-Center und hat bisher bei Alex mit im Haus im Gästezimmer gewohnt. Nun haben ihr die neun Monate im Haus gezeigt, dass sie doch ganz gerne ihren eigenen Platz hätte. Deshalb hat sie sich einen Jurt im Garten bauen lassen, in den sie nun einziehen wird. Am nächsten Morgen fahre ich los und schon bald komme ich in Healdsburg an, dem Ort, in dem Callee wohnt. Die Autobahnen in Amerika sind eher groß und das Tempolimit sorgt für entspanntes Fahren und auch wenn ich ziemlich verzweifelt nach einer Toilette gesucht habe, war am Ende alles kein Problem.

In Healdsburg herrscht totale Sommerlaune und das Städtchen ist von Weinanbaugebieten umzingelt. Callee empfängt mich mit großer Herzlichkeit und schon nach fünf Minuten bin ich erstaunlich froh, dass ich bei ihr bin. »Wie geht es dir denn?«, fragt sie mich und ich erzähle ihr viel mehr, als ich das normalerweise während unseren Zoommeetings tue. Wir arbeiten uns dann so langsam zu meinem Herzen vor und ich kann richtig spüren, wie sie eine Mauer nach der anderen einreißt. Viele Verletzungen sind schon über Generationen in meiner Familie und es hilft enorm, dieses Familientrauma aufzulösen. In meiner

Zeit allein in Santa Cruz ist mir besonders die Situation mit meinem Bruder viel durch den Kopf gegangen. Und Callee und ich lösen diesen Anteil der Unterordnung zum männlichen Geschlecht von mir und von den vorherigen Generationen gleich mit. Insgesamt sitzen wir fast zwei Stunden zusammen und ich fühle mich ganz leicht und beschwingt, als ich mich von ihr verabschiede.

»Bevor ich meine Tochter vom Flughafen in San Francisco abhole, komme ich noch mal vorbei«, sage ich und wir vereinbaren einen Termin.

»Das würde mich sehr freuen«, sagt Callee noch und ich fühle, dass sie es von Herzen so meint.

Die Fahrt von Healdsburg nach Mendocino hat ebenfalls einige Umleitungen wegen Aufräumarbeiten parat und zudem gibt es zahlreiche Kurven. Die sind so kurvig, dass mir selbst als Fahrerin ziemlich übel wird. Aber irgendwann sehe ich wieder das Meer und die Landschaft erinnert mich an Irland. Überall sehe ich viel Grün und die Klippen, die sich an der Küstenlinie entlangziehen, verstärken den Eindruck.

Mendocino ist ein niedlicher kleiner Ort und mein Zimmer im Inn ist sehr gemütlich. Das Zimmer ist in hellen Farben gestaltet, ein sehr großes Bett und ein Kamin, der elektrisch funktioniert, sind die Hauptdarsteller im Zimmer. Außerdem gibt es noch einen Platz am Fenster mit einem weißen Stuhl und Tisch, von dem aus ich den Blick auf das Wasser genießen kann. Nur die Badewanne, weswegen ich mir das Zimmer extra ausgesucht hatte, darf nicht benutzt werden, weil hier in jüngster Vergangenheit eine große Dürre herrschte. Na, da sind wir ja dieses Jahr bei dem ganzen Regen sicher vor geschützt, denke ich, während ich meinen Koffer auspacke. Egal, wie lange ich an einem anderen Ort bin, als Erstes muss ich immer auspacken – den Kulturbeutel, meine Taschen und Klamotten. Jetzt macht es nicht so viel Sinn und ich entscheide mich für einen Kompromiss. Nur die Kulturtasche und ein paar Klamotten finden ihren Platz, der Rest bleibt gepackt. Bin ja nur zwei Tage hier! Dann mache ich mich auf den Weg, das Städtchen zu entdecken, und es gibt tatsächlich einige schöne Geschäfte. Viel Kunsthandwerk, aber auch einige Geschäfte für Mode sind vorhanden. Der Hunger führt mich dann noch zu einem vegetarischen Restaurant und ich bin unendlich froh, diese Ecke von Kalifornien kennenzulernen. Es wäre schade gewesen, nur Santa Cruz und das Retreat-Center kennenzulernen, denn ganz so oft mache ich so eine lange Reise ja nicht. Und irgendwie ist dieses Gefühl, etwas Neues zu entdecken, in mir hier besonders groß. Vielleicht liegt das an der Größe des Landes. Das weckt meinen Entdeckergeist.

Am nächsten Tag genieße ich die Natur, indem ich eine lange Wanderung unternehme. Ich bestaune die beeindruckenden Klippen und gehe einen langen wunderschönen Strand entlang, der aber noch einsam ist, denn das Wasser ist auch hier noch sehr kalt. Ich habe gar kein Bedürfnis, meine Schuhe auszuziehen, um das Wasser zu testen. Alles in allem ist es ruhiger als in Santa Cruz und der kleine Ort bietet alles, was ich so benötige. Selbst der Supermarkt ist keine Kette, sondern lokal, und es gibt einen Buchladen, wo ich gleich etwas länger verweile. Die Tage sind dann auch schnell vorbei und heute geht es nun zu Alex.

Fazit: *Allein reisen in einem ganz fremden Land ist am Anfang ein wenig ungemütlich.*

Tipp: *Trau dich mal, allein zu reisen, und du wirst erfahren, wie mutig und stark du in Wahrheit bist.*

DIE ANKUNFT UND DIE ERSTE REISE

J ob: Heilende
Tage bis zum Ende der Auszeit: 130
Mietwagen: keiner

Wir treffen uns in Ukiah, einer Kleinstadt, in der Alex und ihre Familie immer alles Notwendige besorgen. Je näher ich komme, desto freudiger werde ich und nach weiteren vielen Kurven ist es dann so weit und ich betrete das Café, in dem wir uns verabredet haben. Alle sind mit dabei: Attila, Alex, Dani und sogar Tristan, der Sohn von Alex und Attila. Es gibt ein riesengroßes Hallo und es ist einfach nur grandios, endlich bei ihnen zu sein.

»Wie waren Mendocino und Santa Cruz?«, fragt Alex, nachdem wir unsere Bestellung aufgegeben haben.

»Es war richtig schön«, antworte ich und erzähle dann von den letzten Tagen.

Wir bleiben noch eine ganze Weile im Café, aber irgendwann wird es Zeit, dass ich das Auto abgebe. Alex begleitet mich, die Jungs gehen zum Sport und Dani besorgt noch etwas und holt uns dann von der Autovermietung wieder ab.

»Tja, es will immer alles organisiert werden und es gibt auch laufend etwas zu erledigen, das wirst du in deiner Zeit hier merken«, prophezeit Alex.

»Es ist ja auch ein großer Betrieb, den ihr am Laufen habt, obwohl ich es bisher nur aus Erzählungen kenne. Ich bin so froh, dass ich es endlich live sehen kann.«

»Es ist so schön, dass du hier bist«, bestätigt sie mein freudiges Gefühl.

»Ja, weißt du, es ist schon sehr ungewöhnlich, dass sich jemand für sechs Wochen im Gästezimmer einnistet. Ich habe so etwas auch noch nie gemacht, aber irgendwie hat sich das jetzt so ergeben und ich hoffe inständig, dass es für euch in Ordnung ist. Vor allem für Dani, denn es ist ja noch ziemlich kalt und sie ist jetzt meinetwegen in den Jurt gezogen und am Ende ist so ein Jurt nur ein rundes Zelt.«

»Nicht ganz, der Jurt kommt aus Alaska, ist also ein wenig besser isoliert. Und was die Zeit angeht, war es für uns alle gar kein Thema. Du musst ja deine Recherchen für unsere Biografie machen, das dauert eben«, versichert mir Alex.

»Nun gut, wir werden sehen, wie sich das alles entwickelt«, sage ich und dann kommt schon Dani um die Ecke und es geht los zum Aluna Land, dem Retreat-Center. Die Fahrt dauert bloß zwanzig Minuten und schon bald fahren wir auf einer Schotterstraße, die sich hinein in die Natur windet. Ich sehe vor mir Hügel, die mit viel Gras und einigen Bäumen bewachsen sind.

»Immer wenn ich diese Straße erreiche, fühle ich mich gleich so verbunden und bewundere all die Tiere, an denen wir vorbeifahren«, bemerkt Alex. Und tatsächlich fahren wir an einer Wiese mit Longhorns vorbei, dann an einer mit Ziegen, Alpakas, Eseln und Kühen. Und auf der Straße selbst laufen wilde Truthähne herum.

»Nun fehlt nur noch ein Reh«, meint Dani, »die gibt es hier auch noch.«

Als wir das Tor zu ihrem Grundstück erreichen, stehen Luna und Emil, die beiden Hunde, schon schwanzwedelnd bereit. »Dass ich Emil noch mal wiedersehe, ist so besonders«, freue ich mich. »Weißt du noch, als ich euch das letzte Mal in Portugal besucht habe, hatte ich mich doch etwas verfahren und wusste den Weg nicht mehr. Mein Telefon hatte keinen Empfang und ich hatte keine Ahnung, wo ich war, dann kam auf einmal Emil aus dem Wald und ich bin ihm einfach hinterhergefahren. Ein Vorteil, dass er auf dem Weg nach Hause war«, erzähle ich, während ich beide Hunde ausgiebig begrüße. Dann schaue ich mich um und sehe ein großes zweistöckiges Holzhaus mit einer Veranda, eingebettet in viele alte Bäume.

Alex sagt: »Ja, das ist unser privates Haus. Komm, ich zeig es dir, hier ist auch dein Zimmer.«

Die nächste Stunde verbringe ich damit, mir alles anzuschauen. Nachdem ich den privaten Bereich, den Jurt von Dani und die Räume in der umgebauten Garage, wo noch zwei Helfer, Shae und Bri, wohnen, kennengelernt habe, geht es zum Retreat-Bereich. Wir laufen durch ein Gittertor und befinden uns dann in einem Waldabschnitt, der stetig nach oben führt.

»Wow, das ist alles super angelegt, mitten in der Natur und irgendwie heimelig«, sage ich begeistert, nachdem ich mir alles angeschaut habe. »Wie brillant, dass es zwei Häuser für Männer und Frauen und noch Privatzimmer gibt und eine Küche, in der das gemeinsame Kochen stattfinden kann.« Der Retreat-Bereich hat sich nach dem Wald, in dem viele alte Eichen stehen, geöffnet und befindet sich auf einem Plateau, das viel Wiese und sogar einen kleinen See hat. Im Hintergrund schließen sich die hohen Hügel an. »Und der Zeremonie-Jurt ist ohne Übertreibung sehr imposant,« füge ich begeistert hinzu.

»Ja, für unsere Arbeit ist alles vollkommen perfekt hier«, bestätigt Alex, als wir wieder durch den Wald zu dem Privathaus laufen. »Ich finde unser Privathaus etwas zu dunkel, aber im Sommer ist es gut kühl. Als wir hier im September ankamen, hatten wir über 40 Grad, da war das Haus super. Aber im Winter und auch jetzt ist es ziemlich kalt und dunkel.«

Als wir wieder unten ankommen, packe ich aus und dann setzen wir uns noch mit Decken vor den Kamin. »Du hast recht, es ist schon wichtig, warme Sachen anzuziehen«, sage ich.

»Das Feuer wird gleich helfen«, sagt Attila und fürwahr, nach einer Weile ist es angenehm warm. »Wie geht es denn Emely?«, fragt Attila nach.

»Nun ja, es ist ja jetzt erst mal alles neu und aufregend, nicht nur, dass sie frisch gebackene Mutter ist, sondern auch der Medienrummel ist durch die Show riesig geworden«, erwidere ich.

»Ja, das ist viel auf einmal, vielleicht muss sie mal zu uns kommen, wir können ihr da gut helfen«, sagt Attila mit einem Lachen.

»Jetzt muss Annette die Erfahrung zuerst machen«, schreitet Alex ein.

»Genau«, stimme ich zu. Wir erzählen dann noch ein wenig mehr über das, was so in der Zwischenzeit geschehen ist, und gehen dann schlafen. Dani ist schon früher in ihren Jurt verschwunden, tatsächlich verbringt sie dort heute ihre erste Nacht und ich bin gespannt, wie es ihr ergeht.

Gut, dass ich den Jetlag schon hinter mir habe, denn der nächste Morgen startet ziemlich früh. »Na, Dani, wie war deine erste Nacht im Jurt?«, frage ich sie, als wir uns in der Küche zum Frühstück treffen.

»Ich habe erholsam geschlafen, heute Morgen war es allerdings ziemlich kalt, deshalb bin ich jetzt hier, denn das Feuer benötigt seine Zeit, bevor es den Raum erwärmt. Ich bin aber froh, dass ich den Schritt jetzt gemacht habe«, fügt sie hinzu.

Dann besprechen wir mit allen gemeinsam den Tag und überlegen, an diesem Abend eine Reise zu machen. Eine Reise mit MDMA und Alex wird die Zeremonie leiten. Meine Gedanken überschlagen sich, einerseits wollte ich das gerne ausprobieren, andererseits geht das jetzt ziemlich schnell.

Schon ein paar Stunden später ist es so weit. »Hast du etwas Weißes zum Anziehen mit dabei? Damit ehren wir die Spirits«, erläutert Alex, als wir uns in ihrer Küche treffen.

»Hm, also ich habe ein weißes Kleid dabei, aber erwartet mich da jetzt auch so eine intensive Reinigung von innen nach außen wie bei Ayahuasca?«, frage ich nach.

»Nein, gar nicht, es ist eher so, dass du dich über dein eigenes Reden oder Erzählen selbst reinigst«, erklärt Alex.

Dann gehen wir zu dem großen Jurt. Alex, Dani, Attila, Bri, eine der Helferinnen, und ich laufen gemeinsam durch den Wald. Im Jurt ist es angenehm warm und wir setzen uns in den Kreis. Alex eröffnet die Zeremonie für uns und fragt uns dann nach unseren Intentionen. Mir fällt es schwer, eine Intention zu formulieren, aber nach ein paar Nachfragen von Alex wird es klarer und ich entscheide mich für die Intention: Es ist sicher, meine Gefühle zu fühlen.

Dann überreicht mir Attila das MDMA, das sich ganz leicht herunterschlucken lässt, da es in Tablettenform ist. Alex erklärt mir, dass ich mich entweder auf meinen Platz hinlegen oder im Kreis sitzen bleiben kann. Mir ist nach hinlegen und irgendwie geht es dann ziemlich schnell los. Ich spüre, dass die Gedanken in meinem Kopf irgendwie fokussierter werden. Es erscheint mir so, als ob ich automatisch zu dem Thema geleitet werde, welches am wichtigsten für meine weitere Entwicklung ist. Meine erste Frage an Alex lautet dann: »Meinst du, dass das Trauma von sexueller Gewalt aufgelöst werden kann?« Ich warte nicht auf eine Antwort, sondern tauche in das Gefühl ein, erstaunlicherweise kann ich über das Thema voller Liebe nachdenken, es ist innerlich keine Verzweiflung zu spüren, sondern nur eine absolute Klarheit, dass es an der Zeit ist, dieses Trauma aufzulösen. Ich wusste zwar durch den Austausch in Deutschland mit meinem Bruder, dass das Männerthema irgendwie schwierig ist, aber dass jetzt die sexuelle Gewalt kommt, hätte ich gar nicht gedacht. Aber das ist das Hilfreiche an MDMA, es hilft dir, über die schlimmen verdrängten Traumata zu reden.

Alex wandert von mir zu Attila und ich fühle mich vollkommen wohl mit meinen Gefühlen. Da ich unter dem Einfluss von MDMA bin, ist die Zeit relativ. Später kommt Alex wieder und wir reden. Ich erzähle ihr von der sexuellen Gewalt durch meinen ersten Freund. Als nächstes Thema kommt der Tod meines Vaters, denn diese Geräusche, die zu seinem Tod gehörten, haben mich doch ziemlich traumatisiert. Zwischendurch höre ich mein Herz fast aus der Brust springen. »Das ist das MDMA«, erklärt mir Alex. Nach einer Weile erinnert mich Alex extrem an meine Mutter und es macht sich ein Gefühl breit, dass sie mir ernsthaft zuhört und mich auch sieht, wie ich wahrhaftig bin. Auch das kommuniziere ich ausführlich mit Alex. »MDMA öffnet das Herzchakra und die Liebe kann ohne Drama fließen«, erklärt mir Alex und ich bin so dankbar, so eine weise Freundin zu haben.

Zu einem anderen Zeitpunkt gesellt sich Dani zu uns, eigentlich bietet sie mir Rapé (sprich: Hapeh) an, aber ich möchte MDMA allein spüren. Rapé ist ein Schnupftabak aus dem Amazonasgebiet, der eine heilende und entspannende Wirkung hat. Wir sitzen dann noch ein wenig zusammen und ich bin ganz gerührt, weil ich uns drei mit meinen Töchtern vergleiche. Ich finde es so schön, dass die drei sich immer haben, und vermisse oft eigene Schwestern, aber hier und jetzt fühlt es sich so an, als ob ich meine Schwestern gefunden habe. Die anderen beiden stimmen zu, paradiesisch, wenn alle in der Liebe sind. Später, nach ungefähr fünf Stunden, schließt Alex dann die Zeremonie.

»Wenn du möchtest, kannst du noch hier mit den anderen bleiben oder du kannst mit mir zurück zum Haus gehen«, bietet sie mir an.

Ich schaue mich einmal um: Attila, Dani und Bri sind noch mitten in ihrer Reise.

»Ich komme mit dir«, sage ich.

Als wir aus dem Jurt kommen, ist es stockdunkel. »Oh«, betrachte ich die Dunkelheit, »wie finden wir denn jetzt zurück?«

»Keine Sorge, ich bin den Weg schon vielfach auch im Dunklen gegangen«, erwidert Alex und ich vertraue ihr, hake mich bei ihr ein und bestaune die Sterne am Nachthimmel.

»Wahnsinn, hast du schon einmal so viele Sterne so klar gesehen?«, frage ich ganz bewundernd.

»Ja, das ist absolut beeindruckend«, sagt Alex und da wir nun beide nach oben schauen, verlaufen wir uns doch ein wenig, aber das ist schnell korrigiert und schon zehn Minuten später liege ich im Bett. An Schlaf ist nicht zu denken, meine Gedanken laufen noch auf Hochtouren und meine Füße irgendwie auch. Die kommen so gar nicht zur Ruhe und ich muss sie ständig bewegen. Ich merke, wie meine Gedanken immer weiter kreisen und dann auf einmal, wie aus dem Nichts, erscheint eine Situation aus meiner Kindheit. Mein Bruder und sein Freund übernachten zusammen in seinem Zimmer, der Freund sagt, ich solle zu ihnen rüberkommen, wenn alle schlafen. Ich gehe zu ihnen, weil ich es toll finde, dass die großen Jungen etwas mit mir machen wollen. Ich erinnere mich, dass der Freund meines Bruders mich dann sexuell benutzt hat. Ich erinnere mich an die Situation nur aufgrund der Worte, die der Junge gesagt hat. Und mir war bewusst, dass mein Bruder daneben lag. Nach einer Weile ging ich wieder in mein Zimmer. Ich weiß nicht mehr, ob sie mich zum Stillschweigen verdonnert haben, aber ich fühlte mich komisch und wollte darüber auch nicht reden. Ein paar Wochen später war Aufklärungsunterricht in der Schule und ich bekam damals einen Riesenschreck, weil mir bewusst wurde, dass ich das schon gemacht hatte und womöglich jetzt schwanger war. Völlig erschrocken wandte ich mich an eine Klassenkameradin und fragte sie, ob sie glaube, dass ich schwanger sei. Sie fragte, ob ich denn schon meine Regel hätte, ich verneinte und sie sagte dann: »Na, dann bist du auch nicht schwanger.« Ich war unendlich erleichtert und damit war das Thema für mich beendet. Bis heute, denn jetzt habe ich mal nachgerechnet. Aufklärungsunterricht war schon in der weitergehenden Schule, also wahrscheinlich fünfte Klasse, da war ich zehn Jahre alt. Mein Bruder ist viereinhalb Jahre älter als ich und sein Freund war genauso alt wie er. Somit ist das Ganze nicht mehr nur ein Kinderspiel, sondern etwas anderes.

Ich liege im Gästezimmer und bin vollkommen geschockt. Das habe ich alles komplett verdrängt und was spielt denn mein Bruder da für eine Rolle? Mein Leben lang habe ich immer so getan, als ob er mein großer Beschützer ist, aber das war ein totales Luftschloss.

Die Nacht ist unendlich lang und es fühlt sich so an, als ob sich mein ganzes Leben neu sortiert. Kein Wunder, dass ich so ein angestrengtes Verhältnis mit Männern habe. Denn die Beziehung zu meinem Bruder ist sehr prägend. Ich habe damals danach irgendwie gespürt, dass er ein schlechtes Gewissen hatte, und habe alles darangesetzt, ihm zu beweisen, dass alles super ist und es mir gut geht und ich weiterhin mit ihm Zeit verbringen möchte. Egal wie, ich habe seine Nähe gesucht und über seine mich prägenden Verhaltensweisen einfach hinweggeschaut. Und genauso hat sich mein Verhältnis mit Männern weiterentwickelt. Hätte mich diese Erfahrung nicht geprägt, wäre ich sicherlich nach dem gewalttätigen Sex mit meinem ersten Freund nicht in der Beziehung geblieben.

»Wahnsinn«, murmele ich im Morgengrauen, geschlafen habe ich kaum. Irgendwie fühle ich mich ganz leer, aber auch ruhig in meinem Inneren, es ergibt nun alles einen Sinn. So richtig nach Reden ist mir nicht und den anderen geht es beim Frühstück ähnlich.

»Nach MDMA kannst du dich ziemlich down fühlen

und ein wenig ungeordnet, also am besten ist es, wenn du dich mit der Natur verbindest«, erklärt Alex und das mache ich dann auch. Die Wälder um ihr Grundstück herum laden zum Spaziergang ein und Luna begleitet mich schwanzwedelnd. Wir drehen eine große Runde und ich fühle mich etwas besser. Am nächsten Tag habe ich dann mehr Redebedarf und telefoniere mit meinen Töchtern, die alle drei ziemlich erschrocken über das sind, was ich realisiert habe. Besonders Emely ist in ihrer neuen Rolle als Mutter sehr schockiert und auch besonders gefühlsverbunden.

»Also, ich muss das jetzt verarbeiten«, teilt sie mir mit und ich erwidere: »Klar, Mäuschen, das sind auch erschütternde Neuigkeiten, das Wichtigste ist aber, dass es mir jetzt gut geht und ich hier emotional unterstützt werde. Also mach dir keine Sorgen um mich und wenn das alles etwas eingesickert ist, reden wir einfach noch mal.«

Wir verabschieden uns dann trotz der Entfernung irgendwie ganz nah und ich bin froh, dass sie auch zu Hause emotionale Unterstützung hat. Bei Annika verläuft das Gespräch ähnlich, aber ich glaube, sie ist auch sehr überrascht, was sich da alles gezeigt hat. Besonders, weil sie sich auch überlegt hatte, so eine Reise zu machen. Annabelle hingegen hat selbst schon eine Pflanzenreise gemacht und ist nun ganz interessiert, wie die gesamte Erfahrung war, und ich beschreibe ihr alles ganz genau, sogar das Bewundern der Sterne.

»Mama, was für eine Erfahrung und darüber hättest du niemals geredet, wenn nicht MDMA im Spiel gewesen wäre. Also wahrscheinlich auch mit keiner Sprachtherapie.«

»Das glaube ich auch, es war so, als ob ich mich auf das Wesentliche, was meine Weiterentwicklung angeht, konzentriert habe. Ich habe mich auch entschlossen, mit meinem Bruder darüber zu reden. Also nicht, dass das jetzt etwas ändern würde, aber ich möchte doch, dass er weiß, was diese Erfahrung für mich bedeutet hat.«

»Du machst das so, wie es sich für dich richtig anfühlt«, erwidert sie.

Nach einer weiteren halben Stunde verabschieden wir uns und ich bin bereit für andere Aufgaben. Es dauert auch nicht lange und Alex fällt ein, dass sie noch den Jurt für die nächste Zeremonie vorbereiten möchte. »Ich komme mit«, verkünde ich und gemeinsam laufen wir durch den Wald zum großen Jurt. Beim Vorbereiten erzähle ich ihr von den Gesprächen mit meinen Töchtern.

»Es hat so richtig gutgetan, mit ihnen darüber zu reden, denn das hatte ich bisher noch nie erwähnt und somit haben wir nun das Schweigen gebrochen und können in Zukunft mit vereinten Kräften an mehr Bewusstheit und Stärke im Leben arbeiten.«

»Das hast du schön gesagt, Offenheit stärkt das Vertrauen«, stimmt sie zu.

»Wie viele Plätze benötigt ihr bei der nächsten Zeremonie?«, frage ich nach.

»Insgesamt benötigen wir vierzehn Plätze, es sind zehn Teilnehmer, zwei Helfer und Dani und Attila als Medizinpeople«, erklärt sie mir.

»Spannend«, kommentiere ich kurz und dann erklärt mir Alex genau, wie die Matratzen angeordnet werden. Auch der Altar wird neu geschmückt mit Kristallen, Kerzen und Federn.

»Das macht richtig Spaß«, teile ich Alex daraufhin mit.

»Das ist genau das, was du in unserer Ausbildung lernst.

Weißt du, Kristina, unsere gemeinsame Freundin aus unserer Zeit in Hamburg, kommt in zwei Wochen und macht unsere Ausbildung mit und noch ist ein Platz frei«, fügt sie bedeutungsvoll hinzu.

»Okay«, erwidere ich, »ich lasse mir das mal durch den Kopf gehen.« Eine neue Idee, denke ich und bin etwas aufgeregt, denn das, was ich erfahren habe und nun heilen kann, wäre ja ohne diese bewusstseinsverändernde Reise nie so schnell ans Licht gelangt. Und wenn ich die Möglichkeit hätte, das an andere weiterzugeben, wäre das eine wundervolle Sache.

»Dann lass uns mal nach Ukiah fahren und Blumen für den Altar holen«, schlägt Alex vor.

Fazit: *Einige Traumata liegen so tief in unserem Unterbewusstsein vergraben, dass nur tiefgreifende innere Erfahrungen sie zurück ins Bewusstsein führen können.*

Tipp: *Viele Wege führen an den Kern der Dinge, Hauptsache ist, du schaust es dir irgendwann an, damit du freier leben kannst.*

Hinweis: *Das Aluna-Center in Nordkalifornien bietet verschiedene Heilreisen an. Wichtig ist in jedem Falle die professionelle Begleitung, damit du sicher und geborgen durch die Erfahrungen begleitet werden kannst.*

DIE ENERGIE DER GROSSMUTTER

J ob: Schülerin
Tage bis zum Ende der Auszeit: 123
Mietwagen: keiner

Die Wochen fliegen nur so dahin und schon ist der Tag vor der Ausbildung da. Nach ein paar Überlegungen bin ich zu dem Entschluss gekommen, dass ich unbedingt bei der Ausbildung, die zumindest im ersten Abschnitt auch als Retreat gebucht werden kann, dabei bin. Außerdem hilft es natürlich, die Biografie zu schreiben, für die ich alle schon fleißig interviewt habe. Denn nun kann ich Alex, Attila und Dani noch besser in ihrem Element kennenlernen. Tatsächlich bin ich ziemlich aufgeregt, wie das immer so ist, wenn etwas Unbekanntes auf einen zukommt.

»Irgendwie kann ich mir gar nicht vorstellen, jetzt aus meinem Zimmer auszuziehen«, sage ich beim Frühstück, denn ich habe mich entschieden, im Retreat-Bereich bei den Frauen zu schlafen, auch weil Kristina kommt, die ich das letzte Mal vor fast neun Jahren gesehen habe.

»Ich auch nicht«, sagt Alex, »irgendwie ist es so schön, dass du da bist, dass das jetzt ganz seltsam wird, wenn es auf einmal wieder leer in dem Zimmer ist. Aber ich finde, es ist eine gute Idee, wenn du mit den Frauen zusammen bist, und diesmal sind es nur Kristina und eine weitere Teilnehmerin, Caitlin, das ist dann auch wunderbar.«

Dann reist Kristina an und es ist so unwirklich, sie nach all den Jahren wiederzusehen. »Das letzte Mal war das in Kiel und das ist schon so lange her«, stellen wir fest, als wir uns zur Begrüßung umarmen.

»Komm, ich zeig dir, wo du untergebracht bist, Alex und Attila sind noch in einem Meeting und haben erst später Zeit.« Ich nehme wahr, dass diese Information sie etwas zurückhaltender macht, aber nach einer Weile sitzen wir zusammen beim Tee und lassen die Jahre Revue passieren.

»Tja, und nun sind alle Kinder aus dem Haus und ich bin immer noch in Kanada, obwohl wir dort nur wegen der Schule hingezogen sind. Aber ich fühle mich dort so wohl, dass ich gar nicht woanders sein möchte«, erklärt sie mir.

»Ja, erstaunlich«, sage ich, »das kann ich mir so gar nicht vorstellen, ihr habt doch immer noch Schnee und es ist fast Mai.«

»Daran habe ich mich komplett gewöhnt und die Leute sind da total freundlich.«

Inzwischen sind fast zwei Stunden vergangen und so langsam kommt eine gewisse Unruhe auf. »Meinst du, die sind noch immer nicht fertig?«, fragt Kristina.

Ich schaue auf die Uhr. »Doch, bestimmt, lass uns mal runtergehen.«

Und wahrhaftig, das Hallo ist groß, als sich Kristina und Alex in den Armen liegen. Auch die beiden haben sich fast vier Jahre nicht gesehen.

»So schön, dass ihr beide da seid«, sagt Alex unter Tränen und ich werde auch ganz emotional. »Na, da kann ja bei unserem Retreat nur noch alles gut werden«, bemerkt Dani, »wenn gleich zwei enge Freundinnen mit dabei sind.«

Am nächsten Tag startet unser Retreat schon und ich ziehe aus dem Gästezimmer nach oben, um mit den beiden Frauen zusammen zu sein. Schon gleich bei der ersten Vorstellungsrunde im Jurt stelle ich fest, dass mehr Männer als Frauen mitmachen, und innerlich mache ich mich bereit, in einige ungemütliche Situationen zu kommen. Das Leben ist mal wieder unglaublich, denn ich habe ja während der MDMA-Reise bemerkt, dass ich zu dem Männerthema einige Veränderungen in meinen Gedanken etablieren muss, um mich endlich wieder ganz zu fühlen.

Die ersten Tage bestehen aus vielen Übungen und die meisten werden zu zweit absolviert, tatsächlich bin ich immer in Partnerarbeit mit einem anderen Mann, was mich innerlich ziemlich aufwühlt. Aber wir erkennen alle, welche Glaubenssätze sich jeweils in uns festgesetzt haben, und kehren diese um. Viele Muster in mir werden immer klarer und es stellt sich eine gewisse Vorfreude auf Ayahuasca ein. Denn Ayahuasca ist ein Heiltrunk aus dem Amazonasgebiet, der aus zwei Pflanzenteilen in einer aufwendigen Prozedur gebraut wird. Ayahuasca repräsentiert energetisch die Energie der Großmutter und hat eine tiefe Weisheit, die sie meist mit sehr drastischen Bildern offenbart, denn der Trunk hat eine starke psychedelische Wirkung.

Am Tag vor der Zeremonie blitzt eine totale Schärfung meiner Sinne auf, ich höre und sehe ausgezeichnet und dadurch fühlt sich der ganze Tag sehr mystisch, aber auch unwirklich und etwas unerklärlich an. Die ganze Nacht vor der Zeremonie kann ich nicht gut schlafen, ich werde immer wieder wach und meine größte Angst zeigt sich konstant. Schon das letzte Mal vor fünf Jahren war diese Angst präsent, es ist die Furcht, nicht wieder zurückzukommen und meinen Verstand zu verlieren. Ich bin unendlich dankbar, als der Morgen anbricht und Kristina uns Frauen gemeinsam mit einer Yogapraxis auf die kommenden Stunden einstimmt. Die Zeremonie findet bei Tageslicht statt und alles ist gar nicht mehr so beängstigend, aber der Respekt vor der Pflanze bleibt bestehen.

Wir setzen uns im Jurt in den Kreis rund um den in der Mitte aufgebauten Altar und sprechen unsere Intentionen für die Reise aus. Der Altar besteht aus Steinen, Federn, ein paar Glücksbringern der Teilnehmer und frischen Blumen. Meine Intention lautet: Es ist sicher, meine Emotionen zu fühlen.

Nachdem alle ihre Intention laut ausgesprochen haben, ruft mich Attila auch schon zu sich und überreicht mir feierlich die Medizin. In dem Moment, als ich den Becher in der Hand halte, überkommt mich eine totale Ruhe und ich bin dankbar, dass ich diese Erfahrung machen darf. Nachdem alle ihre Medizin getrunken haben, habe ich das Bedürfnis, mich hinzulegen. Und dann wird mir auf einmal eiskalt, ob es nun der Jurt ist oder die Wirkung der Medizin, ist nicht mehr ganz klar, aber ich zittere wie Espenlaub. Alex kommt und hüllt mich in weitere Decken und langsam geht die Reise los. Wie das letzte Mal bleibe ich zunächst in ewigen Wiederholungen stecken. Alex hatte am Anfang der Zeremonie erklärt, dass wir uns melden können, wenn wir nicht weiterkommen. Also strecke ich meinen Arm aus und irgendwann sitzt sie vor mir. »Ich bin wieder in einer Wiederholung gefangen«, erzähle ich ihr. Die gestaltet sich so, dass mir immer wieder das Gleiche gezeigt wird. Jedes

Mal, wenn ich denke, ich bin weiter, wird mir wieder gezeigt, dass ich immer noch in meiner Angst bin. In meinem Bild im Kopf lande ich immer wieder im selben Zimmer und realisiere, dass alles schon einmal da war.

»Wiederholungen sind in den Augen der Pflanze Ayahuasca eine Erinnerung an die Blockaden, die dich nicht weitergehen lassen.«

Ich glaube, es ist schon die Wirkung der Pflanze, aber dieser Satz macht so unendlich viel Sinn und bei der nächsten Wiederholung sage ich mir: Ich danke dir für diese Erinnerung, aber ich bin bereit, weiterzugehen. Und dann geht es tatsächlich weiter. Erst lande ich als ein Nagetier in einem dunklen klebrigen Schleim, der durch einen Tunnel führt, und um mich herum sind höllische Geräusche, auch weil viele Männer während der Zeremonie gerade eine lautstarke Reinigung durchmachen. Mir wird speiübel, aber ich kann mich nicht übergeben. Auch hier hilft mir Alex wieder weiter und als ich ihr sage, wie übel mir ist, bittet sie mich, mich mit diesem Gefühl zu verbinden. Schlagartig wird mir klar, dass mir oft übel wird, wenn ich meine Gefühle fühle, um dann nichts anderes fühlen zu müssen. Also ist die Übelkeit ein Schutzmechanismus, um meine wahren Gefühle nicht zu fühlen. Von dieser Erkenntnis beflügelt, geht die Reise weiter und ich merke, dass ich alle Energien im Raum spüre und mich leicht mit allem verbinden kann, denn am Ende sind wir alle alles. Die Reise geht weiter und an manchen Stellen habe ich das Bedürfnis, eine Hand von einem der Reisebegleiter zu halten, an anderen, mit den Augen nach einem freundlichen oder ruhigen Gesicht zu suchen. Dann irgendwann kommt der Moment, in dem ich realisiere, dass ich keine Angst vor Männern habe, sondern eine Angst davor, meine eigene Kraft zu spüren. Kaum habe ich das realisiert, höre ich ein unglaublich lautes Knistern wie von einem Feuer und ich spüre, wie sich aus meinem Sakralchakra eine Lavawelle, phasenweise auch eine goldene Schlange, den Weg nach oben zu meinem Kronenchakra bahnt. Ich bin etwas erschrocken über das machtvolle innere Gefühl, aber dann höre ich Alex' Stimme: »Lass jetzt los, lass es raus!« Und die Welle erfasst mich von unten nach oben und Sternenfunken verteilen sich über mein Kronenchakra um mich herum.

Auweia, denke ich danach, das war ja Wahnsinn, aber bestimmt war das einmalig. Prompt passiert noch mal genau dasselbe. Ich spüre, dass diese Wahnsinnswelle im Moment der Explosion nicht zerstörerisch ist, sondern sanft ihren Glanz verteilt. Innerlich muss ich etwas kichern und bin sehr dankbar. Dann kann ich nur noch meine Arme ausbreiten und habe das Gefühl, dass ich unter den Flügeln eines großen Adlers bin und wir gemeinsam durch die Welt reisen. Es ist göttlich und ich merke, dass ich gedanklich die Hände meiner Schwestern halte und so ganz und gar nicht allein bin.

Das Zeitgefühl ist weg, aber irgendwann nehme ich doch die anderen wieder bewusster wahr und kann mich aufsetzen. Im Sitzen schwinge ich noch etwas mit der Musik mit, bis ich merke, dass alle im Kreis sitzen und die Musik mit verschiedenen Instrumenten wie Rasseln oder Trommeln begleiten. Ich setze mich zu ihnen und greife zu einem Holzfrosch, der vor mir liegt. Da ich keine Ahnung habe, wie das Instrument gespielt wird, drehe ich es im Kreis. Dies sorgt dann für allgemeine Erheiterung, denn dem Frosch soll eigentlich mit einem Stab über den Rücken geschlagen werden. Das Lachen läutet das Ende der Zeremonie ein und nach ein paar kurzen Erlebnisberichten gehen wir zum Essen. Ich und ein paar andere konnten noch gar nicht richtig reden. Das Essen und Kauen helfen, wieder voll im Hier und Jetzt anzukommen, aber ich realisiere, dass ich einen Rückzugsort benötige, und gehe, obwohl es erst 17.00 Uhr ist, ins Bett. Im Bett stelle ich fest, dass ich noch weiterreise, und nutze die Wirkung, um in die Energie jedes Teilnehmers zu spüren und diese dann einem Tier zuzuordnen. Da die Wirkung danach noch immer weitergeht, dehne ich die Tierenergie weiter auf meine Kinder aus. Außerdem hat Ayahuasca noch ein paar Lebensstilkorrekturen für mich parat, ich soll unter anderem kein Botox mehr benutzen und wieder Fleisch essen. Irgendwie zieht sich die Wirkung noch fast bis zum nächsten Morgen durch und ich bin ziemlich müde, als der Wecker klingelt und wir uns fertig machen für die nächste Zeremonie.

Fazit: *Manche Ängste sind sehr hartnäckig und zeigen sich immer wieder.*

Tipp: *Mir hat es geholfen, genau hinzuspüren und zu verstehen, dass es ein Schutzmechanismus ist, um mich weiterzuentwickeln. Spüre in dich hinein!*

DIE ENERGIE DES GROSSVATERS

Job: Schülerin
Tage bis zum Ende der Auszeit: 122
Mietwagen: keiner

Diesmal lernen wir den Kaktus San Pedro kennen. Alex und Dani haben uns erklärt das diese Energie des Kaktus mit der Energie des Großvaters zu vergleichen ist. Sie ist im Gegensatz zu Ayahuasca sehr sanft und auch ein wenig lustig, also bin ich nicht ganz so angespannt wie gestern. Diese Zeremonie benötigt ohne Frage länger, um zu wirken, und die Einnahme streckt sich auf vier Stunden aus. Jede Stunde gibt es ein neues Glas Pflanzensud, zwischendurch meditieren oder tonen wir zu allen sieben Chakren, das heißt, jedes Chakra hat einen eigenen Ton von unten nach oben. Wir singen Lam, Vam, Ram, Yam, Ham, Sham, Om bestimmt eine Stunde lang gemeinsam. Nach dem letzten Glas habe ich das Gefühl, ich muss in die Natur, und gehe zum See. Meine Bewegungen sind sehr langsam und bewusst, eine spürbare Großvaterenergie. Ich setze mich an den Rand des Sees und nehme die leichten Bewegungen des Wassers wahr. Ich spüre die Luft auf meiner Haut und nach einer Weile sehe ich, dass alle aus dem Jurt gekommen sind und auf der Wiese liegen. Ich gehe zu ihnen, alles ganz langsam. Dann entdecke ich einen Gecko und gestehe ihm, dass ich oft Angst vor ihm habe. Er kommuniziert zurück und sagt, er habe genauso Angst. Wir einigen uns darauf, dass wir gemeinsam auf dieser Welt leben können und wir keine Angst voreinander haben müssen. Der Stein, auf dem er sitzt, ist wunderschön und ich ertappe mich dabei, auch mit ihm gedanklich zu reden. Ich frage ihn, was er hier so macht, ob er hier hingetragen wurde oder ob er hier schon immer gelegen hat. Er sagt, dass er hier schon immer liegt und das auch gerne, denn so bekommt er immer mal wieder Besuch. Wir verabschieden uns und ich gehe zu den anderen. Da wir alle in Weiß gekleidet sind und nun gemeinsam in der Sonne liegen, lasse ich mich zu Alex nieder und sage: »Nun bin ich am Ende bei der besten Sekte von allen gelandet«, woraufhin sie herzhaft lachen muss, denn sie kennt meine frühere Angst vor Sekten.

Unsere erste gemeinsame spirituelle Praxis war ein Homöopathie-Kurs. Dieser war in Hamburg und auf Englisch. Wir waren beide komplett begeistert von dem psychologischen Hintergrund der homöopathischen Mittel. Eines Tages fiel uns auf, dass unser Lehrer zwei Vornamen hatte. Als Alex dann einfach mal nachfragte, stellte sich heraus, dass er ein Anhänger von Osho war. Das war für mich der Inbegriff einer Sekte. Ich habe den Kurs sofort beendet, denn ich hatte eine Wahnsinnsangst, dass mein Geist nun manipuliert war.

»Grandios«, sagt Alex und lacht noch weiter vor sich hin, »nun sind wir beide doch drin.« Ich merke, dass es mir schwerfällt, Englisch zu sprechen, und ich bin froh, dass Alex und Attila mit mir Deutsch sprechen können. Wir schauen in den Himmel und Alex deutet auf ein paar große Raubvögel. »Sieh mal!«, ruft sie ganz ergriffen, als sie auch noch einen Falken, der über uns fliegt, entdeckt. »Die sind sonst nie hier, die sind immer weiter unten im Dorf.« Ich schaue sie etwas verwundert an, denn ich habe hier schon viele Vögel gesehen.

»Kann es sein, dass du betriebsblind bist?«, frage ich sie verwundert. »Für die Vögel gibt es doch keine Schranken, die sind einfach überall.« Für einen Moment lassen wir die Worte wirken und dann prusten wir beide wieder los.

»Betriebsblind«, sagt sie lachend, »ja, genau, das ist es.« Danach muss ich mich erholen und lege mich auf den Bauch, ich spüre den Herzschlag der Erde und bin ganz ehrfürchtig. Das Zeitgefühl ist völlig verschwunden, es ist einfach nur wunderschön, wir liegen alle gemeinsam im Gras und entdecken immer wieder etwas Neues, jeder Grashalm und jedes Insekt ist ein eigenes kleines Wunder. Plötzlich bekomme ich Sehnsucht nach den Hunden und frage Alex, wo sie sind. »Lass sie uns holen, die sind unten beim Haus«, antwortet sie und wir machen uns auf den Weg. Nach ein paar Schritten nehme ich wahr, wie anstrengend alles ist, und wir werden sehr langsam. Sie holt die Hunde, Luna und Emil, und dann müssen wir uns erst einmal hinsetzen. »Du wirst so langsam wie die Natur«, erklärt sie mir das Phänomen. Ich schaue den Weg hinauf, den wir noch gehen müssen, und fühle mich überwältigt. Irgendwie spürt Alex das und führt mich quer durch den Wald, was uns ziemlich schnell zum Ziel führt. »Zum ersten Mal sind wir genauso schnell wie Emil«, stelle ich fest.

»Ja, er hat ja definitiv auch Großvaterschwingungen in sich, schließlich ist er schon mindestens dreizehn Jahre alt«, sagt Alex.

Nach dem Abenteuer verläuft der Rest des Tages sehr

entspannt und ich komme mir vor wie bei Alice im Wunderland, denn alles ist irgendwie ein Wunder. Später kommt Shae mit einem Teller voll Früchte und einer Schüssel voll Nüsse. Es ist ein Erlebnis, diese Lebensmittel zu essen, und wir alle sind voller Dankbarkeit, solche Köstlichkeiten zu uns zu nehmen. Nach dem Essen gehen wir zurück in den Jurt und machen gemeinsam Musik. Da die Energie so schön ist, hat keiner Lust, die Zeremonie zu beenden, aber irgendwann fasst sich Attila doch ein Herz und schließt sie.

Wir haben die Großmutterenergie mit der Großvaterenergie verbunden und deshalb fühlt sich nun alles an wie die perfekte Balance zwischen dem Männlichen und dem Weiblichen, erklärt uns Dani später beim Abendbrot.

Völlig beseelt gehe ich an diesem Abend ins Bett und bin auch sehr dankbar, dass ich nicht weiterreise, sondern in einen tiefen Schlaf falle.

Nach dem Frühstück treffen wir uns zu einer Sharing-Runde wieder im Jurt und fast alle sind noch ganz erfüllt von den Erfahrungen der letzten Tage. Meine ganze Welt fühlt sich anders an, innerlich und äußerlich, ich fühle mich so sicher und verbunden wie wahrscheinlich noch nie in meinem Leben.

Der letzte Tag der Ausbildung hat sich zum Ziel gesetzt, unsere Erfahrung in Kreativität umzusetzen. Wir dürfen uns ein Lied aussuchen und sollen uns dazu verkleiden und eine Aufführung ausdenken. Ich entscheide mich für »Eye of the Tiger« von Survivor und lege ein paar Boxeinlagen in Sportklamotten hin. Ein Symbol für mich, da ich voller Kraft stecke. Es wird ein sehr lustiger Abschluss. Einer der Teilnehmer, ein Soldat, der schon dreimal im Einsatz war und eine sehr imposante Person ist, hat sich als Prinzessin verkleidet und zeigt uns ein paar weibliche Moves, denn er wird sich ab jetzt sicher öfter mit der weiblichen Energie verbinden.

Dann ist es so weit und wir liegen uns alle in den Armen und verabschieden uns nach dem Frühstück am nächsten Tag.

»Ich bin so dankbar, dass ich diesen Teil der Ausbildung mitgemacht habe, aber auch, dass ich jetzt noch nicht nach Hause fahren muss«, gestehe ich Alex, als wir so langsam auch den letzten Retreat-Teilnehmer verabschiedet haben.

»Ich finde das auch gut«, sagt sie, »besonders auch, weil Kristina heute so früh losmusste. Eigentlich ist es besser, noch etwas Integration in der Natur zu haben.«

»Wie gut, dass ich noch ein paar Tage habe, bis Annika kommt und ich mit ihr nach Maui fliege.« Diese Idee, nach Maui zu fliegen, ist mir vor ein paar Tagen gekommen. Dass Annika nach San Francisco fliegt, war schon gebucht, aber so ganz klar, was wir machen wollten, waren wir uns nicht. Nach all diesen Entwicklungen hier ist mir nicht nach Rumreisen und Organisieren, sondern eher nach einem Platz in der Natur. Dann kam die Idee von Hawaii, denn mal ehrlich, so nah wie jetzt bin ich da wahrscheinlich nicht ganz so häufig in meinem Leben dran.

Die verbleibenden Tage helfen mir sehr, alles in meinen Gedanken zu ordnen. Ich merke, dass ich durch die ganze Woche eine ziemliche Muskelverspannung im Rücken aufgebaut habe, und buche eine Massage in Ukiah. Die Frau, die mich massiert, hat Alex mir empfohlen und sie massiert einen großen Part mit ihren Füßen durch – ein Geschenk, nicht mit so viel Druck wie bei einer Thai-Massage, sondern ganz gefühlvoll. Ich merke, wie die Spannung aus den Muskeln fließt.

Plötzlich fragt sie mich: »Bist du spirituell?«

»Ja«, sage ich, aber mehr auch nicht und wundere mich etwas.

Später, als sie fertig ist, frage ich nach. »Warum hast du gefragt, ob ich spirituell bin?«

»Weil ich während der gesamten Massage deinen spirituellen Begleiter neben mir hatte, und der hat mir gesagt, dass ich dir ausrichten soll, dass er da ist, wenn du so weit bist«, erklärt sie mir.

Das würde so richtig gut zu meinem spirituellen Begleiter passen, so ein kleiner Sinn für Humor, sinniere ich auf dem Weg zum geliehenen Auto von Alex. Eigentlich ja wunderschön, zu wissen, dass ich jederzeit um Hilfe bitten kann. Mal sehen, wie lange das so präsent in meinen Gedanken bleibt.

Alex und Dani sind auch ganz überrascht, weil die Masseurin noch gar nicht über ihre Fähigkeit, dass sie spirituelle Begleiter sehen kann, geredet hat.

»Wahrscheinlich, weil ihr sowieso mit euren arbeitet, da müssen die nichts sagen«, sage ich lachend.

Und dann ist es so weit und es geht nach San Francisco. »Gut, dass ich noch mal wiederkomme«, sage ich zu Alex zum Abschied, »sonst wäre ich jetzt sehr traurig.«

»Da bin ich auch sehr froh drüber und ich finde es großartig, dass du Annika hierherbringst«, erwidert sie.

Fazit: *Medizinreisen sind sehr spannend, aber auch herausfordernd. Ohne die erfahrene Begleitung von Alex und ihrer Crew hätte ich mich das sicher nicht getraut.*

Tipp: *Im therapeutischen Rahmen können die Pflanzen Wunder in der eigenen Entwicklung vollbringen. Wichtig ist das erfahrene Team, das dich begleitet.*

DER TRIP NACH MAUI UND DIE PILZE

Job: Abenteurerin und Mutter

Tage bis zum Ende der Auszeit: 89

Mietwagen: zwei, einer in Kalifornien, einer auf Maui

Ich mache noch einen Stopp in Mendocino und einen in Healdsburg bei Callee. Diesmal ist das Wetter in Mendocino so richtig gut, die Sonne scheint, aber das Wasser ist noch nicht gewärmt, deshalb genieße ich die Zeit an der Küste mit Spaziergängen und leckerem Essen im Sonnenschein. Als ich drei Tage später bei Callee sitze, bin ich sehr glücklich, dass wir uns noch mal live sehen. Irgendwie fühlt sich das viel intensiver an. Sie bemerkt auch sofort, dass sich vieles bei mir gelöst hat. Wir lösen dann noch ein paar Themen in der Ahnenreihe meines Vaters auf und ich habe das Gefühl, dass ich mich noch leichter fühle. Die Sonne scheint, es ist warm und der Himmel wirkt ganz weit, da er keine einzige Wolke zeigt. Ich freue mich sehr auf Annika, die in ein paar Stunden in San Francisco ankommt.

Vorzüglich, dass ich so entspannt alles eingeplant habe, denke ich, als ich langsam in die Nähe des Flughafens komme. Ich gebe den Mietwagen ab und fahre dann mit Zug und Shuttle zum Hotel, das ich für uns gebucht habe.

»Herzlich willkommen, zum Einchecken benötige ich einmal Ihren Ausweis«, sagt der nette Mann an der Rezeption. Ich überreiche ihm meinen Personalausweis. Oje, denke ich, warte mal, ich habe nur meinen Personalausweis dabei, kann ich damit innerhalb der USA fliegen? Mir wird heiß und auch ziemlich übel, denn mein Reisepass ist bei Alex in Potter Valley, viereinhalb Stunden von mir entfernt.

Oh. Mein. Gott.

Ich werde wohl etwas blass, denn der Mann fragt: »Ist alles okay?«

»Ja«, antworte ich schwach, nehme meinen Zimmerschlüssel entgegen und bringe meinen Koffer aufs Zimmer. Gut, also am besten gehe ich jetzt zum Flughafen, in einer Stunde landet Annika und vielleicht kann ich dort ja herausfinden, ob ich mit Personalausweis fliegen kann.

Die Idee ist zwar gut, die Umsetzung aber schwierig, da die Airline, mit der wir morgen früh um 6.00 Uhr fliegen, keinen offenen Schalter oder Ansprechpartner hat. Die Dame am Informationsschalter kann mir auch nicht weiterhelfen.

»Alex, was denkst du, kann ich mit Personalausweis nach Maui fliegen?«, frage ich etwas verzweifelt über das Telefon.

»Das würde ich nicht unbedingt riskieren, du hast ja noch Zeit, also hol den Reisepass lieber.«

»Ich habe das Mietauto schon abgegeben, jetzt warte ich, bis Annika da ist«, sage ich bedrückt.

»Halt mich auf dem Laufenden«, bittet Alex.

Meine Gedanken laufen auf Hochtouren und ich mag

gar nicht darüber nachdenken, was passiert, wenn wir, genauer gesagt ich, morgen nicht fliegen kann, zumal schon alles bezahlt ist. Aber da entdecke ich auch schon Annika und wir freuen uns ganz dolle, dass wir uns wiederhaben. Nach ein paar Minuten rücke ich aber schon mit meinem Problem raus, doch sie ist so müde, dass sie gar nicht panisch reagiert. Dann kommt ein Sprachmemo von Alex: »Stell dir vor, gleich fährt Shae Richtung San Francisco zu einem Ort etwa eineinhalb Stunden von dir entfernt und sie kann deinen Ausweis mitnehmen, dann hast du dir die Hälfte der Strecke gespart.«

»Perfekt, dann bringe ich Annika jetzt zum Hotel und mache mich auf den Weg, dann sind wir auf der sicheren Seite. Was für ein Glück!«

Es stellt sich noch heraus, dass ein Uber genauso viel kostet, wie kurzfristig ein Auto zu mieten. Und ich schaffe es, innerhalb von drei Stunden meinen Ausweis in den Händen zu halten und zurück im Hotel zu sein.

»Du machst es aber auch oft spannend«, bemerkt Annika, als wir uns am nächsten Morgen auf unsere Plätze im Flugzeug setzen und ich noch mal inständig meine Dankbarkeit äußere.

»Ja, ich finde, jetzt ist aber auch mal gut«, erwidere ich und drücke ihre Hand vor lauter Vorfreude. Dass mich kein Mensch nach meinem Pass gefragt hat, lasse ich jetzt mal einfach so in meinen Gedanken.

Maui ist Fülle pur, alles ist sehr grün und es gibt wunderschöne Blumen, Schmetterlinge und wundervolle Strände. Ein wahres Paradies, schon auf der Fahrt zu unserem Airbnb kommen wir aus dem Staunen nicht mehr heraus.

Überall sehen wir entlang der Küste Surfer im Wasser, die auf die perfekte Welle warten. Dann fahren wir ein kleines Stück in das Landesinnere und die üppige Pflanzenwelt zeigt sich in sehr vielen Grünschattierungen und sehr vielen Hühnern, die am Straßenrand entlangspazieren.

Es ist noch ziemlich früh, aber wir können unser kleines Apartment schon beziehen und wie immer dauert es ein bis zwei Stunden, aber dann fühlt es sich wie ein Zuhause an.

»Was hältst du davon, wenn wir jetzt etwas frühstücken und dann einkaufen fahren, damit wir ein wenig was im Haus haben?«, frage ich Annika.

»Gute Idee, wo wollen wir hin?«

Ich schaue auf meine Liste auf dem Handy, die mir Alex für Restaurantempfehlungen und Sehenswürdigkeiten gegeben hat, denn sie war schon vielfach hier und Rebecca, ihre Tochter, lebt auf der Insel.

»Was hältst du von Frühstück am veganen Foodtruck?«, frage ich zurück.

»Das klingt nach einem guten Plan.«

Wir machen uns auf den Weg, es sind angenehme Temperaturen, aber es weht ein ziemlicher Wind. Bei unserer Bestellung am Foodtruck werden wir von einer jungen Frau optimal und total nett beraten. »Traumhaft, irgendwie scheint hier alles ein wenig langsamer zu gehen«, beobachte ich, als wir mit unseren spannenden Getränken, meins ist ein wenig schwarz, da es aktivierte Kohle enthält, im Schatten auf unser Essen warten. Die Leute bewegen sich entspannt und das Essen schmeckt, als ob es mit Liebe und Zeit zubereitet wurde.

Nach dem Frühstück fühlen wir uns mit neuer Energie gefüllt und bereit, um ein wenig durch den nächsten Ort, Paia, zu schlendern und einzukaufen. Hier gibt es viele kleine Geschäfte und einige Restaurants und vor allem einen ziemlich großen Bio-Supermarkt. Leider ist es in den USA ein wenig schwierig mit den Lebensmitteln, viele Inhaltsstoffe, die bei uns bereits als gefährlich eingestuft wurden, sind hier erlaubt. Selbst in Bio-Supermärkten heißt es: Augen auf beim Einkauf. Auch wenn für mich die Schriften oft zu klein zum Entziffern sind, habe ich ja die Augen von Annika dabei. Wir kaufen viel Wasser, denn das Kranwasser ist hier nicht trinkbar.

»Gut, dass wir zu zweit sind«, sage ich, als wir ein paar Stunden später alles in unserem Häuschen verstauen. Annika hat noch Mühe, sich wachzuhalten, denn der Zeitunterschied zu England beträgt elf Stunden. Mir geht es da etwas besser, aber drei Stunden zu Kalifornien sind es auch, also machen wir uns einfach fertig zum Schlafen. »Morgen bin ich bestimmt fitter«, murmelt Annika und ist schon wenige Minuten später eingeschlafen. Ich liege noch etwas länger wach und nach einer Weile nehme ich ein sehr lautes Geräusch wahr, als ob Vögel sich miteinander unterhalten. Das geht die ganze Nacht so weiter und ich bekomme es so gar nicht eingeordnet. Seit wann gibt es Vögel, die in der Nacht singen? Hierzu kommt die Auflösung schon am nächsten Tag, denn Rebecca klärt mich auf. Das, was da so lautstark in der Nacht singt, sind die Coqui-Frösche. Ich mag es ja immer lieber, wenn ich weiß, wer die Geräusche um mich herum macht, und schlafe dementsprechend in den weiteren Nächten ausgezeichnet.

Wir verleben wunderschöne Stunden in diesem Paradies und für mich ist es superspannend, nun eine weitere Tochter allein ohne ihre Geschwister um mich zu haben. Dafür bin ich wahnsinnig dankbar, denn obwohl wir wahrscheinlich mehr Zeit als viele andere miteinander verbringen, ist es doch etwas ganz Besonderes, zu zweit unterwegs zu sein. Wir haben Zeit, um uns auch über die Zukunft zu unterhalten.

»Je mehr Zeit ich mit den Dingen verbringe, die mich näher zu mir selbst bringen, desto klarer wird mir, dass ich weiter so leben möchte«, erläutere ich Annika eines Morgens nach dem Frühstück in unserer Ferienwohnung. »Und dadurch, dass Annabelle auf Ibiza ist und auch Emely und Kevin sich dazu entschlossen haben, die ersten Jahre von Ocean auf Ibiza zu verbringen, ist es ja logisch, auch nach Ibiza zu gehen, oder? Zumal du ja vielleicht auch noch nachkommst«, füge ich mit einem Schmunzeln hinzu.

»Den Sommer verbringe ich mit Sicherheit auf Ibiza«, stimmt sie mir zu, »und außerdem gibt es eine große spirituelle Gemeinschaft auf der Insel. Das zeigt ja schon die WhatsApp-Gruppe, die all die spirituellen Veranstaltungen annonciert.«

»Und in der Housing-Gruppe habe ich gerade eine Annonce für eine kleine Casita in der Nähe von meinem Lieblingsort Santa Gertrudis gesehen. Ich sag einfach mal Annabelle Bescheid, die soll sich das mal anschauen. Auweia, jetzt bin ich total aufgeregt«, gestehe ich.

»Dann lass uns doch mal eine Karte aus unserem neuen Kartendeck ziehen«, erwidert Annika. Prompt verspricht die gezogene Karte, dass sich ein Vorhaben verwirklichen wird.

Annika führt mich in den nächsten Tagen zu allen Secondhand-Läden der Insel und wir verbringen viel Zeit am Strand und in der Natur. Auch Rebecca nimmt uns ein wenig mit in ihr Leben auf Maui. Annika und ich machen auch einen kleinen Wanderausflug zu verschiedenen Wasserfällen. Die Umgebung ist tropisch, aber da es keine gefährlichen Tiere auf Maui gibt, laufen wir barfuß durch den Wald, bis wir bei den Wasserfällen ankommen.

»Wie gut, dass ihr schon heute erkennt, dass es so wichtig ist, seine Wahrheit zu leben«, sage ich, als wir wahrscheinlich den weltweit leckersten Salat am schönsten Platz der Insel in den Bergen mit Blick auf das Wasser und die Insel essen.

»Einfach ist es trotzdem nicht immer«, sagt Rebecca, »aber natürlich hilft so ein Ort wie dieser.« Ich bin schwer beeindruckt, wie sehr sie mit der Energie der Insel verbunden ist und wie sie es schafft, ein gutes Leben im Paradies zu führen und dabei authentisch zu bleiben.

»Ja«, stimmt Annika zu, »wenn ich dein Leben mit meinem in London vergleiche, kommen mir Zweifel, ob ich dort noch weiterhin sein kann.«

»Na, du kannst diese Frage ja mal bei Mama stellen«, sagt Rebecca mit einem Lächeln. Und damit verabschieden wir uns herzlich voneinander, denn wir müssen noch packen.

»So langsam macht sich eine Unruhe in mir breit«, gesteht Annika auf dem Weg zurück zu unserem Airbnb, »ich habe Alex schon so lange nicht gesehen.«

»Das verstehe ich, wir sind ja auch schon morgen Abend wieder bei ihr. Wir lassen einfach alles ganz entspannt auf uns zukommen, diesmal habe ich auch meinen Reisepass dabei«, erwidere ich lächelnd. Den Rest des Abends packen wir alles zusammen.

Am nächsten Tag sind wir schon mittags in Ukiah und

treffen dort Alex, Attila und Dani zum Lunch. »Ich bin so froh, dass ich noch mal kommen konnte«, gestehe ich, als wir uns alle umarmen. »Ja, und ich freue mich, Annika mehr kennenzulernen«, sagt Attila, »das letzte Mal warst du ungefähr zehn Jahre alt. Also herzlich willkommen!«

Nach dem Lunch fahren wir zum Retreat-Center und ich stelle fest, dass Annika immer leiser neben mir wird. Wahrscheinlich spürt sie auch die starke Energie, die von den dreien ausgeht, und nun auch noch die Energie des Landes, denke ich. Als wir abends im Bett liegen, bestätigt sie meinen Verdacht, es ist ihr alles irgendwie zu tief. Bei jeder Frage, egal von wem, ob nun Attila, Alex, Dani oder auch Bri, ist ihre Antwort uneingeschränkt wichtig und wird gehört. Das überfordert sie etwas, aber nach zwei Tagen schafft sie es, sich auf die Energie einzulassen, und ich kann einen Wandel an ihr wahrnehmen. Sie wirkt wesentlich mehr verbunden und offener.

»Wie wunderbar«, stelle ich gegenüber Alex fest.

»Ja«, stimmt diese zu, »da ist viel Potenzial in ihr, das sie noch gar nicht richtig wahrgenommen hat.«

Während ich auf Maui war, habe ich mir vorgenommen, auch die Pilze kennenzulernen, und Alex ist voll dafür. Also mache ich noch eine Reise in ihrem neuen Heilungsraum. Die Nacht davor ist fast wie die vor der Ayahuasca-Reise und ich habe einen gehörigen Respekt vor den Pilzen. Meine Intention ist es, die Pilze kennenzulernen und zu verstehen, wie ich damit heilen kann.

Wir setzen uns morgens in den Raum und nach der Intention mache ich mich auf die Reise. Schon nach einer halben Stunde bin ich im Kopf mit grünen Strichmännchen unterwegs. Die Nebenwirkung der totalen Kälte dämmt Alex mit ganz vielen Decken ein. Die Reise selbst ist ähnlich wie mit Ayahuasca, denn auch hier gibt es einige Wiederholungen. Unter anderem werde ich immer wieder aufgefordert, zum Spielen zu kommen, aber ich lasse das nur selten zu, da ich das Gefühl habe, dass ich nicht so viel Spaß haben darf. Ich versuche, die Pilze zu fragen, wie sie mich unterstützen können, und sie antworten, indem ich mir Zeit lasse. Später kommt noch ein grüner Puma dazu, denn grün ist die Farbe, die ich am meisten wahrnehme. Bald ist mir unter all den Decken doch ziemlich heiß und ich schaue Alex an. Sie fragt mich, ob ich vielleicht raus in die Natur möchte, denn diese erscheint mit der Wirkung von Pilzen ziemlich besonders. Es ist, als würde sie durch einen Regenbogen mit mir sprechen, und ich bin dabei. Tatsächlich ist die Natur wahnsinnig schön, grün und lebendig. Die Bäume haben statt Blättern Augen und schauen sehr liebevoll auf mich. Es wirkt so, als ob sie mir zuzwinkern und mich auf meinem Weg beschützen, und sie geben mir das Gefühl, nicht allein zu sein. Ich fühle mich total geborgen und auch als ein Teil der Natur. Wir gehen zum Lakehouse und dort auf der Terrasse lasse ich die Wirkung einfach durch mich hindurchfließen.

Später fragt mich Alex, wie es denn war, aber ich habe noch gar nicht das Bedürfnis, zu sprechen. Nach einer weiteren Stunde habe ich wieder Lust dazu und ich fühle eine tiefe Dankbarkeit für dieses Gefühl der Verbundenheit.

Annika liegt am Pool und ich lege mich zu ihr. Wir erfreuen uns gemeinsam an der Natur und nach einer Weile kommt Alex mit einem großen Teller voll Obst und Nüssen und ich registriere, wie hungrig ich bin und wie lecker alles ist.

»Wow, ich habe gar kein Zeitgefühl«, gestehe ich.

»Na, du hast drei Stunden gelegen und jetzt noch mal zwei Stunden genossen«, erklärt mir Alex.

»Verrückt, ich dachte, das war viel kürzer«, stelle ich verwundert fest.

»Na, wie war's?«, fragt Dani, die sich auch mit zum Pool gesellt.

»Etwas herausfordernd«, erwidere ich, »mit einigen Wiederholungen.«

»Hm, die Pilze sind tatsächlich ähnlich wie Ayahuasca, gerade wenn man schon Aya genommen hat«, erklärt sie mir.

»Gut, dass ich das nicht wusste, da hätte ich ja noch viel mehr Respekt gehabt.«

»Und merkst du noch etwas?«, fragt Attila.

»Das kann ich nicht genau sagen«, erwidere ich, »aber ich bin unendlich dankbar für genau diesen Moment in meinem Leben.«

»Und genau das ist es, warum wir das hier machen«, sagt Attila.

Wir müssen alle lachen und es wird ein wunderschöner Nachmittag am Pool.

»Auweia, ich werde euch so vermissen«, gestehe ich auf dem Rückweg zu dem Wohnhaus.

»Ja, aber wie cool ist es, dass du jetzt eine Bleibe auf Ibiza hast und all deine Mädels inklusive Freund und Enkelsohn mitkommen«, sagt Alex, denn die kleine Casita, die Annabelle sich für mich angeschaut hat, ist tatsächlich total schön und der Vermieter hat mir bestätigt, dass ich erst mal für ein Jahr dort wohnen kann.

»Das stimmt, das ist eindeutig etwas Besonderes und ich bin auch auf die Insel gespannt, denn bisher habe ich die spirituelle Seite dort noch nicht ausgelebt.«

Die letzten Tage vergehen wie im Fluge und schon müssen wir uns wieder verabschieden.

»Ich danke euch so sehr«, sage ich zu Alex, die zusammen mit Attila schon vor uns abfährt, da sie in Mendocino ein paar Tage entspannen möchten. »Eigentlich fühlt es sich so an, als wenn ›danke‹ ein zu kleines Wort ist, denn am Ende fühlt sich mein Aufenthalt bei euch insgesamt lebensverändernd an.«

»Wir bleiben einfach ganz dolle in Kontakt«, sagt auch Annika und dann winken wir einander zu, während sie langsam das Grundstück verlassen.

»Gut, dann packen wir jetzt noch den Rest der Sachen ein und machen uns abfahrbereit«, verkünde ich.

Ich bin doch erstaunt, wie voll mein Koffer ist, der kaum noch zugeht. »Nun ja, es waren fast zwei Monate, die ich insgesamt da war, also kein Wunder, allein schon die Dinge für Ocean«, erkläre ich Annika.

»Na klar, das nimmt natürlich am meisten Platz weg«, stimmt sie schmunzelnd zu, während sie skeptisch all meine Nahrungsergänzungsmittel betrachtet.

»Du weißt doch, ich habe eine Schwäche für Nahrungsergänzungsmittel und hier gibt es überall so viele, da musste ich einfach vieles ausprobieren«, erkläre ich weiter.

Nach strategischem Rollen der Kleidung passt dann doch alles.

Fazit: *Reisen, egal ob nun in realen Welten oder in der Pflanzenwelt, können dich in Unruhe bringen.*

Tipp: *Wenn du die Reisen aber mit deiner vollen Aufmerksamkeit im Moment zelebrierst, können sich tolle Erkenntnisse entfalten.*

DIE ENTSCHEIDUNG

Job: Abenteurerin und Mutter
Tage bis zum Ende der Auszeit: 78
Mietwagen: einer

Eine Stunde später sind wir unterwegs und ich freue mich nun auf Emely, Kevin und Ocean. Auch Annabelle reist bald nach Hamburg, da Emelys Geburtstag ansteht und wir ihn alle gemeinsam feiern wollen.

Diesmal klappt am Flughafen alles reibungslos und wir haben einen angenehmen Flug zurück. Annika ist ziemlich krank, so gesehen strengt sie die Reise doch sehr an, und als wir in Kopenhagen drei Stunden warten müssen, ist sie ganz down. Ich glaube aber, die Aussicht, Emely, Kevin und Ocean bald zu sehen, hält sie aufrecht, auch wenn sie dann den Kleinen vielleicht nicht so herzen kann, damit er sich nicht ansteckt.

Als wir in Hamburg ankommen und tatsächlich all unsere Koffer haben, wartet auf uns schon der Shuttle-Service zum Hotel. Die Route, die er fährt, ist sehr touristenfreundlich, denn es geht nur an den schönen Plätzen Hamburgs vorbei.

»Ich bin so aufgeregt«, gestehe ich, als wir am Hotel ankommen, »in zwei Monaten entwickelt sich so ein Baby ja ganz schön.«

Als wir dann vor der kleinen Familie stehen, ist alles

einfach nur wunderbar. Die Zeit des Fremdelns ist zum Glück noch nicht angebrochen und Ocean ist ein vollkommen fröhliches, entspanntes Baby, was am liebsten auf dem Arm ist. Selbst Annika kann wieder etwas lächeln, aber ich merke auch, dass der Jetlag uns sehr müde macht, also essen wir einfach auf dem Zimmer und verabreden uns für den nächsten Morgen zum Frühstück.

Am übernächsten Tag fliegt Annika weiter nach London, um dann in einer Woche zum Geburtstag von Emely wiederzukommen.

»Wir hatten so eine schöne Zeit, Mami«, sagt sie zum Abschied.

»Ja, das stimmt und schau mal, es ist nur eine Woche, die du nun allein in London bist, und dann bist du wieder da.«

»Ich muss jetzt noch ein paar Dinge regeln«, erwidert sie, »aber ich freue mich auch, wiederzukommen.«

»Na, und dann geht es auch bald nach Ibiza«, füge ich hinzu und wir müssen beide lachen.

»Ja, ist nicht so eine lange Trennung«, sagt sie und steigt winkend in das Taxi.

Emely, Kevin, Ocean und ich fahren gleichzeitig nach Schleswig. Nach einer Stunde machen wir eine Pause, da Ocean die Fahrt nicht ganz so spannend findet. Nach einer Weile schläft er aber doch noch mal und wir können ein wenig über die Organisation der nächsten Zeit sprechen.

»Also, ich habe den Flug nach Ibiza am 12. Juni«, erkläre ich, »dann bleibe ich bis zum 15. Juni bei Annabelle und ab dann gehe ich in die kleine Casita, die ich bis zum 1. Dezember angemietet habe. Ich denke, Weihnachten kommen wir wieder nach Schleswig. Irgendwie ist mir in den vergangenen Wochen klar geworden, dass ich nicht zurück in mein altes Leben möchte.«

»Aber was passiert denn mit dem Haus hier in Schleswig so lange?«, fragt Kevin.

»Tja, da hatte ich noch nicht so viel Zeit, drüber nachzudenken. Ich weiß auch gar nicht, wie lange ihr noch hier seid.«

»Wir haben jetzt geplant, dass ich am 1. Juli mit Ocean fliege und Kevin mit dem Auto nachkommt. Zunächst haben wir eine Wohnung für zwei Monate gemietet und schauen dann vor Ort, wie es weitergeht«, erklärt Emely.

»Okay, das bedeutet, das Haus wäre vom 1. Juli bis zum 1. Dezember leer und keiner kann sich darum kümmern«, überlege ich laut.

»Ja, Mama, irgendwie ergibt es keinen Sinn, das Haus zu behalten, am besten du kündigst den Mietvertrag.«

»Tja, und irgendwie nicht nur, dass ich den Mietvertrag kündigen muss, ich muss auch noch bei der Firma Bescheid sagen, dass ich nun tatsächlich nicht wiederkomme. Auweia, aber schaffe ich das überhaupt in drei Wochen, das alles zu organisieren? Ich bekomme doch keine Möbel mit nach Ibiza, die müssten dann irgendwo eingelagert werden«, überlege ich etwas angestrengt weiter.

»Na, wir sind ja auch noch da und Annabelle und Annika kommen auch«, muntert mich Emely auf.

»Aber du willst doch deinen Geburtstag noch woanders feiern, also das wird alles ziemlich knapp.«

»Sagst du nicht immer: einen Schritt nach dem anderen, dann wird sich schon alles ergeben?«

»Gut, also ein Schritt nach dem anderen«, stimme ich zu, aber mir ist doch etwas eng um die Brust.

Ich bringe die drei nach Hause und mache mich dann auf die Suche nach dem Ferienhaus, das ich für die Zeit, die ich hier bin, gebucht habe. Als ich auf der Terrasse stehe, bin ich ganz verzaubert von dem wunderschönen Blick, die Sonne scheint und ein paar Segelboote liegen im Wasser. Ein perfektes Bild. Brillant, und wie gut, dass ich hier einen Ort zum Planen habe. Wenn ich permanent mit der Familie zusammen wäre, könnte ich mich gar nicht konzentrieren, denke ich und räume meine Koffer aus. Es ist im Grunde ganz gut, dass ich nun tatsächlich das Haus auflöse, irgendwie habe ich mich immer vor dem Schritt gefürchtet, wahrscheinlich, weil dann klar ist, dass ein neuer Abschnitt beginnt.

Es gibt zwar ein paar Anfangsschwierigkeiten in der Planung, aber irgendwie passt dann doch auf einmal alles zusammen und die nächsten zwei Wochen sind dem Aufräumen gewidmet. Ich bin froh, dass ich zunächst für mich allein jede Schublade und Kiste durchschauen kann. Zwar ist mir vor dem Chaos am ersten Tag ziemlich übel, aber dafür habe ich ja meine Tochter, die mich unterstützt.

»Weißt du, Mama«, sagt Emely, »du machst einfach einen Raum nach dem anderen und dann wirst du sehen, dass alles machbar ist. Wir sind schon so oft umgezogen und haben nie mehr als eine Woche gebraucht.«

»Stimmt, aber diesmal fühlt es sich anders an. Erstens war ich so lange wie noch nie irgendwo sonst in diesem Haus, also hat sich eine Menge angesammelt, und zweitens wird ja jetzt alles wer weiß wie lange eingelagert.«

»Klar, aber es ändert im Grunde nichts daran, dass du alles einmal durchschauen und aussortieren musst.«

»Aber mir graut es vor dem Abstellraum hier unten, dem

Keller, dem Dachboden und ganz zu schweigen von den ehemaligen Zimmern von dir und Annabelle«, gestehe ich.

»Am besten, du fängst einfach an«, sagt Emely. Und so geschieht es dann auch.

Gerade im Abstellraum stoße ich aber schnell auf meine alten Tagebücher und irgendetwas lässt mich innehalten und ich fange an zu lesen. Ich habe das Gefühl, es ist notwendig, dass ich noch mal meine alten Gedankenmuster verstehe. Besonders die Beziehung mit meinem Exmann habe ich eigentlich bis zum Anfang seines Betruges in guter Erinnerung, aber das Tagebuch zeigt ganz deutlich, dass ich so gar nicht meine Wahrheit gesprochen habe. Und das noch nicht mal in meinen Tagebüchern, weil ich Sorge hatte, dass er die vielleicht mal lesen könnte und mich dann zur Rede stellen würde. Ich habe jeden Satz im Tagebuch positiv verpackt, genauso wie unser gemeinsames Leben. Dabei habe ich innerlich oft ganz anders gedacht und war oft am Ende meiner Kraft, da ich sehr viel Negativität bis hin zu Depressionen auffangen musste. Kein Wunder, dass die Ehe gescheitert ist, bei so viel Unehrlichkeit von beiden Seiten. Die Erkenntnis ist zwar wichtig, aber neben der ganzen Auflösung um mich herum auch ganz schön aufwühlend und die ersten Abende falle ich abends sehr erschöpft ins Bett.

Nach ein paar Tagen fahre ich nach Bremen zu meiner Mutter, die hatte ich das letzte Mal Weihnachten getroffen, und bevor ich nun nach Ibiza gehe, ist es mir wichtig, sie noch mal zu sehen. Auf der Fahrt zu ihr hole ich noch Annika vom Flughafen ab, denn nach Bremen ist schon bald Emelys Geburtstag.

Die Tage mit Mama sind echt schön, sie trinkt nicht und

wir ernten Salat aus ihrem Hochbeet, gehen zum Friedhof zu der Grabstätte meines Vaters und schlendern durch die Stadt.

»Was für ein Unterschied, wenn du nicht trinkst«, stelle ich beim Abschied fest. »Es war sehr schön bei dir«, füge ich hinzu.

»Na, mit meinen Zähnen konnte ich nun schlecht trinken«, sagt sie. Doch mir ist es egal, welcher Grund dazu geführt hat. Ich bin tatsächlich traurig, als ich losfahre, und das war sehr lange nicht mehr der Fall.

»Das ist doch mal richtig gut«, versucht mich Annika wieder aufzumuntern, »definitiv war es wichtig, sie auch mal wieder so zu erleben. Das ist ähnlich, wie es mir mit dir ging, zwar war es nie so extrem wie bei Oma, aber ich bin auch sehr froh, dass du nicht mehr trinkst.«

»Das verstehe ich und ich bin so dankbar, dass ich gemerkt habe, dass der Alkohol nur ein Mittel war, meine Gefühle nicht fühlen zu müssen, und wie wichtig sind diese Gefühle, denn sie machen mich ja erst menschlich. Irgendwie war ich vorher eher wie ein freundlicher Roboter«, erwidere ich.

Annika muss bei dem Vergleich lachen und wir fahren entspannt zum Flughafen, um Annabelle abzuholen. Die hat nun zweieinhalb Monate allein auf Ibiza hinter sich und als sie uns in die Arme fällt, merke ich, dass sie sehr froh ist, uns zu sehen.

»Da bist du ja endlich wieder«, sage ich und drücke sie ordentlich durch.

Auf der Fahrt nach Schleswig besprechen wir die weiteren Tage, denn schon morgen fahren wir mit Emely, Kevin und Ocean in ein Hotel, um Emelys Geburtstag zu feiern.

»Das bedeutet, dass ihr nur noch drei Tage habt, um all eure Sachen auszusortieren, und ich bin auch noch nicht ganz fertig«, erkläre ich den beiden.

»Na, das ist doch viel Zeit, ich brauche nicht so lange«, versichert mir Annabelle und Annika stimmt zu.

»Wir werden sehen«, murmele ich, denn mein Prozess hatte doch länger gedauert als gedacht. Allerdings kam auch noch das Gespräch mit meinem Bruder dazwischen. Wie das Leben so spielt, war er genau in der letzten Woche zum Segeln an der Schlei. Zwar war er mit einer Segelfreundin unterwegs, aber wir haben es doch irgendwie geschafft, uns zusammenzusetzen. Als der Termin klar war, merkte ich, dass ich sehr viel Furcht davor hatte, dieses Gespräch zu führen. Zwar wusste ich nicht, wovor genau, aber die Angst war da. Meine Kinder wussten, dass ich das Gespräch über meine unwissende sexuelle Erfahrung in meiner Kindheit vor mir hatte, und meine Cousine auch. Sie war auf dem Weg, um mich für einen Tag zu besuchen.

Nachdem ich mich noch kurz im Badezimmer gesammelt hatte, konnte ich das Gespräch mit ihm führen und es war gut. Natürlich hat er erst einmal tief durchgeatmet und konnte sich im ersten Moment an nichts erinnern oder wollte es nicht, aber nach einer Weile merkte ich seine Betroffenheit. Im Grunde war es für mich nur wichtig, meine Wahrheit auszusprechen und das Schicksal nicht mehr nur allein auf meinen Schultern zu tragen, sondern ihn mit ins Boot zu holen. Ändern können wir beide nichts mehr, aber ihm sollte klar werden, dass sein Nichtstun mich mein ganzes Leben lang begleitet hat. Dieses Nichtstun, wenn ich oder meine Kinder schlecht oder schlimm behandelt werden, hat jetzt ein Ende. Wir einigten uns darauf, dass wir noch mal telefonieren, und vier Minuten später stand Claudi vor der Tür. Und als Markus wegsegelte, konnte ich ihr alles erzählen, genauso wie auch meinen Kindern, die mich instinktiv direkt anriefen. Alles in allem fühlte ich mich in diesem Gespräch so unterstützt wie selten in meinem bisherigen Leben. Das passiert also, wenn ich meine Wahrheit spreche.

Fazit: *Manche Gespräche sind sehr wichtig für dein Verständnis über dich selbst und um die Gefühle in deinem Herzen zu lüften.*

Tipp: *An der Vergangenheit lässt sich nichts ändern, du hast keinen Einfluss mehr auf sie, aber du hast Einfluss darauf, wie du mit ihr umgehst.*

DIE INSEL

Job: Erkunderin, Mutter und Oma
Tage bis zum Ende der Auszeit: 48
Mietwagen: einer

Der Geburtstag von Emely zeigt mir auch noch mal eine neue Seite an mir. Ich stelle fest, dass meine Liebessprache Geld für die Kinder ausgeben ist, doch jetzt muss ich gar nichts ausgeben. Emely und Kevin laden uns alle für zwei Tage ein, inklusive Essen, Übernachtung und Massage. Irgendwie habe ich lange darauf gewartet, dass mal eines meiner Kinder bezahlt. Bisher war ich immer diejenige und nun ist es so ungewohnt und ich bin mir nicht sicher, wie ich mich verhalten soll. »Mama, du kannst ja jetzt einfach mal genießen«, sagt Emely, »und ich bin sehr dankbar, dass ich das alles für uns organisieren konnte.«

»Verrückt«, erwidere ich, »also vielen Dank und wer hätte das gedacht!«

»Sei es, wie es sei, aber ich habe es eigentlich letztes Jahr schon gesagt, dass dieses Jahr genau so wird«, erinnert sie mich schmunzelnd.

»Du bist eben ein Manifestationsgenie«, sage ich und finde dann meinen Platz, indem ich einfach nur da bin voller Dankbarkeit. Da muss ich mir wohl eine neue Liebessprache suchen, würde mir auch mal guttun.

Als wir wieder nach Schleswig kommen, geht der Countdown los und die Kisten werden gepackt und es wird aussortiert wie verrückt. Gut, dass Annabelle und Annika da sind, denn es ist doch noch eine Menge und ich wäre allein nicht fertig geworden. Aber es klappt alles und ich kann sogar noch drei Kisten, die all meine Steine und ein paar Bücher beinhalten, nach Ibiza verschicken. Was für ein Gefühl das ist, als wir dann mit fünf großen und zwei kleinen Koffern im Auto sitzen. Emely ist zwar traurig, aber wir wissen ja alle, dass der Abschied diesmal nur drei Wochen lang ist, dann kommt sie auch auf die Insel Ibiza geflogen. Wir verabschieden uns und sie winkt uns noch nach.

»Wie lange haben wir jetzt noch Pause in Hamburg?«, fragt Annika, als wir auf der Autobahn sind.

»Wir sind für drei Nächte dort«, erwidere ich, »der Junggesellinnenabschied von Antonia findet noch statt.« Antonia ist eine Freundin aus Eckernförde und wir haben uns gefunden, nachdem unsere Ehen beendet waren. Beide Ehen scheiterten an der Unehrlichkeit und irgendwie hat uns das zusammengebracht. Antonia hatte immer eine positive Einstellung gegenüber dem Leben und auch wenn wir uns nicht oft sehen, schätze ich unsere gemeinsame Zeit von ganzem Herzen. Einer ihrer Lieblingssätze ist: »Ab jetzt nur noch schön.« Und dem kann ich immer wieder zustimmen.

»Da bin ich aber sehr dankbar, dass wir uns jetzt noch ausruhen können, denn es war ganz schön anstrengend«, gesteht Annabelle.

»Ich glaube, ich habe noch nie so sehr ausgemistet wie diesmal«, stimmt Annika zu.

»Na klar, durch Corona haben wir ja auch alle gemeinsam in dem Haus gewohnt, da hat sich einfach viel angesammelt. Dann kamen auch noch Erinnerungen aus Papas Haus dazu und ich hatte noch viel aus dem Bed & Breakfast«, fasse ich unseren Hausrat zusammen.

»Aber ist es jetzt nicht ein gutes Gefühl?«, fragt Annika.

»Im Großen und Ganzen schon, aber wahrscheinlich erst so richtig, wenn Kevin das Umzugsunternehmen versorgt hat«, antworte ich.

Die Zeit in Hamburg tut uns allen gut und der Junggesellinnenabschied ist sehr schön. Wir haben einen lustigen Abend in einem hervorragenden italienischen Restaurant mit köstlichem Essen und die Frauen um mich herum sind sehr interessant. Zwar sitzen wir nicht im Kreis, wo die Magie passieren kann, aber an einer langen Tafel und das ist auch sehr unterhaltsam. Absolut spannend, wie interessant einige meine Entscheidung finden, nun nach Ibiza zu gehen.

»Weißt du denn schon, was du da machen möchtest?«, fragt mich Antonia.

»Ich werde meine Bücher schreiben und mit Pflanzenmedizin arbeiten«, antworte ich. Viele Frauen sind ganz interessiert an der Pflanzenmedizin und wollen es gerne mal ausprobieren. »Na, dann im nächsten Jahr auf Ibiza«, sage ich, als wir uns verabschieden.

Zwei Tage später stehe ich mit Annabelle und Annika am Flughafen.

»Alles klar, dann lass uns mal einchecken, denn nicht nur, dass wir zwei Koffer mehr haben als gebucht sind, du musst auch noch Sondergepäck aufgeben«, sage ich zu Annabelle. Erstaunlicherweise verläuft das Einchecken reibungslos und ich muss nur einen Koffer extra bezahlen und schon ein paar Stunden später sind wir mit all unseren Sachen bei Annabelle in der Wohnung angekommen. »Kannst du es glauben, Mama, dass du nun hier bist?«, fragt sie mich.

»Es ist schon verrückt, aber so ganz kann ich es dann doch noch nicht glauben«, erwidere ich. »Wahrscheinlich kommt das erst, wenn ich in meiner Casita bin, aber ich freue mich jetzt über deine Wohnung und vor allem auch darauf, deine Katze besser kennenzulernen.«

»Ja, Percy ist schon sehr zutraulich geworden. Das war am Anfang anders, da ist sie gar nicht unter dem Sofa hervorgekommen. Aber sie musste auch in ihren ersten Monaten auf der Straße leben.«

»Das erfordert bestimmt viel Geduld und Zeit, schön, dass du ihr das geben kannst«, sage ich. Und dann füge ich noch hinzu: »Ich habe das Gefühl, es könnte alles gut werden.«

Die ersten Tage und Wochen vergehen ziemlich schnell und dann beziehe ich auch schon meine kleine Casita und fühle mich direkt wohl. Sie liegt abseits vom Touristentrubel im Wald in der Nähe von Santa Gertrudis, dem für mich schönsten Ort der Insel mit zahlreichen Cafés und Restaurants, lokalen kleinen Lebensmittelgeschäften und einigen Modeboutiquen. Die Inneneinrichtung ist hell und das gibt mir ein gemütliches Gefühl. Zum großen Grundstück, das meine Casita umgibt, gehören drei Hunde des Vermieters, die mich als ihr neues Rudelmitglied ohne Schwierigkeiten akzeptieren. Das Schönste ist, wenn ich gefragt werde, ob ich im Urlaub hier bin, und ich antworten kann: »Nein, ich wohne hier.« Dann stellt sich immer gleich so ein Gemeinschaftsgefühl ein.

Ohne Frage sind die ersten Wochen ein wenig wie Urlaub und wir erkunden den Norden der Insel. Bisher waren wir immer in der Nähe von San Antonio im Süden der Insel, deshalb gibt es hier viel Neues zu entdecken.

Meine WhatsApp-Gruppe informiert mich regelmäßig über die spirituellen Angebote auf der Insel und heute habe ich mit Annabelle und Annika eine Kakaozeremonie mit Psilocybin, den magischen Pilzen, gebucht. Die Frau, die das anbietet, hat Annabelle schon kennengelernt und die Location ist genau bei Annabelle um die Ecke, draußen unter freiem Himmel. Als wir ankommen, weht uns schon der Geruch von Copal entgegen und sofort fühlen wir uns wohl.

»Herzlich willkommen«, empfängt uns Malu, »schön, dass ihr da seid. Ich erkläre euch jetzt als Erstes den Ablauf. Gleich eröffne ich die Zeremonie und wir fangen an, eine Schokopraline, die Psilocybin enthält, zu genießen. Dann habt ihr ein wenig Zeit, um die Wirkung zu spüren. An- schließend machen wir eine Meditation, danach kommt die Kakaozeremonie und später kommt noch eine Atemreise dazu.«

Malu führt uns ganz liebevoll durch den Abend und schon bald merken wir das Microdosing ziemlich stark. Annabelle und ich schauen uns an, denn wir beide haben schon Erfahrung mit einer vollen Pilzreise und irgendwie sind wir jetzt in einem verwandten Zustand wie zum Ende der Reise, wenn alles nur noch schön ist. Annika wirkt auch etwas überrascht über die Stärke der Wirkung. »Wow«, sagt sie, »das ist ja ganz was anderes, alles ist irgendwie so schön und das Wasser sieht auch so besonders aus.«

Später muss ich mich hinlegen und bin ganz versunken in den Wolken. Die Zeit vergeht und nach dem Kakao kommt irgendwann eine Atemreise dazu und erstaunlicherweise helfen mir die Pilze, mich darauf einzulassen. Im Gegensatz zu Annabelle, die eher das Gefühl hat, sich bewegen zu müssen. Aber Malu ist erfahren genug, jedem seinen Raum zu geben, also fühlen wir uns alle wohl.

Ich erlebe eine sehr intensive Atemreise und kann ein wenig Trauer und Wut loslassen. Als wir die Augen wieder öffnen sollen, ist es schon dunkel und die Umgebung wirkt mystisch. Malu hat in den Bäumen Lichterketten drapiert und die Sterne leuchten mit dem Mond um die Wette. Das Wasser wirkt durchsichtig und geheimnisvoll. Wir sitzen dann alle im Kreis und teilen ein wenig unsere Erfahrungen mit den anderen Teilnehmerinnen. Dann verabschieden wir uns und gehen zu Fuß nach Hause. Das gestaltet sich für mich schwierig, denn kaum verlassen wir den geschützten Platz, fühle ich mich wieder voll verantwortlich für meine Töchter. Sofort spielt die Angst mit, dass die Kinder unter Einfluss stehen und ich sie sicher nach Hause bringen muss. Dabei hat uns die Erfahrung ja eher zusammengebracht, aber anscheinend hat mein Ego etwas dagegen und möchte die alte Ordnung wieder herstellen: Ich bin die Mama und ich habe die Verantwortung.

Ich merke, dass es am besten ist, wenn ich zu mir nach Hause fahre und für mich bin. »Also, ihr beiden, ich fahre jetzt zu mir und ihr habt es noch schön hier«, sage ich, als wir heil bei Annabelles Wohnung angekommen sind, und verabschiede mich.

»Okay, Mama, melde dich, wenn du zu Hause bist, und wir sprechen morgen«, sagt Annika.

Ein wenig später sitze ich auf meiner Terrasse und bewundere den Sternenhimmel. Was für eine schöne Erfahrung, denke ich und fühle mich vollständig mit der Insel verbunden.

Am nächsten Morgen arbeiten Annabelle und ich unsere

Triggerpunkte gemeinsam auf und somit ist klar, dass eine Pilzreise eben immer auch Raum für Wachstum bietet, wenn wir es annehmen.

»Aber es war schon schön, auch wenn da ganz schön viel auf einmal kam«, sagt Annabelle.

»Stimmt, aber dadurch, dass alles ja eigentlich nur Microdosing war, hat es sich für mich genau richtig angefühlt und nach der Meditation hatte ich das Gefühl, dass ich Malu schon aus früheren Leben kannte, und habe mich vollkommen sicher mit ihr gefühlt.«

»Also mir war es irgendwie etwas zu viel«, sagt Annika, »das nächste Event kann gerne weniger enthalten.«

»Das Schöne ist ja, dass es hier so viele Möglichkeiten gibt«, sagt Annabelle und wir packen alles Notwendige ein und fahren zum Strand.

Fazit: *Wie bei allem im Leben kommt es auf die Dosierung an.*

Tipp: *Am allerwichtigsten ist die erfahrene Begleitung bei jeglicher Art von Medizinreise.*

DIE NACHBARN

Jobs: Nachbarin und Cousine
Tage bis zum Ende der Auszeit: 20 Tage
Mietwagen: keiner

In den weiteren Wochen neigt sich meine finanzielle Freiheit dem Ende zu und das Gefühl der Unsicherheit verbreitet sich über mir wie eine schwarze Wolke. Es wäre falsch, zu behaupten, dass ich das nicht schon von vornherein gewusst habe, aber nun ist es so weit und dadurch, dass rein gar nichts reinkommt und die Kosten bleiben, wird das Gefühl der Enge groß. Klar ist es leicht, zu sagen, ich konnte mir all diese Erfahrungen, die ich im vergangenen Jahr gemacht habe, auch nur leisten, weil ich mein Bed & Breakfast verkauft habe. Aber ich denke, nicht viele hätten den Mut, ihr Geld in die eigene Selbstfindung zu investieren statt in Aktien oder andere Anlagemöglichkeiten. Aber was mache ich nun mit den Erkenntnissen, wie kann ich damit meine Ausgaben decken?

Egal, was für Orakel-Karten ich dafür schon seit Monaten ziehe, immer ist es dieselbe Antwort: Ich soll mir Zeit geben. Damit komme ich aber schon zu meinem nächsten Problem: Was bedeutet denn, mir Zeit zu geben, eigentlich? Im Grunde bin ich schon seit Monaten in der Position, Zeit zu haben. Bedeutet, mir Zeit zu geben, nichts zu verdienen und weiter in meine Heilung zu investieren, oder heißt es, Heilungssitzungen zu geben? Oder soll ich mein Buch oder die Biografie von Aluna weiterschreiben? Viele Fragen, deren Antworten ich nicht klar erkennen kann und daher immer tiefer in das Gefühl der Enge hineinkomme. Das Ganze gipfelt in dem Moment, als ein Auto mir von hinten auffährt. Gerade hatte ich im Kopf ausgerechnet, dass nun lieber nichts Außergewöhnliches mehr zu meinen Kosten dazukommen darf, und prompt passiert der Unfall. Ich erschrecke mich fürchterlich, als es knallt, aber ich bleibe heil. Als ich aussteige, sagt mir mein Bauchgefühl gleich, dass der Typ keine Versicherung hat und das auch sicher nicht sein Auto ist. Er ist supernett und geduldig und als ich typisch deutsch die Polizei informieren möchte, hilft er mir bei allem. Die Polizei interessiert das Ganze gar nicht und am Ende habe ich nur seine Telefonnummer und zwei Fotos von seinem Nummernschild und seinem Personalausweis. Total verzweifelt fahre ich zu Emely, die inzwischen auch in ihrer Wohnung auf Ibiza angekommen ist.

»Mama, was ist denn das Wichtigste?«, fragt sie mich und gibt mir gleich selbst die Antwort: »Das Wichtigste ist, dass niemandem etwas passiert ist, und das ist ein guter Anlass, um dankbar zu sein, denn wie schnell kann das Leben auf einmal anders sein. Nach der Geburt meines Sohnes habe ich gemerkt, dass ich mit dem Gefühl der Dankbarkeit alles anders sehe. Es ist nur Blech und das wird sich alles zurechtruckeln. Du bist gesund und munter, stehst jetzt hier vor mir und wir haben Zeit miteinander und das ist doch das Wichtigste im Leben.«

Ich bleibe einen Moment still und lasse ihre Worte nachwirken. »Ja, stimmt«, sage ich schließlich, »in der letzten Zeit habe ich die Dankbarkeit etwas aus den Augen gelassen.«

In weiser Voraussicht hatte ich bei einer guten

Mietagentur gemietet und einen Versicherungsschutz gleich mit abgeschlossen. Als ich das Auto abgeben muss, wird noch nicht einmal geschaut und auch nicht mehr gefragt, was eigentlich vorgefallen ist. Ab diesem Moment sitze ich nun jeden Tag für ein paar Minuten vor meinem Altar mit Dingen, die ich auf der Insel gefunden oder geschenkt bekommen habe, und bin dankbar dafür, dass ich mein Leben im Moment hier verbringen kann.

Seitdem Emely, Kevin und Ocean da sind, fühlt es sich so an, als ob wir hier nun doch nicht mehr im Urlaub, sondern tatsächlich zu Hause sind. Alle Arbeiten in Schleswig sind abgeschlossen, mein Auto ist auch hier und ich kann meinen Enkelsohn jederzeit sehen. Verrückt, wie das Leben uns dann alle zusammengeführt hat, wenn ich daran denke, dass Claudi genau das gesagt hat, als sie den Abschied von Emely und mir vor Kalifornien mitbekommen hat, dass wir am besten alle zusammen irgendwo wohnen. Das hat sich nun erfüllt und das Schönste ist, dass jeder trotzdem sein eigenes Leben lebt. Bisher hat sich mein ganzes Reisejahr auch immer nach einer kurzweiligen Sache angefühlt, aber nun fühle ich das Potenzial, heimisch zu werden. Es ist so ein Kribbeln in mir, als ob die Insel durch mich vibriert.

Mein erster Besuch in meinem neuen Zuhause ist Claudi und gerade sitze ich am Flughafen, um sie abzuholen. Es ist immer wieder faszinierend, in einer Ankunftshalle zu sitzen. Ich versuche, zu erraten, woher die herausströmenden Menschen kommen, das ist ein guter Zeitvertreib, denn das Flugzeug aus der Schweiz von Claudi hat ziemlich Verspätung. Ich versuche, Schweizer zu erkennen, aber das ist nicht ganz so einfach und irgendwann steht Claudi plötzlich vor mir.

»Da bist du ja endlich, das hat ziemlich lange gedauert«, empfange ich sie glücklich und drücke sie.

»Ja, stell dir vor, mein Koffer ist nicht mitgekommen, der ist wahrscheinlich in Zürich hängengeblieben«, erwidert sie etwas bedrückt.

»Kein Problem, du kannst ja alles von mir ausleihen. Müssen wir denn jetzt noch irgendwo etwas melden?«, frage ich.

»Nein, das habe ich alles schon drinnen erledigt, bin gespannt, ob ich den Koffer wiederbekomme, aber ich bin nicht mit so einer Billig-Airline geflogen«, sagt sie.

»Eben, deshalb wird das schon alles gut werden, wir fahren jetzt mal nach Santa Gertrudis, dort können wir essen gehen. Aber erzähl mal, wie war es denn auf deinem Yoga-Retreat?«

»Essengehen ist eine gute Idee und ich bin das späte Essen auch schon voll gewohnt, denn das war in Frankreich bei dem Retreat von Bryan Kest auch immer so. Also ich sage dir, das mit dem Koffer passt gerade super ins Thema, denn ich habe das Gefühl, ich muss richtig viel loslassen oder habe das auch schon, und fühle mich dadurch vollkommen befreit. Das Leben ist im Moment genau auf eine Linie gebracht.«

»Wow, das klingt super und wie viel Yoga habt ihr immer so gemacht?«, möchte ich wissen.

»Drei bis vier Stunden am Tag«, sagt sie und ich schaue sie entsetzt an. »Dann bist du ja bestimmt superkaputt!«, rufe ich aus.

»Nein, das Gegenteil ist eher der Fall, ich fühle mich so energiegeladen wie lange nicht mehr«, erklärt sie mir lachend.

Wir erreichen Santa Gertrudis und obwohl ich nun schon länger da bin, habe ich es noch nie im Dunkeln erlebt. Es gibt einen kleinen Markt und Livemusik auf dem Dorfplatz.

»Das ist aber schön hier«, bemerkt Claudia, als wir uns zum Essen in ein kleines gemütliches Restaurant setzen. Ich bin auch ganz begeistert und wir lassen die Ereignisse der letzten Wochen beim Essen Revue passieren, denn es ist eine Menge passiert.

Als wir dann später zu Hause ankommen, ist Claudi doch zunächst etwas skeptisch, denn der Weg zu meiner Casita ist stockdunkel und das Häuschen hat auch nicht viel Licht. Im Haus selbst überzeugt sie dann die Gemütlichkeit und sie merkt, dass die Reise sie doch erschöpft hat.

»Im Hellen ist alles doch viel freundlicher«, stellt Claudi am nächsten Morgen beim Frühstück fest und streichelt die schwangere Lola, eine meiner drei Hundemitbewohnerinnen. »Und mit den Hunden bist du hier gut beschützt.«

»Na, du kennst mich ja, ich habe selten Angst, selbst damals, als wir direkt an der Ostsee, aber fernab von Nachbarn gelebt haben, hatte ich eigentlich nur bei starkem Sturm ein etwas mulmiges Gefühl.«

Die Tage vergehen ganz entspannt, denn Claudi ist so wie eine Schwester für mich. Der Koffer ist weiterhin ein Thema, aber trotz mehrmaligem Nachfragen bleibt er verschwunden.

»Gut, dass wir eine Kleidergröße haben«, erwähne ich, als wir uns für den Strand fertig machen.

»Ja, schon, aber ich vermisse meine Sachen. Ich versuche zwar, das Loslassen zu umarmen, aber das klappt nicht so richtig«, sagt Claudia.

»Das kann ich verstehen, mal sehen, noch bist du ja hier, vielleicht taucht er wieder auf. Heute Abend können wir auf den Hippiemarkt gehen, da war ich schon mit den Kindern. Aber diesmal sollten wir warten, bis es dunkel ist, dann soll es noch schöner sein«, schlage ich vor.

»Gute Idee«, stimmt Claudia zu.

Dann erzähle ich ihr vom Microdosing und sie ist ganz begeistert.

»Wenn du willst, könnten wir es heute vor dem Hippiemarkt mal ausprobieren. Eigentlich nimmt man es ja morgens auf nüchternen Magen und jeden dritten Tag, oft im Rahmen einer Kur über ein bis zwei Monate am Stück, um dann wieder eine längere Pause zu machen. Aber natürlich kann man es auch einfach mal so ausprobieren.«

Gesagt, getan, wir sitzen beim Abendessen und auf einmal fällt Claudi auf, dass alles so hübsch ist. »Tja, das sind die Pilze«, sage ich, »die verbinden dich mit der Schönheit der Natur und lenken deine Blicke auf das Wesentliche.«

Die Fahrt zum Hippiemarkt bei Sonnenuntergang ist besonders eindrucksvoll und als wir ankommen, ist die Stimmung einfach nur wundervoll. Tatsächlich ist es noch etwas magischer, wenn es dunkel ist, und heute spielt auch noch ein DJ-Trio, das viele geheimnisvolle schamanische Instrumente mit Techno Sound verbindet. Ein absolutes Spektakel und als die drei dann auch noch mit Räucherwerk auf die Tanzfläche kommen, sind wir beide vollkommen begeistert.

»Hast du so etwas schon mal gesehen?«, fragt mich Claudi ganz verzückt, als wir uns langsam auf den Heimweg machen.

»Nein, noch nie, wie unglaublich, dass die drei auch all

diese Instrumente spielen können, ob es nun ein Didgeridoo, die Panflöte oder diverse andere sind«, erwidere ich.

»Ein unglaubliches Erlebnis«, sagt Claudi, als wir wieder auf meiner Terrasse sind und die Sterne anschauen.

Zwei Tage später kommt Claudi nach einer gemütlichen Siesta, es ist unbestritten sehr heiß im Moment, aus ihrem Zimmer. »So, ich habe mal etwas gegoogelt und einen Yoga-Raum genau bei dir um die Ecke gefunden. Die haben auch einen Pool, lass uns mal Schwimmsachen mitnehmen und da hingehen«, teilt sie mir entschlossen mit.

»Äh«, stottere ich, »wie meinst du das? Wir sollen jetzt einfach zu meinen Nachbarn gehen? Das finde ich aber schwierig.«

»Wieso, die haben einen Yoga-Raum und das wäre doch super für dich.«

»Ja, schon, aber da bin ich doch ziemlich deutsch, ich kann doch nicht so einfach zu den Nachbarn gehen.«

»Klar kannst du«, erwidert sie entschieden und bereits drei Minuten später sind wir auf dem Weg. Erst einmal laufen wir in die falsche Richtung, aber nach ein paar Minuten registrieren wir den Fehler und stehen schon bald vor dem Haus.

»Nein, schau mal, die haben ein Familienfest im Garten, da können wir jetzt nicht einfach hineingehen«, sage ich erschrocken zu Claudi, als ich entdecke, dass der Garten gerade geschmückt wird.

»Umso besser«, sagt Claudi und schreitet entschlossen zum Haus. Mir bleibt nur, ihr zu folgen.

Minuten später steht Michael vor uns, der hier wohnt und deutsch ist. Nachdem wir ihm erzählt haben, dass wir Nachbarn sind, holt er seine Frau Manuela.

»Das ist aber schön, wie toll, dass du hier wohnst, hier sind ganz viele Deutsche. Wir haben heute Abend ein Fest, aber Michael kann euch ja einmal alles zeigen und wenn ihr wollt, könnt ihr noch mit dem Schamanen sprechen und vielleicht heute Abend mitfeiern«, erklärt uns Manuela sehr herzlich.

Auf der Rundtour mit Michael rattert es in meinem Kopf: Schamane, Yoga-Raum. Als wir dann in dem Yoga-Raum stehen, frage ich Michael: »Sag mal, vermietet ihr den Raum noch?«

»Ja, das passiert schon mal, aber da musst du dann mit Manuela sprechen.«

Ich bin sprachlos und nachdem wir unseren Rundgang beendet haben und ich vor dem Schamanen stehe, bin ich völlig hin und weg. Er erklärt mir, dass heute Abend alle zusammenkommen, um gemeinsam eine neue Zeit zu feiern. Es wird gesungen und jeder bekommt einen besonderen Trunk von einem Kaktus und dann gibt es noch Tanz. Ich bin völlig fasziniert und stelle viele Fragen, denn ich habe noch nie mit einem Schamanen aus Argentinien gesprochen. Mir fällt auf, dass Claudi ganz still neben mir geworden ist, und als mein Blick auf den anderen Mann hinter dem aufgebauten Altar fällt, wird mir klar, dass hier die DJs vor mir stehen, die auf dem Hippiemarkt gespielt haben. Claudia ist also stumm vor Staunen. So ganz sagen wir noch nicht für den Abend zu, aber die Verabschiedung ist absolut herzlich.

»Oh, mein Gott!«, rufe ich aus, als wir wieder nach Hause gehen. »Ich kann es nicht glauben, dass nur hundert Meter von mir entfernt so viele Möglichkeiten warten, das kann doch gar nicht sein.«

»Also, ich habe den Schamanen gleich erkannt und

konnte es ab dem Moment auch nicht mehr fassen«, erwidert Claudi.

Wir schauen uns einen Moment an und dann sagen wir fast gleichzeitig: »Wir gehen da hin.«

»Es ist komplett verrückt, dass nun der Schamane vor uns stand«, fügt Claudi hinzu.

»Also, ich denke, wir ziehen uns dann einfach noch kurz um und dann gehen wir wieder hin«, sage ich ganz aufgeregt.

»Wir haben bestimmt noch ein wenig mehr Zeit, lass uns noch etwas warten, ist auch lustig, dass du da erst nicht mal hinwolltest«, stellt sie lachend fest.

»Ja, erst wollte ich da nicht hin und jetzt möchte ich da nur noch sein, wie unglaublich ist das alles bitte! Es ist ja fast so, als ob ich Alex und Attila um die Ecke habe. Und ich bin supergespannt auf das ganze Spektakel heute Abend.«

Der Abend ist ein Fest. Erst setzen wir alle eine Intention, und wir sind knapp fünfzig Personen, danach trinken wir alle einen kleinen Schluck von dem Trunk mit Kaktus und dann singen sechs Frauen spirituelle Lieder, es ist einfach nur schön. Später beginnt das Tanzen und die DJs gestalten den Rest des Abends. Auch Claudi und ich tanzen völlig unbeschwert durch die Nacht und es ist eine unglaubliche Freude, so viel Weiblichkeit und auch Männlichkeit wahrzunehmen. Nach circa drei Stunden schleicht sich aber doch etwas Müdigkeit ein und wir laufen nach Hause.

»Ich kann gar nicht genug vom Sternenhimmel bekommen«, sage ich zu Claudi, als wir dann noch auf meiner Terrasse sitzen. »Und schau, da ist noch eine schwarze Katze, die hier gerade vorbeiläuft, das passt ja super, so richtig schön mystisch«, füge ich noch hinzu, während ich die Katze kraule.

»Was für ein Erlebnis, ich bin jetzt komplett fix und fertig und muss ins Bett«, gesteht Claudi und verabschiedet sich. Ich muss noch etwas sitzen bleiben und einfach meine ganze Dankbarkeit in diesen Moment stecken. Wie unglublich das Leben doch ist, so fühlt es sich also an, wenn alles ineinandergreift.

Ein paar Tage später ist es dann so weit und Claudi muss zum Flughafen. Gestern haben wir noch ihren Koffer abholen können, damit er heute wieder mit ihr zurückfliegt. Leider ist Claudi gesundheitlich etwas angeschlagen, aber nach all den intensiven Erlebnissen wahrscheinlich kein Wunder.

»Wie gut, dass du noch das Wochenende hast, um dich zu erholen«, muntere ich sie auf, als ich ihr im Kurzparkbereich vom Flughafen ihren Koffer in die Hand drücke.

»Ja, das stimmt, es war grandios und ich wünsche dir weiterhin alles Gute hier, ich habe ein gutes Gefühl.«

»Dank dir habe ich ja jetzt meinen Tribe gefunden, also ist jetzt alles super«, sage ich und wir drücken uns noch mal zum Abschied.

Fazit: *Manche Lebensweisheiten, wie etwa »Halte dich bloß von den Nachbarn fern«, die mir mein Vater eingetrichtert hat, erweisen sich als unwahr.*

Tipp: *Kennst du deine Nachbarn? Wenn ja, teile ihnen doch mal mit, wie schön es ist, dass sie da sind. Und wenn nicht, lerne sie kennen! Wer weiß, wohin dich das führt.*

DIE WIEDERGEBURT

Job: Schülerin
Tage bis zum Ende der Auszeit: 0
Auto: mein eigenes

Nun hat es ein paar Tage gedauert, aber jetzt ist es entschieden und ich mache bei einem deutschen Yoga/Rebirth Retreat bei Manuela, meiner Nachbarin, mit. Schon heute Abend geht es los und ich bin einerseits sehr froh, denn dann werde ich auch Manuela näher kennenlernen, da sie es gemeinsam mit der Yogalehrerin Kristina leitet. Andererseits strapaziert es auch mein Konto. Also, eine Herausforderung für mich!

»Willst du mich dahin begleiten?«, frage ich Annika, als der Beginn näher rückt, »dann lernst du Manuela auch mal kennen und kannst dir die Anlage anschauen.« Sie stimmt zu. Sie ist gerade bei mir eingezogen, da sie eine Pause von der Katzenallergie benötigt. Sie hat die letzte Zeit bei Annabelle gewohnt.

»Weißt du denn schon, wie lange das so geht?«, fragt sie.

»Nein, über das Programm habe ich gar nichts gelesen, ich habe nur von Manuela verstanden, dass es ein Yoga Retreat ist, und hoffe einfach, dass nicht alle so supersportlich sind. Bei der Hitze habe ich nicht viel Kraft für vier Stunden Yoga am Tag.«

»Das verstehe ich, ich bin ja jetzt schon schweißgebadet nach dem kleinen Weg hierüber.«

Als wir ankommen, sind alle weiteren Teilnehmer im Pool und mein erster Eindruck ist, dass alle so alt sind wie Annika. Etwas erschrocken schaue ich mich um und möchte am liebsten, dass Annika das Retreat mitmacht und ich wieder gehe. Aber als ich es ihr vorschlage, will sie davon gar nichts wissen. Na gut, denke ich, dann ist es eben, wie es ist, und wir lernen uns alle etwas besser kennen. Die weitere Lehrerin, Kristina, ist sehr freundlich, aber als ich sie nach der Form des Yogas frage, die sie unterrichtet, sagt sie, dass es bei diesem Retreat eher um das geistige Yoga geht. Das wiederum beruhigt mich sehr und ich werde neugierig, was denn die Woche so passiert. Das Abendessen ist lecker und gemütlich und als wir uns dann aufmachen, um zum Yoga-Raum zu gehen, wird es richtig feierlich. Wir alle haben uns in Weiß gekleidet und Manuelas Schwester ist da, um uns spirituell zu räuchern, bevor wir den Raum betreten und das Retreat für eine Woche eröffnen.

Ich fühle mich zwar einerseits genau richtig, aber andererseits wundere ich mich auch ein wenig, was ich in dieser Gruppe mache. Neben Manuela bin ich die einzige Ältere, alle anderen sind höchstens dreißig Jahre alt und die Jüngste ist gerade erst zwanzig. Erstaunlich, aber irgendwie habe ich das Gefühl, dass sich diese Woche viel um meine Kinder drehen könnte. Schauen wir mal, was passiert, denke ich, als ich abends entspannt in mein Bett falle. Es ist schon ziemlich spät und Annika schläft schon.

Als mich morgens der Wecker weckt, schläft sie immer noch und auch den Rest der Woche sehen wir uns wenig. Dadurch, dass es so heiß ist, fangen wir früh an, haben dann mittags Pause und abends wieder Programm, da es dann nicht mehr so heiß ist. Schon nach einem Tag bin ich völlig begeistert und bin mir auch sicher, warum ich genau jetzt dabei sein darf. Es kommen so viele Themen hoch, die meine Töchter und mich betreffen, dass ich ganz neue Ansätze bekomme, verschiedene Themen anzugehen. Auch werden mir ein paar weitere ungesunde Verhaltensweisen von meiner Seite bewusst. Gerade als Mutter von Töchtern ist es schwierig, seine eigenen Erfahrungen nicht auf sie zu projizieren. Ich kann nur meinen eigenen Weg gehen und meine Töchter gehen ihren. Da wir alle künstlerisch und spirituell unterwegs sind, schwimmen wir gegen den Strom der allgemeinen Gesellschaft und das erfüllt mich oft mit Unsicherheit. Aber so langsam wird mir bewusst, dass wir alles schaffen können, jeder auf seine Weise.

Gerade bin ich auf dem Weg zur Kakaozeremonie, die heute stattfinden soll. So ein wenig war ich im Widerstand, da es wieder erst so spät losgeht, aber Annika läuft jetzt neben mir. »Es ist schon nicht mehr so heiß, dann ist doch auch alles viel entspannter«, redet sie mir gut zu.

»Ja, ich weiß, es ist nur jetzt schon der dritte Tag hintereinander so spät und irgendwie bekomme ich zu wenig Schlaf«, stelle ich fest.

»Das kannst du doch danach alles wieder aufholen«, meint sie und dann verabschiedet sie sich und geht wieder zurück zu meiner Casita.

Natürlich wird es ein sehr besonderer Abend, denn die Kakaozeremonie findet auf dem Dach statt, und es ist einfach magisch, unter dem Sternenhimmel zu liegen. Als wir dann noch eine Atemreise machen, fühle ich mich sehr verbunden mit der Gruppe, aber vor allem mit dem Universum, es ist so unglaublich und für einen Moment kann ich spüren und sehen, wie sich mein Bewusstsein erweitert. Ganz beseelt gehe ich danach nach Hause, es ist ziemlich dunkel und ich habe nur mein Telefon zur Beleuchtung. Nach der Hälfte des Weges springt mich auf einmal die Angst an und ich überlege etwas unruhig, ob es auf Ibiza eigentlich Wölfe gibt. Meine Schritte werden schneller und ich bin sehr froh, als ich mein Tor erreiche. Als ich dann im Bett liege, wird mir klar, dass ich nicht wirklich Angst vor Wölfen hatte, sondern einfach nur Angst vor dem morgigen Tag, denn morgen machen wir alle eine Familienaufstellung. Wenn ich daran denke, wird mir ganz seltsam zumute, denn irgendwie ist alles, was ich in der letzten Zeit so behandelt habe, noch zu frisch, um es mit einer großen Gruppe zu teilen. Aber gut, ich entscheide das Thema spontan und auch, ob ich es überhaupt machen möchte, vereinbare ich mit mir selbst und dann fallen mir die Augen zu.

Am nächsten Tag geht es los, das Phänomen der Familienaufstellung ist deshalb ganz besonders für uns alle, da wir es alle, außer Manuela, die es leitet, noch nie gemacht haben. Schon die erste Aufstellung ist der absolute Wahnsinn und bei jeder weiteren, die folgt, gibt es immer einen Part für jeden von uns. Jede Teilnehmerin überlegt sich ein Thema und dann stellt Manuela jemanden von uns auf, der die Energie der Person aus der Familie darstellt. Manche Aufstellungen erfordern drei Personen, andere sechs. Sowie Manuela mich in das Feld holt, nehme ich automatisch die Energie der Person an. »Was für eine Erfahrung«, stellt Kristina bei einer Pause fest. »Ja, das ist in der Tat sehr kraftvoll, vielleicht auch, weil man ein Teil der Geschichte ist und es alles selbst durchfühlt«, überlege ich laut.

Da wir insgesamt acht Familienaufstellungen machen, bleibt wenig Zeit zur Besprechung und bis zuletzt bin ich nicht sicher, ob ich es machen möchte. Aber nachdem wir dann die letzte begleitet haben, fordert mich die gesamte Gruppe auf, auch meine Aufstellung begleiten zu dürfen.

»Annette, du hast uns nun allen so viel geholfen, wir wollen auch dir helfen«, sagt Kristina kurz vor dem Essen. »Okay«, stimme ich zu, »es ist auch so ein wenig mein Thema, dass mir alle anderen wichtiger sind als ich mir selbst. Danke, dass ihr euch noch die Zeit nehmen wollt.«

Nach dem Mittagessen gehe ich dann noch mal nach Hause. Dort ist heute auch Annabelle zu Besuch.

»Und wie war die Aufstellung?«, begrüßt sie mich.

»Ich bin erst nachher dran« erkläre ich, »jetzt habe ich noch ein wenig Zeit, um mir klar zu werden, was ich aufstellen möchte.«

»Spannend«, sagt sie. Das finde ich auch, sinniere ich, als ich mich in mein Schlafzimmer zurückziehe. Nachdem ich geruht habe, ist mir auf einmal klar, was ich aufstelle. Die ganze Zeit fühle ich eine Verbindung mit meiner Uroma Meta und ich bin sicher, dass sie auch eine große spirituelle Fähigkeit hatte, aber irgendetwas ist passiert und sie konnte es nicht weitergeben.

Jetzt sitze ich neben Manuela und sie fragt mich, was ich denn gerne aufstellen möchte, und ich erkläre ihr meinen Entschluss. Dann geht es los und ich schaue aufmerksam zu, denn auch ich selbst werde von einer anderen Teilnehmerin aufgestellt. Die Session ist unglaublich und zeigt ganz deutlich, dass ich schon von Anfang an die männliche Rolle in unserer Familie übernommen habe. Allerdings zeigt sie auch, dass meine Mutter, meine Oma und auch meine

Uroma alle sehr viel männliche Energie verkörpert haben. Es gibt keine Männer in der gesamten Linie. Mein Vater weigert sich in der Aufstellung, seinen Platz neben meiner Mutter einzunehmen. Erst nach einer ganzen Weile und als Mama ihre weibliche Seite zeigt, rückt er an ihre Seite. Meine Uroma hat scheinbar in der Zeit, als ihr Mann im Krieg war, Freude und sehr viel Spaß mit einer anderen Person empfinden können, aber als mein Uropa wieder da war, war die Freude vorbei. Mein Uropa war lange verschollen, da er in sibirischer Kriegsgefangenschaft war und zu Fuß zu seiner Heimatstadt Bremen gelaufen ist. Gleichzeitig mit dem Ende der Freude hat mein aufgestelltes Ich auf einmal große Schmerzen bekommen. Erst habe ich den Zusammenhang gar nicht verstanden, aber als Manuela dann nachgefragt hat, ob es vielleicht eine Fehlgeburt gab, wurde es mir auf einmal klar. Denn tatsächlich hatte ich eine, zwischen meiner ersten Tochter und meiner zweiten. Dieses Kind war allerdings außerehelich entstanden und bis zum jetzigen Zeitpunkt wusste davon außer meiner Familie niemand. Durch die Familienaufstellung wird klar, dass ich das Kind nie richtig betrauert habe und vor allem, dass der Mann nie davon erfahren hat. Ich habe den männlichen Part seinerseits gar nicht anerkannt.

Ich sitze auf meinem Platz und während Manuela mich, den Mann und das Baby aufstellt, laufen mir die Tränen wie Sturzbäche runter. Damit ist das Männerthema tatsächlich noch einmal da und es zeigt mir, wie wichtig es ist, auch die männliche Energie in meinem Leben anzuerkennen. Da hatte mir Meta aber einiges zu zeigen.

»Oh, mein Gott«, sage ich zu Manuela, als wir alles aufgelöst und den Raum wieder geschlossen haben, »ich fühle mich so wahnsinnig hässlich, als ob mein Hässlichstes nach außen gekehrt ist und nun wie ein Brandmal aus mir heraus leuchtet.«

»Das ist aber gar nicht so, das muss jetzt alles wieder seinen neuen Platz in dir finden«, muntert sie mich auf.

Mir wird bewusst, wie sehr mir doch die Meinung von anderen zu schaffen macht, dabei kenne ich sie meistens überhaupt nicht, sondern stelle sie mir einfach nur in meinem Kopf vor. Also verurteile ich mich selbst, das ist mein Schutzmechanismus, um nicht in die wirklichen Gefühle hineingehen zu müssen. Es ist ja einfacher, sich angegriffen oder verurteilt zu fühlen, als anzuerkennen, dass ich voller Schuldgefühle und Trauer bin. Diese Erkenntnis benötigt noch ein paar Tage, um sich vollständig zu integrieren, aber die Gruppe hilft mir, mich wiederzufinden.

Schließlich findet unser Abschluss am Strand von Benirass statt. Dort wird im Sommer zum Sonnenuntergang getrommelt und auch jetzt geben die Trommler den Rhythmus vor und wir tanzen ausgelassen bis in die Nacht hinein.

Am nächsten Morgen machen wir dann noch eine sehr sanfte Yogastunde mit Manuela, in der wir alle Elemente durch Tanz und Stille in uns integrieren.

»Mir fehlen buchstäblich die Worte, diese Woche zu beschreiben, aber genau wie ihr alle habe ich das Gefühl eines kompletten Neuanfangs und ich kann gar nicht glauben, wie perfekt sich das Timing fügt«, verabschiede ich mich ganz emotional von allen.

Alle sind voller Dankbarkeit und voller Staunen, dass sich alle so neugeboren fühlen. »Ein totales Rebirth Retreat«, sagt Manuela.

Und somit hat mein Auszeitjahr ein zutiefst würdiges

Ende gefunden und der Kreis schließt sich mit einem Neuanfang in einem neuen Land mit einem neuen Mindset. Die Reise war inspiriert durch all die tollen Frauen, die ich getroffen und auch kennengelernt habe, aber vor allem auch durch meine Töchter, die viele Stationen mit mir gegangen sind. Ich bin so voller Dankbarkeit für all die Erfahrungen, die ich sammeln konnte, für all die Ängste, die ich durchlebt habe, und all die Wut und Trauer und überschüssige Freude, die sich gezeigt haben. Ich bin so unendlich froh, dass sich durch dieses Jahr meine Gefühle wieder zeigen konnten. Wahrscheinlich zum ersten Mal, seitdem ich zehn Jahre alt war. Und ich bin so froh, dass ich ein wenig aufgeräumt habe mit meinen eigenen Glaubensmustern und Überzeugungen und mein Herz ordentlich durchgelüftet habe. Dieses Jahr, diese Investition in mich selbst, war das Beste, was ich jemals gemacht habe, und ich bin so neugierig, wie es weitergeht. Eins ist sicher: Es könnte gut werden!

DIE AUTORIN

Hallo, ich bin Annette, ein Mensch, der das Abenteuer liebt – egal ob draußen in der Welt oder tief in meinem Inneren. Geboren in Deutschland, habe ich eine Weile in England gelebt und nenne nun Ibiza mein zu Hause. Ich habe drei Töchter großgezogen und dabei nie aufgehört, neue Dinge auszuprobieren: Immobilienmaklerin, Bed & Breakfast-Betreiberin, Büroleiterin, Energiehalterin und jetzt Autorin. Und ich versuche, immer das Schöne im Leben zu sehen, das kann durchaus mal dazu führen, dass ich mich ablenken lasse – als ich noch Golf spielte, war der Bussard am Himmel durchaus spannender als mein nächster Schlag.

Das Leben hat mich gelehrt, dass es nichts Schöneres gibt, als sich selbst besser kennenzulernen. Es hat mich glücklicher gemacht, und genau das möchte ich mit meinem Buch weitergeben: die Inspiration, sich selbst zu entdecken und das eigene Licht in die Welt zu tragen.

Wenn ich nicht schreibe, lerne ich gerne Neues, schwitze beim Hot Yoga oder lasse mir am Meer den Kopf durchpusten. Mein Traum? Wenn nur eine Person durch meine Worte inspiriert wird, sich selbst ein Stückchen besser kennenzulernen, dann strahlen wir gemeinsam. Und wer weiß, vielleicht hilft dieses Licht, die Welt ein kleines bisschen heller zu machen.